柴田耕太郎 著

商品となる訳文の作り方

装丁:赤田 麻衣子

まえがき

「英文学者は英語ができず、英語学者は日本語ができない」
業界人が愛読するネットマガジンに書いたら、けっこう反応があった。
英語と日本語がそろってできてはじめて翻訳という商品が生まれる。
顧客にけなされバカにされ、その悔しさをバネに40年間正読・正訳を追及してきた。
ささやかな方法論を披露してもよい頃かと思い、本書を書いた。
英語に限らず、ことばを愛する教養人のお役に立てば嬉しく思います。

目　次

第一部　英文読解五つのポイント

I　アンド ……………………………………………………………… 5

  1-1　対等のand ……………………………………………………… 5
    1-1-1　対等の規則 ……………………………………………… 5
    1-1-2　易しい文例 ……………………………………………… 6
    1-1-3　理解を深める …………………………………………… 9
  1-2　等位のand ……………………………………………………… 15
    1-2-1　andのはたらき ………………………………………… 15
    1-2-2　易しい文例 ……………………………………………… 16
    1-2-3　理解を深める …………………………………………… 18
  1-3　andの別の切り口 ……………………………………………… 21
  ✽コメディ『英文読解教室』Episode 1 ………………………… 30
  1-4　butのいろいろ ………………………………………………… 33
    1-4-1　等位接続調の but ……………………………………… 33
    1-4-2　等位接続詞以外のbut ………………………………… 36
  1-5　orのいろいろ ………………………………………………… 37
    1-5-1　選択：選択、交換、択一、否定、曖昧 ……………… 37
    1-5-2　換言：詳細、修正、変更 ……………………………… 38
    1-5-3　列挙：列挙、譲歩、近似 ……………………………… 39
  ✽コメディ『英文読解教室』Episode 2 ………………………… 42
  1-6　実践 …………………………………………………………… 45
    1-6-1　力試し …………………………………………………… 45
    1-6-2　教養演習『武器よさらば』…………………………… 56
    1-6-3　実務演習『抗告』……………………………………… 64
  ✽コメディ『英文読解教室』Episode 3 ………………………… 67

II　カンマ …………………………………………………………… 70

  2-1　カンマの意味 ………………………………………………… 70
  2-2　易しい文例 …………………………………………………… 71
  2-3　理解を深める ………………………………………………… 81

  2-3-1　挿入 …………………………………………………… 81
  2-3-2　言い換え ………………………………………………… 82
  2-3-3　文の区切り ……………………………………………… 83
  2-3-4　関係代名詞の非制限用法 ……………………………… 83
  2-3-5　並列・列挙 ……………………………………………… 84
  2-3-6　読点の代わり ………………………………………… 84
  2-3-7　付加的に続ける ………………………………………… 85
  2-3-8　andの代わり …………………………………………… 86
 2-4　実践 ………………………………………………………… 87
  2-4-1　力だめし ………………………………………………… 87
  2-4-2　教養演習『随想録』 …………………………………… 93
  2-4-3　実務演習『免責合意』 ………………………………… 99
  2-4-4　（補）カンマと読点（1） …………………………… 103
 ❈コメディ『英文読解教室』Episode 4 ……………………… 110

Ⅲ　記号 …………………………………………………………… 114

 3-1　記号の意味 ……………………………………………… 115
 3-2　易しい文例 ……………………………………………… 117
 3-3　理解を深める …………………………………………… 121
 3-4　実践 ……………………………………………………… 126
  3-4-1　力だめし ……………………………………………… 126
  3-4-2　教養演習『衣装哲学』 ……………………………… 137
  3-4-3　実務演習『金融』 …………………………………… 140
 ❈コメディ『英文読解教室』Episode 5 ……………………… 144

Ⅳ　掛かり方 ……………………………………………………… 147

 4-1　掛かり方の原則 ………………………………………… 147
 4-2　易しい文例 ……………………………………………… 148
 4-3　理解を深める …………………………………………… 152
 4-4　実践 ……………………………………………………… 159
  4-4-1　力だめし ……………………………………………… 159
  4-4-2　教養演習『ミル自伝』 ……………………………… 167
  4-4-3　実務演習『特恵関税』 ……………………………… 171
 ❈コメディ『英文読解教室』Episode 6 ……………………… 175

| V　日英語の誤差 | 178 |

5-1　8つのパターン	178
5-2　用途からみた切り分け	185
5-3　理解を深める	187
5-4　実践	190
5-4-1　力だめし	192
5-4-2　教養演習『風と共に去りぬ』	199
5-4-3　実務演習『誘導放出』	203
✻コメディ『英文読解教室』Episode 7	212

第二部　翻訳に必要な知識

| VI　トリビアル文法 | 221 |

6-1　itとthatとthis	221
6-2　forの意味	225
6-3　There you are.など	228
6-4　it ～ thatの意味	230
6-5　little、fewなどの両義性	232
6-6　onlyの訳	233
6-7　to不定詞	238
6-8　結果をあらわすto不定詞	244
6-9　to不定詞の形容詞的用法	246
6-10　asのいろいろ	247
6-11　of	253
6-12　可算名詞・不可算名詞	257
6-13　aとthe	262
6-14　agreeの意味	270
6-15　副詞＋前置詞句	271
6-16　心情を表わす形容詞	273
6-17　表の意味と裏の意味	274

6-18	接尾辞	275
6-19	ownの意味	276
6-20	限定用法・叙述用法	277
6-21	補語となる副詞と形容詞	278
6-22	wonder if	279
6-23	未来表現	280
6-24	be ～ing	282
6-25	その他	283

✤コメディ『英文読解教室』Episode 8 ……… 287

VII 翻訳の要諦 …… 290

7-1 訳し方の技術 …… 290

- 7-1-1 曖昧文の読み解き …… 290
- 7-1-2 品詞を見分ける …… 295
- 7-1-3 もやもやを整理する …… 300
- 7-1-4 前置詞句の連続の解釈 …… 304
- 7-1-5 転移修辞の訳し方 …… 305
- 7-1-6 英語には助詞がない …… 306
- 7-1-7 省略部分の復元 …… 307
- 7-1-8 訳語の選択 …… 308
- 7-1-9 辞書の定義にこだわらない …… 309
- 7-1-10 イディオムって何だ …… 311
- 7-1-11 過去形を現在形に訳す …… 312
- 7-1-12 原文の構造が見える訳文 …… 313
- 7-1-13 形容詞＋名詞 …… 314
- 7-1-14 自動詞と他動詞 …… 315
- 7-1-15 コロケーション …… 317

✤コメディ『英文読解教室』Episode 9 ……… 319

7-2 業界知識 …… 323

- 7-2-1 よい翻訳とは …… 323
- 7-2-2 読み易くするための留意点 …… 324
- 7-2-3 翻訳に必要な力 …… 325
- 7-2-4 編集者は新人翻訳者のどこを見るか …… 325
- 7-2-5 男ことば、女ことば …… 326

7-2-6 翻訳に資格は必要か ……………………………………………… 327
7-2-7 英語学と学校英語 ………………………………………………… 328
7-2-8 どこまで訳すか …………………………………………………… 329
7-2-9 読む力を伸ばすには ……………………………………………… 330
7-2-10 翻訳で食べてゆけるか…………………………………………… 331
7-2-11 翻訳の勉強………………………………………………………… 332
7-2-12 翻訳者として独立したい ……………………………………… 333
7-2-13 翻訳契約を交わすか …………………………………………… 334
7-2-14 下訳の心得………………………………………………………… 335
7-2-15 説得性ある訳語 ………………………………………………… 336
✿コメディ『英文読解教室』Epilogue …………………………………… 340

あとがき……………………………………………………………………… 343

第一部
英文読解五つのポイント

大手企業の幹部から、契約書のandとカンマの意味を誤読して相当な損害金を払わされた、と聞いたことがあります。
　学校教育でないがしろにされてきたせいでしょうか、andが何と何を繋いでいるのか、andの前後で論理はどう流れているのかを、意識せずに読んでいる人が多いようです。でも、andが分からなければ英文を精確に読むことはできないのです。
　andはカンマ、記号とセットで用いられることが多く、この三つをマスターすれば、英文読解力は少なくとも20%は上がるといえます。そして、一週間もあればこの三つは簡単に習得できるのです。

例えば、こんな単純な文でも、けっこう奥が深いもの。
A sailor, and he is afraid of the sea.

andとくれば「そして」と訳し、カンマの意味に無頓着なのが、初心者。
「船乗り、そして彼は海を怖がる」
これではいくら英語をやっても上達しません。

順接のandと読み取り、カンマは文の区切りだと意識する《(He is) a sailor, and he is afraid of the sea.》のが、中級者。
「船乗りであって、彼は海を怖がる」
このままでは文の概要しか掴めません。

逆接のandと理解し、butの意味で訳す《(He is) a sailor, but he is afraid of the sea.》のが上級者。
「船乗りだが、彼は海を怖がる」
このレベルで初めて英文が読めたといえます。

さらに最上級者ともなれば、文頭の名詞句（a sailor）が主題を、カンマ＋and以下がそれに対する意外性を、付加的に示すと見抜きます。
「船乗りのくせに、海が怖いなんて」
ここまでくれば翻訳家にもなれるでしょう。

　潜在需要はとてもあるはずなのに、いままで取り上げられずにきたこのテーマ。英語は論理的な言語ですから、andとカンマにも読み方の理屈があるのです。理屈がわかれば英語の苦手意識は消え、英文を読むのが楽しくなるでしょう。

第一部では、andの規則とandの意味、カンマの八つの用法、いろいろな記号*の役割を、小説や評論などを材料に、論理的に分かりやすく解説してゆきます。さらに、何となく分かったようでいながら実は分かっていない掛かり方の通則*と、日英語の誤差を取り上げます。
　初心者から英語のプロまで、英語を学んでいるすべての人に読んでいただきたく思います。

*記号：カンマを除いた句読法、の意味で使っている。
*通則：大体の場合そうなる、の意味で使っている。

I　アンド

　歌劇場のオペラ歌手オーディションのドキュメンタリー映画を見ました。だんだん候補者が絞られてきて、残ったのは15名。この中から何人かが晴れて専属になれるのです。審査委員長がゆっくりと一人一人合格者の名を呼んだ後、しばし間を置きました。最終候補者の顔が大写しになり、一人が不安気につぶやきます「×××」。私には聞き取れなかったのですが、こう字幕が出ました「もう終わりかしら」。即座に誤訳とわかりました。**最後の人の名を呼ぶ前にはandが来る**はず。それがないのですから、まだ誰か呼ばれてしかるべきなのです。

＊前後をandで結んだものは「並列」（広義）と呼ぶのが普通だが、ここでは場合により次のように区別（狭義）する。

「並列」─┬─「対等」：前後の目方が同じ。
　　　　└─「等位」：前後の目方が異なる。

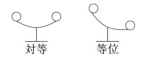

対等　　　等位

1-1　対等のand

　「対等のand」は前後のバランスがとれ一体性が強い。その繋がり方の在りようを見てゆきます。

1-1-1　対等の規則

対等のandの規則はたったこれだけ。
(1) 同一の機能のものを並列で結ぶ。
(2) *1, 2, 3* ─, and N（Nは任意の数、Nで列挙終了）
　　＊イギリス英語では、*1, 2, 3,* ─ and N となることが多い。
(3) andが省かれているのは、列挙未完了、またはリズム重視、の場合。
(4) *1* and *2* and *3* ─ and N の形をとるのは、各部分を強調する場合。

I　アンド

1-1-2　易しい文例

（1）形が揃う

（ⅰ）The film starred |Jean Pia| and |Jane Fonda|.（名詞の並列）
　　　「映画の主演はジャン・ピアとジェーン・フォンダだった」
（ⅱ）I found her |intelligent| **and** |friendly|.（補語の並列）
　　　「彼女が聡明で親切なのがわかった」
（ⅲ）It was a book both |of interest| **and** |of value|.（形容詞句の並列）
　　　「それは面白くて価値がある本だった」

もう少し詳しく述べると、andの前後は
・役割が同じ（主語と主語、述語と述語、目的語と目的語、…）
・品詞が同じ（名詞と名詞、形容詞と形容詞、副詞と副詞、…）
・時制が同じ（現在と現在、過去と過去、未来と未来、…）
・格が同じ（上位概念と上位概念、下位概念と下位概念、…）
・形が同じ（to不定詞とto不定詞、動名詞と動名詞、…）
・単位が同じ（単語と単語、句と句、節と節、文と文、…）
・範疇が同じ（抽象名詞と抽象名詞、具象名詞と具象名詞、同じ分類項目、同じ観点、…）

のように、前後のバランスがとれているのが、由緒正しい対等。

上の例にあてはめれば、
（ⅰ）の並列　The film starred Jean Pia and Jane Fonda. は、
　　　名詞、目的語、単語、人名。
（ⅱ）の並列　I found her intelligent and friendly. は、
　　　形容詞、目的補語、単語、人間の性質。
（ⅲ）の並列　It was a book both of interest and of value.は、
　　　形容詞句（働きとして）、前置詞句（形として）、修飾語。

[ポイント1]
原則は原則：

だが、実際には前後のバランスが崩れている場合も結構ある（句と節、具象名詞と抽象名詞、名詞と副詞、単文と複文…など）。
andは多義だが、原文がよほどおかしなものでなければ、**読み手は前後関係**

からもっとも整合性のある意味を無意識に、あるいは意識して選択し、**辻褄合わせをする**ので、バランスが多少崩れようが、破格であろうが、正しく読み解けるのである。
この本では主に書き言葉を扱うが、会話では発音の仕方・イントネーション等により、自然と意味が狭まることがある。

（2）列挙終了

（ⅰ）He is a kind , wise , **and** diligent boy.（米用法）
　　または
（ⅱ）He is a kind , wise **and** diligent boy.（英用法：andの前にカンマがない）
　　「あの子はやさしくて、かしこくて、よく働く」

（3）列挙未完了

（ⅰ）We are a nation of flower lovers, but also a nation of stamp-collectors , pigeon-fanciers , amateur carpenters , coupon-snippers , darts-players , crossword-puzzle fans .
　　「我々は花を愛でる国民であるが同時に、切手を収集し、鳩を飼い、日曜大工をし、クーポンを集め、ダーツに興じ、クロスワード・パズルを楽しむ国民でもある」
（ⅱ）The woman is flabbergasted , stupefied , humiliated , defeated .
　　「女はびっくり仰天し、悄然とし、恥をかき、打ち負かされる」
＊共に「…とか、…など」といった感じで、他にも該当するものが含意される。

（4）強調

（ⅰ）But what about potatoes **and** cabbages **and** carrots **and** onions ?
　　「でもジャガイモとかキャベツとかニンジンとかタマネギはどうなんだ」
（ⅱ）No worries **or** fears **or** pains **or** hunger **or** thirst .
　　「不安も、恐れも、苦痛も、飢えも、渇きも一切ない」
＊各部分を全てand、orで結ぶ場合は、基本的にはそれで終了。だが流れまたは喋り方の調子により列挙がまだ続くことを感じさせる場合もある。

Ⅰ　アンド

[ポイント2]
　ここで重要なのは、andは「そして」ではないこと。

「何ということだ。女が一人死んだのだ、25の若さで。彼女の好きだったもの、バッハ、ベートーヴェン、モーツアルト、そして僕」。
この日本語の「そして」は最後に来る「僕」を強調するが、英語の対等のandは「次の言葉で自分が言いたいものは終わり」つまり「**列挙終了の予告**」なので、そしてと訳さない方がよい。
andの後のものを強調したいなら、副詞相当語（finally, then, especiallyなど）を指標として用いる。
＊会話の場合は、発音の仕方によって、含みを持たせたり強調を示したりできるのは、言うまでもない。

[ポイント3]
　動詞句をandで結ぶ例：

Time runs by and is gone.
「時は過ぎ去る」との訳はさっとつくが、なぜhas goneとなっていないのだろう。

現在形は事実・真理・反復をあらわすので「そういうものである」が元の文の意味。動詞の現在形run（＋副詞by）とis（＋形容詞《過去分詞形》gone）が対等。
Time runs by and has gone.とすると
①現在形（run by）と完了形（助動詞＋過去分詞）では対等にならず、意味がおかしくなってしまう「時は過ぎるものであり、行ってしまった」。
②runs byは総称的（すべてに当てはまる）なのに対しhas goneは個別的（ある事物の完了相をあらわす）ので、不自然。

[ポイント4]
　実例で列挙終了を納得する。

（1）the Ministry of Health, Labour and Welfare
　　「厚生労働省」の定訳
　　andがあることで、この省はHealthとLabourとWelfareだけを扱うことが分かる。

andが無いと、この省のやることが定義されない。

(2) Next stop is Iidabashi. Please change here for the Tozai line, the Hanzomon line, the Oedo line and the JR lines. （東京の地下鉄案内）
「次は飯田橋です。東西線、半蔵門線、大江戸線、JR各線はここでお乗り換えです」
andが無ければ列挙の未完了だから、他にも線があるのかと思って乗客は不安になってしまう。

ここまでは簡単。でも、いろいろ変形があって難しくなる。

＊以下、枠右上の斜体数字 *1, 2, 3* …は並列される語・句・節の出現順を示す。斜体ローマ数字は、大きな括弧を示す。原文の斜体は、注目の印に付けたもの。Mは修飾語を示す。

1-1-3 理解を深める

(1) 句と節が並列される

You need to know |what rights you have|*¹* **and** |how to use them|*²*.
「どんな権利があってそれをどう使うか知る必要がある」
目的語となる名詞節と名詞句が対等。

(2) 挿入節が入る

He is |handsome|*¹*, |clever|*²*, **and** what is the best of all, |rich|*³*.
「彼はいい男で頭が切れて、何よりもお金がある。」
what is the best of allは richに掛かる。後のカンマは挿入部終了のしるし。

(3) 並列がやたらに長い

（新聞記事の引用）
In Mexico, in 1953, a group of enlightened physicians began prescribing minute doses of royal jelly for such things as |cerebral neuritis|*¹*, |arthritis|*²*, |diabetes|*³*, |auto-intoxication from tobacco|*⁴*, |impotence in men|*⁵*, |asthma|*⁶*, |croup|*⁷*, **and** |gout|*⁸*.
「1953年、メキシコで、進歩的な医者のグループが大脳神経炎、関節炎、糖尿病、タバコによる自家中毒、男性の勃起不全、喘息、偽膜性喉頭炎、痛風に微量のロイヤルゼリーの投与をはじめた」
「痛風に…」は「痛風の類に…」としてもよい。「痛風などに…」とすると、他

の種類の病気にも投与したのかと思われそう。such things as は「こういった類のもの」の意味で、その後に具体例を導く。例：such things as iron, silver, and gold（鉄・銀・金といったもの）。

参考：
such asのあとは具体例を導くので、
×such as A, B, C, and so on
×such as A, B, etc.
は不可。具体例に「など」がくるのはおかしいからだ。
（and so on は、ラテン語etc.の英訳）

(4) andに因果が感じられる

（語学を学ぶ意義に触れた文）
It demands quick observation first of all[1], reasonable ability to *mimic* **and** *imitate*[2], good power of *association* **and** *generalization*[3], **and** a retentive memory[4].
「それはまず第一にすばやい観察力、然るべき模倣能力、連想し概括化する優れた力、卓抜な記憶力が必要となる」
最初のandは同義語（mimicとimitate）反復を導く。二番目のandはそのまま対等に訳してもよい（「連想と概括化」）が、associateした結果generalizeするとも読める（因果のand）。
三番目のandは*1, 2, 3* and *4*の形で列挙終了を導く。

(5) 二組の対語がandなしに並列される

（音声増幅器で聞こえる声）
　Again it came—a throatless, inhuman shriek, sharp and short[1], very clear and cold[2].
「また聞こえた。喉を絞ったような奇怪な叫びが、瞬時鋭く、寒々しく澄んで」
sharp and shortと clear and coldは、それぞれ頭の音を揃えてあり一語扱い。共に、後ろから前の名詞shriekを修飾する。カンマはリズム重視でandの代わり。訳語もサ行で揃えた。

(6) 並列される品詞が見分けにくい

There are vast mountain **and** highland areas in the north[1] **and** fertile plains in the south[2].
「北には広大な山岳・高原地帯があり、南には肥沃な平原がある」

前のandは、形容詞として働くmountainと highlandを並列（areasに掛かる）。後のandは名詞areasとplainsを並列。vast mountainとhighland areasが並列とはとれない。可算名詞mountainにthe, a, -sのどれもつかないことはありえないからである。

(7) 並列の原則を見落としがち

（エッセイ。信念をもつことの是非）
I am not thinking only of revolutionaries[1], socialists[2], nationalists[3] in oppressed countries[M], **and** such[4].
「私は革命家、社会主義者、抑圧された諸国の民族主義者 などのことだけを考えているのではない」
1, 2, 3 M, and *4*と読む。Mは*3*にだけ掛かる。
1, 2, 3, and 4 Mの形であればMは*1、2、3、4*全てもしくは*4*だけに掛かる。suchは代名詞「そのようなもの」。
＊oppressed countriesは、（1）国が（他国から侵略されるなどして）圧迫されている （2）国民が（政府などにより）圧迫されている、の二つにとれる。

(8) 事実からしか判断できない

（花のフィレンツェを築いた人々）
The men who had made Florence the richest city in Europe[1], the bankers **and** wool-merchants[2], the pious realists[3], lived in grim, defensive houses.
「フィレンツェをヨーロッパで最も豊かな町にした人々、それは銀行家であり羊毛商である、敬虔な現実主義者たちだが、彼らは防御充分の堅固な館に住んでいた」
bankersとmerchantsは同一人（銀行家であり羊毛商）か別人（銀行家と羊毛商）かはこの文だけでは判断できない。the bankers and the wool-merchantsなら別人なのがはっきりするが、くどい感じになる。
ヨーロッパ第一の富豪と言われたアウグスブルクのフッガー家、フィレンツェのメディチ家は、織物商または金融業から身を起こし、商業全般、貿易などのコンツェルンに発展した、と世界史の教科書で習ったところからすればbankersとwool-merchantsは同一人（兼業）か。歴史的事実の支援があれば別人とも考えられる。
地名・人名は、現地語読みが原則。
*1, 2, 3*は対等ではない。*2*と*3*は*1*を職業と信仰の面から言い換えている。
＊BBCの番組の冒頭部分にこの一文と関連画像が出ている。それを見ると、大

I　アンド

商工業主でなく富裕なフィレンツェ市民（羊毛商組合員や金融業者）という感じだ。

(9)　同義語反復

For the man who lives in a pre-industrial world, time moves at a $\boxed{\text{slow}}^1$ and $\boxed{\text{easy}}^2$ pace; ...
「工業化される前の時代に生きていた人たちにとって、時間は<u>ゆったりとした</u>ペースで流れるものであった」
slowもeasyも似た意味を重ねリズムを出している。二つの語義の差にこだわる必要はない。
同義語反復の場合、力点は前の単語にある。

(10)　どれとどれが対等か迷う

(a) Japanese gardeners are familiar with the $\boxed{\text{use of symbols}}^1$ and $\boxed{\text{veiled meanings}}^2$ <u>in gardens</u>^{M}.
(b) Japanese gardeners are familiar with the use of $\boxed{\text{symbols}}^1$ and $\boxed{\text{veiled meanings}}^2$ <u>in gardens</u>^{M}.
「日本の庭師は<u>象徴（シンボル）を活かして、庭に隠れた意味を持たせる術</u>を心得ています」
use of symbolsとveiled meaningsととるか、symbolsとveiled meaningsととるか、どちらが説得性あるかで決める。またin gardensは両方に掛かるのか、後の方だけに掛かるのかは、文脈依拠。
ここは（b）でin gardenは両方に掛かると読むのがよいだろう。またandに因果を含めた方が説得力が増すかもしれない。

(11)　異なる品詞が対等に置かれる

（エッセイ：イギリス人の気質）
... , their obstinate clinging to everything that is $\boxed{\text{out of date}}^1$ and $\boxed{\text{a nuisance}}^2$, ...
「彼らの<u>時代遅れで煩わしいばかりのもの</u>への頑迷なこだわり…」
a nuisance名詞句とout of date前置詞句が並列。ともに補語として機能している。

（ちょっととまどう感じ）
They <u>talked about</u> $\boxed{\text{Rika}}^1$ and $\boxed{\text{that she was looking for a new coach}}^2$.
「彼らはリカのことと、リカが新しいコーチを探していることを話した」
andで結ぶものは、広くは「同じ種類のまとまりをなす構成要素どうし」。

(もっととまどう感じ)
Every aged person reminds us of our own death¹, that our body won't always remain smooth and responsive².
「老人はみな、人がいつかは死ぬこと、自分の体がいつまでも丈夫で柔軟なものではないことを気づかせてくれる」
andの代わりをカンマがしている。前置詞句of our own deathと名詞節that ... が共にreminds usに繋がっている。

(12) 意味が曖昧なand
(ゴルフの帝王と言われたジャック・ニクラウス自伝)
From the age of six, when my dad first took me to an Ohio State football game, you name it¹ and *I played it ... and watched it ... and ate and drank and talked and dreamed it ...*²
「初めて父にオハイオ州のフットボールの試合に連れて行ってもらったのは、六歳のときだった。試しに、何かスポーツの名前を挙げてもらいたい。まず絶対に、私はそのスポーツをやっていたはずだ。観戦して、食べて、飲んで、話題にして、夢中になっていたはずだ」
文法的に不正確な口語文では、つなぎにandが使われることが多い。あまり意味はないので深く分析しないほうがよいが、一応理屈づけてみる。一番目のandは節の並列で、前節の命令文に対する答え（文末まで）を導く。あとの四つのandは、「それと」「それで」「あと」「それから」「…でね」「エート」といったあいまいな感じ。ate and drankは日本語での「飲み食い」のように一体とし、副詞的にtalked and dreamed itに掛けてもよい。

(13) 部分で異なる
a black¹ and yellow² insect
「黒と黄のまだら模様の昆虫」
部分で異なるのを示す場合はandで結ぶ。a black, yellow insectとしたら色が混じってしまうだろう（この言い方はない）。a black-and-yellow insectは可。a black yellow insectはよくないが稀に使われる。
別の例：Once Miss Marth saw a red¹ and brown² stain on his fingers.
「一度ミス・マーサは彼の指に赤と茶のシミを見つけた」

I　アンド

cf. a white, red and blue flag（白、赤、青の三色旗）
のように三つの色が異なる場合は、1, 2 and 3としてよい。

(14) 先行詞の内容に迷う

A Popular Class

I like lower-level EFL classes. At "T" University where I used to teach, I gladly volunteered to take on a class that the rest of the faculty avoided like the plague. It was made up of students who were "recommended" to the university because they excelled in sports and who had previously failed required English classes.
×「EFL（English as a Foreign Language）の初級レベルの授業が好きです。かつて教えていたT大学で、ほかの先生たちは何とかして避けていたその授業を、私は快く進んで担当しました。スポーツで秀でていてその大学に『推薦』で入った学生たち、そして必修の英語の授業を以前に落としている学生たちの授業でした」と訳したくなるが、間違い。
上記の訳のように後のwhoと前のwhoを別物と考えると、先行詞のstudentsが分裂してしまう（異なる二つの人物群になる）。二つのwhoは students（some studentsの意味）を限定している。「スポーツ推薦で入り、かつ一度必修英語を落としている学生」と読まねばならない。
では、何故あとのwhoがあるのか。
（ⅰ）whoで結ばれる二つの関係節が先行詞の**意味成分**として**対等**なのを示したい
（ⅱ）who、whoと音を重ねることでリズムを出したい
（ⅲ）あとのwhoを削ると
・andの**前後の一体感**の強調となる
・過去完了の節の時点があいまいになる
などによる。
ならば、二種類のstudentsであるのを示すにはどうすればよいだろう？
それには例えばwhoの前を、some students、the othersとする。the ones、the onesとするなど。そうすると二種の学生がいるのが分る。

例：
The hawks, he thought, that come out to sea to meet birds. But he said nothing of this to the bird who could not understand him anyway and who would learn about the hawks soon enough.
タカがじき鳥を求めて海に現れる、と彼は考えた。しかし彼はそのことを、彼

の言うことはどのみち理解できない し、 すぐにタカを知ることになる 鳥には何も言わなかった。

Love cures people—both the ones who give it **and** the ones who receive it.
愛は人を癒す—愛を与える人と愛を受ける人の両者を。

[ポイント5]
> **同義語反復は日本語（とくに漢語）でもよく見られる。**
>
> 例えば陰陰滅滅。日本語を学んでいる外国人に「陰陰と滅滅はどう違いますか」と訊かれ、すぐに答えられるだろうか。
> 「陰陰」は「薄暗く物寂しいさま」、「滅滅」は「消える、沈むの意を重ねた強調」。細かく言えば、陰陰で情景を、滅滅で気分を、あらわしている。全体的には同義語反復で「陰気で気が滅入るさま」のことです。そう答えてあげれば、納得するだろう。
> 他にもすぐ思いつく例。
> 近畿地方：「王城の地から近い、その域内にある」の意味。
> 吉祥：ともに「めでたい」の意。
> 過ぎ去る：「過ぎる」「去る」だけでは味気ない、というかリズムが出ないだろう。

1-2　等位のand

「対等のand」ではandがどの言葉とどの言葉を同じ資格で繋ぐかを取り上げましたが、ここでは角度を変え、andがどういう意味合いで前後を結びつけているか、言葉が結びつく上でのandの働きを考えます。

1-2-1　andのはたらき

大きく分けて次の六つ（この分け方は著者の恣意的なもの）。どれにあたるか常に意識すると、論理の流れがしっかり読めるようになる。

(1) 対等（1-1で取り上げたもの）

狭い意味での並列。andの前後のいわば偉さが同じ。単語なら対句、文なら対比

I　アンド

が多い。
代表的な訳語：「…と」「また」

(2) ゆるい順接

対等に近い。ほぼ同時性を示すか、前から後へすんなり意識が流れる。
代表的な訳語：「また」「そして」

(3) きつい順接

時間の流れが感じられるか、少し因果が感じられる。
代表的な訳語：「そして」

(4) 前節の帰結

andをはさんで、因果がはっきりしている。
代表的な訳語：「それで」

(5) 逆接

butに近い。
代表的な訳語：「なのに」

(6) 付加

後半部分を強調する。
代表的な訳語：「それも」

＊訳語は便宜的で、これにとらわれるものではない。

1-2-2　易しい文例

(1) 対等

He is a writer and singer.
「彼は作家兼歌手だ。」
作家で歌手、彼は二つの職業を兼ねている。

(2) ゆるい順接

All of us sleep and dream.
「だれも皆、眠り、夢をみる」
「眠りながら夢を見る」とも「眠って夢を見る」とも訳せる。眠るのと夢を見るのが一体だとも、眠ってから夢を見る時間差とも、眠ることと夢をみることを並べただけとも、どれともとれる。というかそれら全部を含めて、ぼやっと言っている。読み手の意識もandの意味を分析的に考えることなく、sleepしてdreamする、と前からすんなり流れてゆく。

(3) きつい順接

We had a week in Paris and went to Tokyo.
「一週間パリにいて、東京へ行った。」
「パリ滞在のあと東京へ…」「パリに寄って、東京へ…」とも訳せる。動詞が同じ時制で並ぶ場合の行為の順序は、当然ながら前が先、後ろがあと。andの前後が時系列で進んでいる。その時間の流れを、ゆるい因果と考えることもできる。

(4) 前節の帰結

He was very tired and went to bed early.
「疲れていたので早く寝た」
「疲れていたから」「疲れていて」とも訳せる。andの前後が、原因と結果、理由とそれによる行為・現象で対比される。きつい順接と区別がつきにくいこともある。また、因果を強めに訳すと、押しつけがましく感じられることもある。

(5) 逆接

So rich, and he lives like a beggar.
「金持ちなのに、彼は乞食のように暮らしている」
「金持ちだが」「金持ちでいて」「金持ちのくせに」とも訳せる。, andの前後が強く対照される。「そして」と訳して通じることもあるが、これは日本語の「そして」にも、逆接の気分が入ることがあるから(「金持ちだ、そして乞食みたいに暮らしている」)。
＊カンマが逆接の指標となる。あるのが普通。

I アンド

(6) 付加

He likes to read, **and** to read out loud.
「彼は本を読むのが、それも音読が好きだ」
「かつ音読が好きだ」「おまけに音読が好きだ」とも訳せる。andの前に言ったことにさらに言葉を付け加えるのだから、強調的な訳語になればよい。カンマは必要。

1-2-3 理解を深める

(1) 対等（1-1で取り上げたもの）

イディオムに多い。(2)「ゆるい順接」と区別しにくいこともある。

(i) Her speech was far **and** away the best of all.
　　「彼女の演説が断然一番よかった」
　　far and awayはイディオム。

(ii) Tom is secretive **and** John is open.
　　「トムは内に籠るが、ジョンはあけっぴろげだ」
　　andは対照を示す。

(2) ゆるい順接

これと(1)「対等」が六つの分類のなかで一番多い。(3)「きつい順接」ととれることもある。

(i) I found the book **and** read it.
　　「その本を見つけ、読んだ」

(ii) She never read stories to me at night before I went to bed; she just 'told' me things instead. **And** every evening it was something different.
　　「彼女は夜、寝る前に物語を読んでくれはしなかった。代わりにいろんなことを聞かせてくれた。話の中身は毎晩ちがった」
　　''クオテーション・マークは言葉の強調。Andは「話の中身」につなげるだけで、さして意味はない。

(iii) He was now without his hat and coat, **and** he was edging his way through

the crowd towards the bar.
「もうその人は帽子もコートも脱いで、人ごみをすり抜けバー・カウンターのほうへと向かっていました」
「帽子とコートを脱いでいた。そして、人ごみをすり抜けバー・カウンターのほうへと向かっていました」とも訳せる。
cf. He was now without his hat and coat **and** edging his way through the crowd.だとカメラワークに例えればワンカット。本文のようにandのあと主語を改めて持ってくるのは、場面が切り替わる感じ。edge one's wayは、身体を斜めにしてなんとか進むこと。

(ⅳ) It is nearly midnight, **and** I can see that if I don't make a start with writing this story now, I never shall.
「まもなく十二時だ、今書き始めなければもう書くことはないと自分でもわかっている」
, andの前後でいわば事象が移っている（客観的な時間と現在の心理）
カンマをピリオドにし、さらにandを除くと、それに応じ語り手の意識の流れが薄まってしまう。can+see（感覚動詞）は、現在進行形の代用「私にはわかっている…」。

(3) きつい順接

二番目に多い。(2)「ゆるい順接」、(4)「前節の帰結」ととれることもある。

(ⅰ) He gave a gentle smile **and** said, 'I beg you to believe, madam, that I am not in the habit of stopping ladies in the street **and** telling them my troubles.'
「その人はやさしい笑みを浮かべ言いました。『奥さん、信じてください。私は通りで御婦人を呼びとめて、ご面倒をお願いするような性質の人間ではありません』」
「笑顔を浮かべた。そして、こう言った」（行為の順番）。
前のandは、微笑が自然と発話に繋がるきつい順接、後のandは動名詞の並列でゆるい順接。

(ⅱ) The rain was pelting down harder than ever now **and** I could see it dripping from the brim of hat on to his shoulders.
「雨は激しくなってきて、その人の帽子の縁から肩に滴がしたたり落ちていました」

I アンド

　　　カメラなら、全体の情景から語り手の目線に移ってゆく感じ。than ever now：ますます。

（ⅲ）But that's of no importance so long as I can ┃get home┃ **and** ┃rest these old legs of mine┃.
　　　「ちゃんと家にたどり着いて、この脚を休ませてやりさえすれば何も問題はないのです」
　　　家へ戻れば、当然脚を休める、という流れ。

(4) 前節の帰結

因果がはっきりしている。(3)「きつい順接」ととれることもある

（ⅰ）┃Learning a new language implies approaching a new world┃ **and** ┃it inevitably leads to widening of intellectual experience┃.
　　　「新しい言語を学べば新しい世界へ近づき、知的経験を広げることにつながる」
　　　itは前節全体を指す。Learning a new languageを指すなら、itは不要。
　　　「…近づき、そうすることで…」

（ⅱ）┃He started to speak┃, **and** ┃everyone stopped talking┃.
　　　「彼が話しはじめたので、みんなは口を閉じた。」
　　　流れによっては「彼は話しはじめた。するとみんなは口を閉じた」としてもよい。

（ⅲ）┃Slightly alter the expression┃, **and** ┃you slightly alter the idea┃.
　　　「ちょっとでも表現を変えれば、考え自体も少し変わることになる」
　　　命令文＋andで「そうすれば」（通例カンマが必要）

(5) 逆接

順接に訳しておかしくない場合もある。

（ⅰ）┃She tried hard┃ **and** ┃she failed┃.
　　　「一生懸命やったのに、失敗した」
　　　「やった。しかし …」とも訳せるが、butでなくandを使うことにより、前後の意識の連続性が感じられる。

（ⅱ）You say that it's sad **and** you're laughing.
「君は悲しいと言いながら、笑っている」
次のように言い換えられる。=Though you say that it's sad, you're laughing.
=You say that it's sad but you're laughing.

（ⅲ）Are you going away, **and** you came only this morning?
「今朝来たばかりなのに、もう行ってしまうのか」
前後を強く対照させている。付加の気持ちも入る。

（6）付加

文字通り付け加える。

（ⅰ）He makes mistakes, **and** that very often.
「彼はよくミスをする。それもしょっちゅうだ」
思いついて情報を追加している。thatは前節の内容。and thatをイディオムで「しかも…」ととってもよい。

（ⅱ）This is expressed most beautifully in all Japanese art, **and** particularly in *haiku*.
「これはあらゆる日本の芸術、とりわけ俳句に、とても美しく表現されている」
（ⅰ）の文の付加は頻度だが、この文では類別を狭めている。「しかも特に俳句に」。斜体は外国語のしるし。

（ⅲ）The idea can only exist in words, **and** it can only exist in one form of words.
「思想は言葉の形になってはじめて、しかも一定の言葉となってはじめて存在できる」
カンマの前で主張は完結しているが、言い足りなくてand以下を付け加えている。andの前後が相似形。

1-3 andの別の切り口

「対等のand（偉さが同じ）」、「等位のand（前後に力関係がある）」、は以上です。
別の視点から見たさまざまなandを次に集めてみました（一部、前述の分け方と重複します）。

I　アンド

(1) 文頭のand
意味はなく、発話のいわば前触れ（日本語の「それで…」に似ている）。
盲腸のようなもので、わざわざ訳すに及ばないこともある。

（ⅰ）"My God! My God!" he cried, "**and** I would have murdered you!"
「いや驚いた。すんでのところで、君をひき殺してしまうところだった」
andが気持ちを感じさせる。このandがないと、紋切型の感じ。

（ⅱ）'Then he decided to study harder.'
'I see. **And** he owes his success to his stubbornness?'
「それから、奴は懸命に勉強することにした」
「なるほど。克己心でやりとげたってわけだ」
andが相手の話をちゃんと受けているよ、とのサインになっている。

（ⅲ）'Now take your Mr Cézanne or whatever his name is. I'll bet he never got that sort of money in his lifetime.'
'Never.'
'**And** you say he was a genius.'
「セザンヌだか誰だかお気に入りの画家の名前を挙げて御覧なさいな。誰も一生かかったってあれほど稼げやしないわ」
「確かに」
「それでも天才なんでしょ」
hisは、セザンヌか誰か画壇の巨匠（今話題にしている現代流行画家と比べている）。andの訳を省いて「天才だったんですけどね」としてもよい。前からの意識の流れを感じれば「で」「それで」（曖昧）「なのに」（逆接）、「そして」（順接）等適宜充てる。or whateverは譲歩（その名前が何であってもよいが、例えばセザンヌを…）。

> [ポイント6]
> **くびき語法**：[*1]
>
> 対等と帰結がandの中に共存する破格。
> He lost his hat and his temper.
> 「彼は帽子をなくして腹を立てた」
> 二つの目的語に対し、lostが違う意味で使われている。

[ポイント7]
相互用法：*2

Ron and Sally are in love.
「互いに」なのか「別の誰かに」なのかは不明
Both Ron and Sally are in love.
「別の誰かに」
Ron and Sally are in love with each other.
「相思相愛」

[ポイント8]
二重品詞：*3

After she lost the sight in her right eye in the accident, and her husband's death in 1885, she continued writing novels.
「彼女はその事故で右目の視力を失い、1885年に夫を亡くした後も、小説を書き続けた」
afterはshe lost the sightに対しては接続詞、her husband's deathに対しては前置詞と、二重の役割をし、she以下の本文に続けている。これも破格。

[ポイント9]
意味のない接続詞：

日本語でも、話を「それで…」から始める場合がよくある。「それ」は何を指すわけでなく、発話のしるし。「しかし…」で話し始めることもあるが、これは自分の頭に中で何かぼやっと考えていた、それが表に出るときに発することがあるようだ。
関西系の漫才で、よく「しかしやな、しかし…」といって舞台に出てくるが、この場合、観客はだれも何に対しての「しかし」なのかなど考えない。これから面白い事を言ういわば予告語であり、この「しかし」で観客は笑いを期待する気持ちになるのである。

(2) 類語反復：該当要素を強調する

これは結構多い。無理に二語の差を訳に出す必要はない。

I　アンド

（ⅰ）He kept |still| **and** |motionless| for a while.
　　　「彼はひたすらじっとしていた」
　　　細かく言えば、stillは「音も動きもないこと」、motionlessは「静止していること」。実際には似たような意味を重ねてリズムを出しているだけ。

（ⅱ）History proves that dictatorships do not grow out of |strong| **and** |successful| governments.
　　　「政府の力が強く上手くいっている場合に独裁が起こらないのは、歴史の証明するところである」
　　　ご丁寧に語頭の文字をsに揃えている。言葉遊びに近い、まごうかたなき同義語反復。
　　　successfulは「成功の可能性ある」でなく「現在うまく行っている」。

(3) 同一の動詞、副詞を二つつなげる：意味を強める（どんどん）

（ⅰ）He |ran| **and** |ran| towards the station.
　　　「駅のほうへひたすら走った」

（ⅱ）The ice skater was spinning |faster| and |faster|.
　　　「アイススケートの選手は回転をさらに速めていた」

(4) 同じ名詞を二つつなげる

「いろいろ、さまざま」

（ⅰ）There are |teachers| **and** |teachers|.
　　　「一口に教師といってもいろいろだ」

（ⅱ）There are |women| **and** |women|.
　　　「女にもピンからキリまである」

(5) 同じ名詞を三つつなげる

数の多さをいう「やたらに」

　　There were |dogs| **and** |dogs| **and** |dogs| all over the place.
　　「いたるところに、やたらに犬がいた」

(6) toの代用

目的を示す「…するように」

　$\boxed{\text{Come}}$ **and** $\boxed{\text{see}}$ me tomorrow.
　「明日、会いにきてください」
　前の動詞は動作動詞、命令形が多い。

(7) 属性・一体

「…の付いた」andの後のほうが従属的

（ⅰ）$\boxed{\text{bread}}$ **and** $\boxed{\text{butter}}$
　　　「バター付きパン」

（ⅱ）$\boxed{\text{ham}}$ **and** $\boxed{\text{eggs}}$
　　　「ハムエッグ」

(8) 行為の同時性
「…しながら」

（ⅰ）They $\boxed{\text{sang}}$ **and** $\boxed{\text{danced}}$ after dinner.
　　　「彼らは食後に歌いながら踊った」＝ They sang dancing after dinner.
　　　流れによっては「歌ってから踊った」「歌いかつ踊った」ともとれる。
　　　cf. They danced and sang after dinner.
　　　「彼らは食後に踊りながら歌った」＝ They danced singing after dinner.
　　　意味は同じだが力点が異なる。

（ⅱ）They $\boxed{\text{walked}}$ **and** $\boxed{\text{talked}}$.
　　　「歩きながら話した」
　　　They walked talking. ≒ They talked walking. ≒ They talked while they walked.
　　　力点がどちらかの問題。
　　　「歩いて、話した」ともとれる。

(9) and/or

両方か片方

I　アンド

by cash and/or check
「現金および小切手、またはどちらか一方」
＊産業翻訳では「と」でなく「および」を使うことが多い。
完全に「並列要素のどちらも含む」場合は「および」となる。例示的な場合は「現金や小切手」「現金と小切手」とすることもよくある。

(10) 副詞的にあとの形容詞を修飾 （またはその逆）

「…な状態で」

(i) I'll do it when I'm good and ready.
「ちゃんと準備が整ったら参ります」
good and=moderately, very

(ii) Be nice and silent.
（子供に）「ちょっと静かにしましょ」
nice and =nicely, very

(iii) his fair and outward character
「うわべだけ公正な彼の性格」
fair and outward=outwardly fair

(11) 前の名詞が形容詞的にあとの名詞を修飾 （またはその逆）

(i) the tediousness and process of travel
「退屈なまま過ぎゆく旅」
tediousness and=tedious

(ii) death and honor
「名誉ある死」
=honorable death

(iii) in poverty and distress
「絶望的な貧困」
=in distressful poverty

＊hendiadys［ヘンダイアディス］　二詞一意　（ギリシア語から生まれた文語的

修辞法)。
andなどで結ばれた2つの言葉が1つの意味を表わす。
例：nice and warm（=nicely warm） in goblets and gold（=in golden goblets）
andの前後の一体感が強く感じられる場合に許される訳。

(12) 数字の合計

「～＋一」

　She is |one| **and** |twenty|.
　「彼女は21歳だ」
　いささか古い言い方。前の数は1から5、後の数は20から90まで。

(13) 数字の範囲

「～から一まで」

　He was reading at |twenty-eight| **and** |thirty| literature which is read ten years younger.
　「彼は28から30までのうちに10歳年下の人間が読むような本を読んでいた」
　二つの数字の間の数も自然と入っているように読める場合に限って。「28と30のときに」とも読める。

(14) 不可能性

「どちらもあるということはない」片方だけが可能。

　You cannot |eat your cake| **and** |have it|.
　「ケーキを食べてかつ持っていることはできない」→「ケーキは食べてしまえばなくなる」
　cf. You cannot eat your cake or have it.なら両者否定
　「ケーキを食べられないし持っていることもできない」

(15) 強調

「しかも」

　|He| **and** |he alone| is to blame.

Ⅰ　アンド

「彼、かれこそが責められるべきだ」
aloneがheを強調

(16) 換言

「すなわち」

　I saw him at nine and when he left.
　「私は9時、つまり彼が出たときに会った」
　もっと正確に言えば、の意。

(17) 制限

（ⅰ）There is even a rather engaging mystery —and curse —on Shakespeare's grave in Stratford-on-Avon, his home.
　　「かなり注目すべき謎のことばさえ—いや呪いのことばというべきか—故郷であるストラット・フォード・オン・エイボンのシェークスピアの墓には、ある」
　　mysteryはaがついて可算名詞化。挿入で、謎の範囲を狭めている。

（ⅱ）Are thou not Romeo, and a Montague?
　　「貴方はロメオではないの、あのモンタギュー家の」
　　（ⅰ）では制限が狭まったが、ここでは所属に広がっている。

(18) 条件

「…すれば」

（ⅰ）I express the slightest disobedience and he punishes me severely.
　　＝If I express the slightest disobedience, he punishes me severely.
　　「少しでも反抗的な態度を見せようものなら、彼は私を厳しく罰する」
　　前が名詞句でもよい。

（ⅱ）One more day and I should be safely on the plane to France.
　　「あと一日たてば、無事フランス行きの飛行機に乗っていることだろう」

1-3　andの別の切り口

[ポイント10]
くどくなるのでtoが省略された形：[*4]

This was made clear both to the children and their parents.
「このことが子供たちとその両親の両方にはっきりと分かった」
本来ならboth to the children and to their parentsかto both the children and their parents.
＊連関詞であるboth A and Bの場合、AとBは、それぞれがbothに強く結びつくので、前置詞句を反復させる方が好まれ、both to A and Bは避けた方がよいとされる。

[ポイント11]
訳しにくい自動詞と他動詞の並列：

I struggled to my feet and went up* the stairs.
「私はやっとのことで立ち上がり、階段を上った」
to one's feet　立っている状態で
VI M and VT（VI+prep.）O
I cannot go off and leave all my family.
「私は家族みんなを捨てて立ち去ることはできない」
go off　立ち去る
S VI+adv. and VT O。二つの動詞を因果に訳すとよい。
＊自動詞+前置詞で他動詞化と考える。自・他動詞の区別は、他の説明もありうる。

「翻訳の思考過程を応用した英文精読法」をドラマ仕立てで披露します。気楽にお読みください。

コメディ『英文読解教室』

Episode 1　講義『武器よさらば』

場面：黒板に下記の英文。学校机と椅子。
人物：脇に立つ英文学教授の大西伸也（オニキョー）。椅子に座っている女子学生のあすか。

　In the late summer of that year we lived in a house in a village that looked across the river and the plain to the mountains. In the bed of the river there were pebbles and boulders, dry and white in the sun, and the water was clear and swiftly moving and blue in the channels. Troops went by the house and down the road and the dust they raised powdered the leaves of the trees. The trunks of the trees too were dusty and the leaves fell early that year and we saw the troops marching along the road and the dust rising and leaves, stirred by the breeze, falling and the soldiers marching and afterward the road bare and white except for the leaves.

オニキョー：
今日はアメリカの文豪、ヘミングウェーの名作『武器よさらば』の冒頭部分を取り上げます。あすかさん、訳してください。
あすか：
はい。その年の夏の終わりに、私たちはある村の、川と野のかなたに山が見える家に住んでいた。川原には小石や丸石が陽に白く乾き、水路を流れる水は澄んで速く青かった。
オニキョー：
さすが東都女子大特待生、よくできとる。けどな、水路って何や？農業用水か何かあるんか。
あすか：
さあ・・・。辞書にchannel「水路」って出てました。
オニキョー：

あすかさん、ええか。辞書にある言うんなら「テレビのチャンネル」したかてええんか？「テレビのチャンネルで水は速く流れていた」って？家じゅう水浸しや！英語は多義なんよ。元の意味から文脈によっていろいろ広がるんやで。ここは夏やから川の水が少のうなって幾筋にも分かれて流れとるのやろ。論理的に読み取るんや。このchannelについては、昔僕が子供のころ、ビッグニュースが日本を駆け巡った。「火星に運河の跡がある」云うんや。ちょうど映画館で「火星人東京に現わる」なんて―まあ今から見ればちゃちなセットの映画やったけど―のを見たばかりだったんで、子供心に驚いた覚えがある。これはな、イタリアの科学者が精度のええ望遠鏡をのぞいて、火星にcanari（カナリ）があったのを発見した報道なんや。このcanariは英語ではchannel、それが日本語に訳され「運河」になったんや。科学者本人は「水の流れた跡」と言いたかったのや。つまりcanari=channel=水流、の意味で使ったん。それを外信記者か誰だか知らんが受験式丸暗記の一単語一訳語で、何の疑問もなくchannel「運河」として配信したから、日本中大騒ぎになったんやで。英語は意味が広いから、文法と論理と文脈で訳語を決めにゃならんのや。ほな、これどう訳す？（黒板に書く）A cow boy ate a hot dog.

あすか：
「牛に乗った少年が熱い犬を食べた」。

オニキョー：
違うでしょう、あすかクン！遊ばんと、ちゃんと訳しなさい。

あすか：
済みません。では本気出して。「カウボーイがホットドッグを食べました」。

オニキョー：
それでええ。では次のとこ。

あすか：
はい。軍隊が家の傍らを過ぎて道を行き、木の葉はそのあげるほこりにまみれていた。木々の幹にもほこりがかぶった。その年は木の葉が早く落ちた。私たちの目には部隊が道を進み、土煙があがり、微風にゆすられて木の葉が落ち、兵士が行軍し、そのあと道は索漠とまた白々として木の葉だけが残るのが見えた。

オニキョー：
大体ええな。そやけど、一か所、文句いいたいとこあるで。「微風」でええんか？

あすか：
breezeは「微風」「そよ風」としか辞書には出てませんけど・・・。

オニキョー：
それ「バカ野郎、謝って済むならお巡りいらねえや」ちゅうのと同じやで、「辞

コメディ『英文読解教室』　Episode 1

書を引くだけで済むなら英文読解必要ない」。訊くで、「微風」でもって「木の葉」が落ちるか？君のイメージする「微風」はどんなんや。

あすか：
（歌って）「そよ吹く風に小鳥の群れは河の流れに囁きかける・・・」。

オニキョー：
なつかしい！フランソワ・ヴィリエ監督の名画『河は呼んでる』。あの主人公の女の子、可愛かったな、春風駘蕩といった情景のなか羊飼いの手伝いをする「オルタンス」ちゃん、あの役誰やったっけ・・・。それと、他には。

あすか：
「久方のひかりのどけき春の日にしず心なく花の散るらむ」紀友則。

オニキョー：
おお賢いね、さすが僕の学生や、英文読解には教養も必要やし。ハラハラと静かに桜は散るのやね。そやけどどちらにせよ、その程度の風でもって葉っぱが落とせるかいな。breezeっちゅのはもっと強いんやで。幅あってな、秒速1.6〜13.8mまでの軽風、軟風、和風、疾風、雄風ぜんぶ。ここは軟風か和風ぐらいかな。お天気おねえさんやったら「午後は少し強めの風が吹きます」言うとこ。ちなみに「春一番」かて秒速8ｍくらい。フランスの詩人マラルメの詩にもbrise marine（ブリーズ・マリーヌ）『海の微風（そよかぜ）』ちゅう日本語題名がついたんがあるんやけど、それが詠まれたセトーちゅう浜辺の町に行ってみな、風が強うて、髪とか、女性ならスカート抑えなならんほどや。日本語の「そよ風」にあたるのは、強いて訳せばa soft breeze, light airsぐらいやろ。そう、辞書は絶対でない、何事も疑問をもって批判的に読み解くことが大切であって・・・。ちょっと待った、あすかクン、何でや、授業中に断わりもなく抜け出すなんて失礼やないか。

あすか：
済みません、劇団「季節」の最終オーディションがあって。先生の熱演のお邪魔しないよう、挨拶なしにそっと出てゆくフレンチ・リーブのつもりで・・・・

オニキョー：
粋なこと言うね、なら許したる。合格したら皆で祝おうか。但しダッチ・トリートやで。

1-4　butのいろいろ

　日本語の「が」は順接・逆接、二つの要素をもち、文意をあいまいにすることがありますが、英語の but も一筋縄ではいきません。意味内容をしっかり汲み取らないと、訳文が不鮮明になります。

1-4-1　等位接続詞の but

（1）　対立：「しかし」「だが」

（ⅰ）　I am old, **but** you are young.
　　　二者の属性を対照
　　　「私は年寄りだが、あなたは若い」
（ⅱ）　He likes music, **but** his wife doesn't.
　　　二者は肯定・否定の対立関係
　　　「彼は音楽が好きだが、細君はそうじゃない」

（2）　譲歩：「けれども」（though、yetで言い換えられる）

（ⅰ）　He is poor **but** happy. (=Though he is poor, he is happy. / He is poor, yet he is happy.)
　　　「彼は貧しいけれど、幸せだ」

（ⅱ）　She's been learning Italian for five years **but** she doesn't speak it very well.
　　　「彼女は五年間イタリア語を学んでいるけれど、上手にしゃべれない」

（3）　繋ぎ：前後をゆるく結ぶ役割で、訳に出すほどの意味はない

（ⅰ）　To be shot so young; **but** it is frightful, John!
　　　「あんな若さで殺されるなんて。怖いことね、ジョン。」

（ⅱ）　"All men are mortal. **But** Socrates is a man. Therefore Socrates is mortal, ..."
　　　「人は全て死すべきものである。ところでソクラテスは人である。ゆえにソクラテスは死すべきものである」
　　　三段論法。「しかし」の意味が弱まり、単に前とは別個の事実を導入するのにbutが用いられている。

（4）強調：同じ語を連続

　　Her performance was perfect, **but** perfect.
　　「彼女の演技は非の打ちどころがなかった」

（5）not ～ but ─　で（これが微妙で、以下は私の経験則によるもの）

（ⅰ）「～ではなく─」（～は否定され、─が肯定される：～と─の力点は同じ）
（ⅱ）「～ではなくて─」（～は否定されるが、対立関係は弱い：力点は─にある）
（ⅲ）「～というよりも─」（～は否定されるわけでなく、より正確・詳細なものとして─が挙げられる）

例：（ⅰ）It is not red, **but** black.　赤ではなく黒
　　（ⅱ）I did not go, **but** stayed at home.　行かないで家にいた
　　（ⅲ）This is not green **but** blue.　緑というより青
　＊カンマなしが、対照性を弱めている。
　　欧米では緑が青の上位概念（緑＞青）日本では逆（青りんご＞緑、青信号＞緑）

[ポイント12]
butの前のカンマの規則：

前の（5）（ⅰ）It is not red, but black.「赤ではなく黒」は、It is not red but black.とも言えるが、その場合「赤くなくて黒い」という感覚（対立が弱まる）。
一般的には、butにつくカンマは─
・前節の主語を言い換え。
例：I did not go, but he did.
　　「私は行かなかったが、彼は行った」
・前節の内容の言い換え。
例：I didn't want his help, but I had to accept it.
　　「彼の助けは欲しくなかったが、受けざるを得なかった」
・同じ節内での強調（上記(5)の(ⅰ)(ⅱ)例）の場合に必要。

[ポイント13]
not only ～ but also ─の変形：

①品詞が異なる：
　　Not only that, **but** if everyone who receives the hoax forwards it to 10 other people, within six generations the hoax will have been sent to 1 million

people.

「それだけではなく、デマウィルスを受け取った人全員がもし別の人10人に転送した場合、それが 6 回繰り返されるうちに、<u>メッセージは100万人に送られることになります</u>」

② 場所が異なる：

He realized that there was ***a force of attraction*** between the apple and Earth [that **not only** caused the apple <u>to</u> fall downwards towards the Earth **but** the Earth <u>to</u> fall upwards towards the apple].

「彼はリンゴと地球に引き合う力があるのを認識していた。リンゴを地球のほうに下に引き寄せるだけでなく、地球を上のほうにリンゴに引き寄せる力があることを」

本来ならthat caused not only the apple ... but（also）the Earth ...　あるいは that not only caused the apple ... but（also）caused the Earth ...

[ポイント14]

　　否定でない**but**：

それでは、これはどう訳せるでしょう？

How scornful we are when we catch someone out telling a lie; but who can say that he has never told not one, but a hundred?

「私はね、お金じゃなくて貴方の愛が欲しいの」ドラマなどでよく聞く、誠意のない恋人に女性が言う台詞。この日本語、別にお金は要らないとは言っていませんね（お金のことはともかくとして…といった感じ）。上の butもそれと同じ語感で、1-4 (5)(ⅲ) のbutの使い方。訳は「一つは知らず百の」「一つはともかく、百にしたところで」「一つどころか百でも」「一つでなく百の」などといったところ。

「我々は誰かがウソをついているのを見破った時、いかに軽蔑することか。だが自分は一つどころか百のウソをついたことがないと、だれが言い得ようか」

[ポイント15]

　　but相当語の**only**：

例 1 ：We completed the task <u>only</u> with difficulty.

　　　「我々はその仕事をやっとこさやり終えた」このonlyは、

> ①with以下に掛かる強調の副詞
> ②以下にSVが省略された接続詞　only（＝but）we completed it with difficultyと読む。
>
> のどちらともとれる。
>
> 例2：We are none of us exactly like everyone else, <u>only</u> rather like, and it would be unreasonable to suppose that the books that have meant a great deal to me should be precisely those that will mean a great deal to you.
>
> 「我々は誰ひとりとしてそっくり同じではなくちょっと似ているだけなのだから、自分に大いに意味ある本だから他人にも裨益するはずだと考えるとしたら、不合理であろう」
>
> このonlyも接続詞（=but）、副詞（ほんの）と二つにとれる。副詞preciselyはthose以下を強調（まさしく）。

1-4-2　等位接続詞以外のbut

(1) but=only：

Life is **but** a dream. ―Longfellow
「人生は夢にすぎぬ」
ロングフェローは米国の詩人（1807-82）

(2) but=except：

I've told no one **but** you about this.
「あなた以外には話してない」

(3) but that=unless：

But that I saw it, I could not have believed it.
「それを見なかったら、とても信じられなかったろう」

(4) but=that：

I don't doubt **but** she will recover.
「彼女はきっと回復するだろう」

(5) but=that ... not

We are not sure **but** she is right.
「彼女はきっと正しいのでしょう」

1-5　orのいろいろ

　orもずいぶんと含みのあることば。「または」「あるいは」だけではありません。どの意味合いで使われているか認識していないと、誤訳になることがあります。大きくは選択、換言、列挙。それぞれがまたいくつかの意味に分かれます。またどちらともとれる場合があります。

1-5-1 選択：選択、交換、択一、否定、曖昧

（1）選択：「または」

学校英語で叩き込まれているので、orとくるとパブロフの犬みたいに反射的にこの語義をまず思い浮かべてしまう。それだけこの意味で使われる頻度が高いということ。

（ⅰ）I spend my holiday in reading, **or** else in swimming.
　　「休日は読書か水泳ですごします」elseは強調の副詞。

（ⅱ）Which do you like better, apples **or** oranges?
　　「リンゴかオレンジ、どちらになさいますか」
　　通常選択ととるが、apples、orangesの語尾を共に上げて読むと、列挙・譲歩（…とか）で、他にも選択肢があるのを感じさせる。

（2）交換：「さもないと」

Go at once, **or** you will miss the train.
「すぐ出かけないと電車に遅れますよ」

（3）択一：「どちらか」「〜でなければ―」

either 〜 or ―で（相関接続詞として）

Ⅰ　アンド

Either Tom **or** Susie is at fault.
「トムかスージー、どちらかが間違っている」

(4) 否定：「…もない」

not 〜 or ―、not either 〜 or ―、neither 〜 nor ― で両者否定

（ⅰ）She does**n't** smoke or drink .
　　「彼女は酒もタバコもやりません」

（ⅱ）She **neither** wrote **nor** telephoned me all summer long.
　　「夏のあいだ彼女は僕に手紙も電話もくれなかった」

(5) 曖昧：「…かそこら」

for some reason or another
「なんらかの理由で」

[ポイント16]
andと**or**の意味が近くなる：

（a）I don't go to school on Saturday or Sunday.
（b）I don't go to school on Saturday and Sunday.
共に「土曜・日曜には学校に行きません」だが、
（a）は個別に「どちらとも」、（b）はまとめて「週末には」の感じ。

1-5-2　換言：詳細、修正、変更

次の三つの意味内容が、文脈と理解の仕方で重なり合うこともある。

(6) 詳細：「すなわち」（, orとなる場合が多いが、カンマ無しも可）

the culinary art or art of cookery
「割烹術、つまり料理法」
前言を同じ種類のもので理解しやすく言い換える。

38　第一部　英文読解五つのポイント

(7) 修正：「むしろ」

　He is rich , or he appears to be .
　「彼は金持ちだ、いや、そう見える」
　前言とは見る基準・角度が変わる。

(8) 変更：「あるいは」

　I cannot take credit for my competency or otherwise in English.
　「自分の英語の巧さというか下手さというか、を誇るわけにはゆかない」
　前言を否定する、または別種のものをもってくる。
　otherwiseは副詞だが名詞的に働く（別の物＝incompetency）。

1-5-3 列挙：列挙、譲歩、近似

(9) 列挙：「…とか」

どれかを選べというのでなく、そういった類のものとして挙げている。
＊「…とか」「…など」（列挙）なのか「或いは」（選択）なのかは文脈依拠。

（ⅰ）**any** Tom , Dick , **or** Henry
　　「トムだろうがディックだろうがヘンリーだろうが」
　　ごくありふれた名前を列挙しているところから「誰であれ」の意味になる。

（ⅱ） Music **or** painting **or** reading will give you some peace of mind.
　　「音楽であれ絵画であれ読書であれ、人の心に安らぎを与えてくれる」
　　他のものが含意されず、この三つだけと読むこともできる。「…とか」の感じをはっきり出したいなら最後にor otherwiseを入れればよい。

（ⅲ）... , men began to do what it seemed right **or** sensible to themselves to do, ...
　　「人々は自分たちにとってやるのが正しいとか道理にかなっていると思われることをやりはじめた」
　　例挙と考えるのが順当だろうが、選択と感じれば「正しいか道理にかなった」。

(10) 譲歩：「…でも」

二つを並べ、「挙げた類のもの、どちらであっても」の気持ち。

I　アンド

（ⅰ）Rain or shine, we'll go.
「雨でも晴れでも行きます」
雨と晴れ以外の天気（雪、突風など）も含意される。

（ⅱ）All men, rich or poor, have equal right under the law.
「貧富を問わず、万人は法の下で平等である」
当然だが間にある普通の人も含意される。

(11) 近似性・不確実性

「…かそこら」

in five or six days
「5、6日経ったら」
大まかな数値を示している。各々の数字を強調して読めば「5日もしくは6日で」となる。

[ポイント17]

事実重視：

I have no wish to have been alive a hundred years ago, **or** in the reign of Queen Anne：

換言か選択か、迷いませんか？, orなので今から百年前の具体的な時代を示す「すなわち」と読みたいところ。だがアン女王の即位はずいぶん昔の1702年という事実からすると「あるいは」ととるのが順当か…。念のため調べると、この文が書かれたのは1800年代前期だったから、「すなわち」をとる。
「私は百年前、すなわちアン女王の御世に生まれていたかったとは少しも思わない」

[ポイント18]

どっちが偉いか：（ディケンズ『オリヴァー・ツイスト』の解説）

Dominating **or** weak **and** ineffectual fathers, unjust conditions for the urban poor (particularly children), and a lasting preoccupation with imprisonment are all typical of his work.

規則ではないが、orとandが並ぶと大方orのほうが強くなる。ここもそう読む。preoccupationは「或るものに心を囚われていること」。「偏見・先入観」との訳になることが多いが、ここでは「(投獄されるのではないかと) いつも怖れていること」。

「威張り散らすか、無力で弱い父親、都市の貧民(とりわけ子供)への不当な状況、投獄へのずっと続く脅迫観念、は彼の作品にすべて反映されている」

Episode 2　講義『ハムレット』その1

場面：黒板に下記の英文。学校机と椅子。
人物：オニキョー、マントを羽織って登場。椅子に座っている女子学生のSATOMI。

HORATIO：
O day and night, but this is wondrous strange!
HAMLET：
And therefore as a stranger give it welcome.
There are more things in heaven and earth, Horatio,
Than are dreamt of in your philosophy.

オニキョー：（朗誦）
悠々たる哉天壌
遼遼たる哉古今
五尺の小躯を以て此大をはからむとす
ホレーショの哲學竟に何等のオーソリチィーを價するものぞ
萬有の眞相は唯だ一言にして悉す、曰く「不可解」。

（講談調）
　明治36年5月、「巌頭之感」を木の幹に刻み、日光は華厳の滝に身を投じた第一高等学校—東大教養学部の前身—の秀才、藤村操。その文中にある「ホレーショの哲学」とは？新聞記者が当時の東京帝国大学哲学教授、井上哲次郎に聞きに行きました。井上はしどろもどろに、「いやホレーショなどは、哲学者の中でも傍流のまた亜流みたいなものであって・・・」と答えたといいます。しかし、誰が何処をどう調べてもホレーショという哲学者は出てきません。その後、藤村操が『ハムレット』を愛読していたのが分かり、ホレーショとはその作中人物、ハムレットの学友でウィッテンバーグの大学に学ぶホレーショであろうということになりました。井上教授はこれで大恥を掻いたわけですが、それでなくとも人気がなく、哲学を志望する学生は新設の京都帝大へ向かい、西田幾多郎一門、京都学派の隆盛に至ったといいます。
　さて井上だけでなく、自殺した当の藤村自身も「ホレーショの哲学」を誤解し

ていた節があります。
SATOMI：
先生、質問。藤村操って男性ですか、女性ですか？
オニキョー：
男や、当時の高等学校に女は入れん。けど確かに紛らわしい名前やな。泉とか千里なんてのも男か女か分からんけど。英語にもあるんやで、こんなんが。HillaryとかVivian、Sidney、Terry、Robin・・・。僕も若い頃ほろ苦いいうか、アホらしいいうか、思い出がある。知り合いのアメリカ人が来るから迎えにゆけ、先輩に言われたんや。Carol、18歳やて！喜び勇んで地元の駅までいそいそ出かけた。けど待てど暮らせど、思い描いた金髪の可愛いキャロルちゃんは来いへん。最後に残ったんは毛ぶかいレスラーみたいな外人の男や。目が合ったんで、ついキャロル？？って訊いたら「Oh、シンヤ！」って答えたんや。Carolちゅう名前は男にも女にもあるんがよう判った。デートするとき、あんたも気いつけや。

さて、場面はエルシノアの城壁沿い、真夜中出没した亡霊があちこち自在に動き回るのを目にしたホレーショとハムレットのやりとり。
「夜を日に継ぎ、なんたる不可思議」と驚くホレーショに、ハムレットは「だからな、そいつを珍客としてもてなしてやろう」と宥めるんや。そのあとSATOMIさん、訳してちょうだい。
SATOMI：
はい。There are more things in heaven and earth, Horatio,「この天地の間にはずっと多くのものがあるのだ」。それから、Than are dreamt of in your philosophy. 直訳すれば「あなたの哲学において夢見られる以上の」平叙文にすれば「あなたの哲学が夢想する以上の」ということになるでしょうか。
オニキョー：
そこやで、youは「あなた」でええかいな。ハムレットがホレーショに語りかけているのやから、「お前の哲学」とは「ホレーショの哲学」ととってしまいそうやね。でも、ここはハムレットが、亡霊を茶化し、また謹厳実直なホレーショをからかって言っているくだりや。このyourは「ホレーショその人自身」でなく、ホレーショも含めた「世間一般の人」を指す、と取るのが筋やで。しつこく言えば「俺は認めないけどもお前ら世間一般がいうところの」といった感じやな。そやから、訳文としては「皆のよくいう」「例の」「いわゆる」などとするのがええんや。文法的には「一般人称のyou」言います。例えばyour modern girlsときたら「いわゆるモダンな少女たち」といった具合にな。これを生かして、SATOMIさん、翻訳

してみぃ。
SATOMI：
ホレーショ：
神出鬼没、なんたる不可思議！
ハムレット：
ならばあれを珍客としてもてなしてやろう。
この天と地の間にはな、ホレーショ、哲学なんぞの及びもつかぬことがたんとあるのだ。
オニキョー：
その訳絶品や！福田恆存ばりや。語りも旨い、女優志望やもんな。藤村操は、ここより前に出てくる台詞「ホレーショが大学で哲学を学んでいる」から、ホレーショの哲学と思い込んだようや。yourの多義性を正しく掴んでいれば、自殺などしないで済んでいたかもしれんな・・・。そのあと大変な「哲学自殺」のブームになって、3年間に70人以上の青年が、華厳の滝から飛び込み自殺をしたというんやもんね。
でもかっこええな、思い込みにせよ真理に殉じるなんて男冥利や。男なら誰でも一度はそんなええかっこしたいと思うやろ。
SATOMI：
くだらない。So this is your good sense.そんなのが**いわゆる男の良識**というものですか。
私は私に焦がれて飛び込み自殺するような男がかっこいいと思うな、先生でもいいですよ。
オニキョー：
勘弁しとくんなはれ。

1-6 実践

と大まかな注意点を知ったうえで、さまざまな文に挑戦してみましょう。

1-6-1 力試し

(1) 題材：評論。赤ずきんちゃんの物語
　　ヒント：同義語反復、語頭の文字のそろえ

The protective, kindly figure has been replaced by a dangerous and destructive creature.

1<The protective, kindly figure> has been 2<replaced> by 3<a dangerous **and** destructive creature>.

1　カンマがアンドの代わり。protective（人《この場合赤ずきんちゃん》を守る）とkindly（優しい）は並列でfigure（人物）＝おばあちゃんのこと、に掛かる。性質・状態をあらわす形容詞の並列はカンマで示すのが普通。andにすると強く響く。
2　「…にとって代わる」
3　同義語反復で語頭の文字も揃えている。dangerous「危害を加えそうな」destructive「破壊する、損害をもたらす」creature「生き物、動物」
「いつもやさしく接してくれる人が、獰猛で危険きわまりない生き物に替わってしまったのだ」

(2) 題材：評論。人間というものの捉え方
　　ヒント：butとorの偉さ

What we students of history always learn is that the human beings are a very complicated contraption and that they are not good or bad but good and bad.

[What we students of history always learn] is [|that the human beings are a very complicated contraption| and |that they are **not** (good or bad) **but** (good and bad)|].

not A but Bで、A=good or bad、B=good and badの形。
「我々歴史学徒が肝に銘じておくべきは、人間はとても複雑なものであって、良いか悪いかでなく良くも悪くもある、ということなのだ」

I　アンド

(3) 題材：辞書の用例から拝借
　　ヒント：二つのorが違う意味で使われている

Often groups of people with similar work or interests develop a specialized vocabulary or jargon.

Often groups of people (with similar <u>work</u> **or** <u>interests</u>) develop a <u>specialized vocabulary</u> **or** <u>jargon</u>.
文脈の支援により、前のorは選択、後のorは言い換えととる。
「同じ仕事や趣味を有する人々の集団は、特殊化された語彙、すなわち業界語を発達させている」

(4) 題材：江戸時代の鎖国（外国人による日本人論）
　　ヒント：andが繋ぐもの

... and, except for a handful of Ainu and still fewer Chinese, Korean, and Dutch traders, there were no other people of any sort in Japan.

... and, 1<except for> [|2<a handful of> Ainu| 3<**and**> |4<fewer> (5<Chinese, Korean, **and** Dutch) traders>|], there were no other people of any sort in Japan.

1　「…を除いて」「…を別とすれば」…は別の範疇と考えている。
　　cf. except N（この場合、人称代名詞）：Everyone except me know it.　私以外の全ての人がそれを知っていた（同じ範疇での例外）
2　「一握りの」
3　andは前後の名詞句を並列
4　Ainuに比べて「より少ない」
5　Chinese、Korean、Dutchは形容詞で共にtradersに掛かる。Koreansとなっていれば「中国人」「朝鮮人」「オランダ人商人」が並列。andは列挙終了。
　　「そして一握りのアイヌ人、さらに少ない中国・朝鮮・オランダ人商人を除いては、日本には如何なる種類の他民族もいなかった」

(5) 題材：短編小説。隣人夫婦の寝室に夜中忍び込む訓練
　　ヒント：遠い並列

But before Jerry would finally pass me out, I had to go blindfold all the way from the front door through the hall, up the stairs, past the children's rooms, into

Samantha's room and finish up in exactly the right place.

But 1<before Jerry would finally> 2<pass me out>, I had to 3<u>go</u> 4<blindfold> all the way 5<u>from</u> the front door 5<u>through</u> the hall, 5<u>up</u> the stairs, 5<u>past</u> the children's rooms, 5<u>into</u> Samantha's room **3<and>** 3<u>finish up</u> 6<in exactly the right place>.

1 　wouldは過去の意志を示す。finallyが、それまでのくり返しを含意
2 　「人を合格させる」
3 　goとfinish upがandで並列されている
4 　「目隠しで」
5 　goに繋がる一連の前置詞。「…から」「…を抜け」「…を上り」「…の傍らを過ぎ」「…の中に」
6 　exactlyはthe right place（ベッドのそばのこと）を制限する副詞
　　「だがジェリーが合格させてくれるまでに、私は目隠しのまま何度も、玄関からホールを抜け、階段を上り、子供部屋を過ぎ、サマンサの部屋に至り、ベッドにちゃんとたどり着かねばならなかった」

（6）題材：名文家のエッセイ。自分の道を自分で切り拓いて来た自負
　　ヒント：帰結のand

But much as we resemble one another we are none of us exactly alike, and I have seen no reason why I should not, so far as I could, choose my own course.

But 1<much as> we resemble 2<one another>/ we are 3<none of us> exactly alike 4<**, and**> I have 5<seen> no reason why I 6<should> not (, 7<so far as I could>,) choose my own course.

1 　譲歩「…であれ」。場合により理由「…なので」ととれることもある。
2 　代名詞「相互」。訳は「互いに」と副詞的になる。
3 　weと同格だが、真逆のことを言っている「我々は誰ひとりとして」。副詞用法。
4 　帰結「…であるからして」「そんなわけで」
5 　「見る」⇒「理解する」⇒「考える」
6 　reason whyに呼応する、必然のshould「…であって当然」
7 　so far as I could chooseと読む「選べる限りにおいて」
　　「だが我々は互いに大いに似てはいるが、誰ひとりとしてそっくり同じ人間は

I アンド

いないのだから、自分でできる限りにおいて、自分独自の道を歩んではいけないという理由などないと思ってきた」

(7) 題材：短編小説。成金が主宰するキジの狩猟会
　　ヒント：場面を変えるアンド

Mr Hazel's party took place on the first of October every year and it was a very famous event. Debilitated gentlemen in tweed suits, some with titles and some who were merely rich, motored in from miles around with their gun-bearers and dogs and wives, and all day long the noise of shooting rolled across the valley.

[Mr Hazel's party took place on 1<the first of October> every year] 2<**and**> [it was a very famous event]. [Debilitated gentlemen 3<in> tweed suits (, 4<some> 5<with> titles 6<**and**> 4<some> who were merely rich,) motored 7<in> 8<from miles around> 9<with> 10<their gun-bearers **and** dogs **and** wives>] 11<, **and**> [all day long the noise of shooting rolled across the valley].

1　「十月一日」
2　前節の内容の説明に繋げるand
3　着用をあらわす
4　some gentlemen
5　gentlemenの様態
6　some gentlemenとさらに別のsome gentlemenを並列
7　運動の方向を示す副詞「こっち（パーティーの場）に」
8　「あちこちから」。milesは名詞「かなりの距離」の意。aroundは副詞「周辺で」
9　「…を連れて」
10　三つが並列。細君が他と同列になっているのが面白い。
11　場面を変えるand
「ヘイゼル氏のパーティーは毎年十月の一日に行われる、有名な催しだった。ツイードのスーツに身を包んだよぼよぼの紳士、爵位を持っていたりただの金持ちの類だが、それが銃を抱えたお付きと犬と細君とを連れ、遠くから車でやってきて、日がな一日銃を撃つ音が谷にこだました」

(8) 題材：心理学書。無意識を解明する論文
　　ヒント：場面を狭めるアンド

In this chapter I draw on some personal experiences as a spring-board for a theoretical discussion of contextuality of the several varieties of unconsciousness and, in particular, of a form of unconsciousness that I propose to call the *ontological unconscious*.

In this chapter I 1<draw on> some personal experience as a spring-board for a 2<theoretical discussion of> 3<the contextuality> 4-*1*<u>of the several varieties of unconsciousness</u> 4<**and**> (, in particular,) 4-*2*<u>of a form of unconsciousness</u> (that I 5<propose to> call 6<the *ontological unconscious*>).

1 「…を当てにする」「…に頼る」
2 目的格のof。=discuss the contextuality theoreticallyと、名詞句を文に読み解くと分かりやすい「…を理論的に議論する」
3 専門用語「文脈性」。文脈・背景・状況により前後を関連付けること。
4 andは4-1と4-2を並列で結ぶ。ofが多く、掛かり方に迷うが、内容から判断する「いくつかの種類の無意識」狭めて (in particularが指標)、(とりわけ)「that 以下の無意識の一形態」と読む。
5 「…しようとするつもりである」
6 斜体は造語のしるし「存在論的無意識」
「この章では、いくつかの個人的体験に基づき、理論的な検討を進めていきたい。そしてある種の無意識、なかでも『存在論的無意識』とでもいうべきものの拠って立つ背景を明らかにしたい」

(9) 題材：短編小説。ショーウィンドーにあるものの描写
　　ヒント：並列の原則

He moved on glancing without any interest at the things in the shop windows—perfume, silk ties and shirts, diamonds, porcelain, antique furniture, finely bound books.

He moved on 1<glancing> (without any interest) at the things in the shop windows 2<—> 3<u>perfume^1</u>, <u>silk ties **and** *shirts*^{2}</u>, <u>diamonds^3</u>, <u>porcelain^4</u>, <u>antique furniture^5</u>, <u>finely bound books^6</u>>.

1 自動詞の分詞構文（atと結び他動詞化）。glance at 〜「…をちらと見る」。直前のonは副詞「どんどん」の意。
2 the things in the shopの具体例を導くダッシュ「すなわち」

I アンド

3　*1, 2, 3, 4, 5, 6.* の形で名詞が並列。列挙未完了。silk ties and shirts は一語扱い。silk は形容詞的に ties と shirts に均等に掛かる（でなければ and shirts で並列は終わってしまう。×[perfume], [silk ties] and [shirts]）。
「彼は歩を進め、見るともなしにショーウィンドーに目をやった。香水、絹のシャツとネクタイ、ダイヤモンド、陶磁器、骨董家具、豪華な装丁の本など」

(10) 題材：短編小説。貴族の庭園の描写
　　 ヒント：並列の変形

The elaborate garden houses, the pools, the fountains, the children's maze whose hedge were hornbeam and lime so that it was only good in summer when the leaves were out, and the parterres, the rockeries, the greenhouses with their vines and nectarine trees.

[The elaborate garden houses[1], the pools[2], the fountains[3], **the children's maze** (whose hedges were *hornbeam and lime* 1<so that> 2<it> was 3<only good in summer> when the leaves were 4<out[4]>)],／5<**and**> [the parterres[5], the rockeries[6], **the greenhouses** (with their vines and nectarine trees[7])].
＊elaborate　精密な・入念な、maze　迷路、hornbeam　シデ、parterre　花壇のある庭園、rockery　岩石庭園、greenhouse　温室、nectarine　ネクタリン

1　「…するように」
2　the children's maze
3　good in summer を強調する only。「夏にこそ役立つ」
4　「（芽や葉が）出る」
5　*1, 2, 3, 4* and *5, 6, 7.* の形。I（1, 2, 3, 4）and II（5, 6, 7）ととる。Iで同類項の一かたまり、IIで別の同類項の一かたまり。I（1），II（2），III（3），IV（4）and V（5, 6, 7）ととるのは、V（5, 6, 7）が重すぎてバランスが悪く、無理だろう。「Iの類のもの、またIIの類のもの」
「凝った四阿（あずまや）と小池に噴水、葉の茂る夏にこそ価値がわかるシデとライムでできた子供用迷路、さらに幾何学模様を花で織りなすパルテール、高山植物のあるロックガーデン、スモモとブドウのビニールハウス」

(11) 題材：短編小説。音声増幅器から出る音
　　 ヒント：複雑な並列

As he listened, he became conscious of curious sensation, a feeling that his ears were stretching out away from his head, that each ear was connected to his head by a thin stiff wire, like a tentacle, and that the wires were lengthening, that the ears were going up and up towards a secret and forbidden territory, a dangerous ultra-sonic region where ears had never been before and had no right to be.

As he listened, he became conscious of a curious sensation, 1<***a feeling***> (2-1<***that***> his ears were stretching out away from his head, 2-2<***that***> each ear was connected to his head by a thin stiff wire, like a tentacle, 3<**and**> 2-3<***that***> the wires were lengthening, 2-4<***that***> the ears were going up 4<**and**> up towards a secret 5<**and**> *forbidden* territory, 6<***a dangerous ultra-sonic region***>（where ears had never been before 7<and> had no right to be）.
＊stiff 堅い、tentacle 触覚、lengthen 延びる、ultra-sonic 超音波の

1 　英語は同じ言葉の繰り返しを嫌う。a curious sensationの言い換え。
2 　同格名詞節を導く接続詞が破格で並んでいる。
3 　読み方一つ目：
　　I（2-1, 2-2）and *II*（2-3, 2-4）. ⇒ *I* のような類のもの、また *II* のような類のもの
　「耳が頭からグングン離れていった＋耳は触覚のような細く硬いワイヤーで頭とつながっていた」また「ワイヤーは伸びていった＋耳は秘密の禁じられた領域のほうへどんどん近づいていった」
　　読み方二つ目：
　　I（2-1, 2-2, and 2-3），*II*（2-4）. ⇒ *I* 、すなわち *II*
　「耳が頭からグングン離れていった＋耳は触覚のような細く硬いワイヤーで頭とつながっていた＋ワイヤーは伸びていった」つまり「耳は秘密の禁じられた領域のほうへどんどん近づいていった」
　どちらが説得性があるだろうか。一つ目のほうがよいと思う。
4 　up and upと同じ言葉（ここでは副詞「上に」）を重ね、頻度・程度を上げている。
5 　形容詞secretとforbiddenを並列。ともに名詞territoryに掛かる。
6 　a secret and forbidden territoryを言い換え。
7 　had never been before と had no right to beを並列。時制が異なっており、対等でなく等位の並列。
　「聴いていると奇妙な感覚に襲われた。耳が頭からグングン離れて、極細のピアノ線でかろうじて繋がっているような感じだ。ピアノ線は触覚のようにどんどん伸びてゆき、耳は経験の及びえない禁断の領域である危険に満ちた超音波の帯域にまで達するかのように思える」

I アンド

(12) 題材：短編小説。将校クラブのにぎわい
　　ヒント：並列が訳しにくい

The room was full of people now, all sitting at little tables, talking and drinking and wearing their uniforms.

The room was full of people now, 1<u>＜all sitting at little tables<i>1</i></u>, <u>talking<i>2</i></u> **and** <u>drinking<i>3</i></u> **and** <u>wearing their uniforms<i>4</i></u>＞.

1　Ⅰ（1）, / Ⅱ（2 and 3 and 4）と読むのが順当。カンマ以下 all sitting の付帯状況が三つ並んでいる。感じ方で、Ⅰ（1）, Ⅱ（《2 and 3》and 4）とも読めそう（1 = sitting at little tables　2 and 3 = talking and drinking　4 = wearing their uniforms）。訳ではほとんど差が出ないし、悩むほど大事な箇所でもない。
　wearing their uniforms は日本語にそのまま訳すと並列に違和感があるので工夫が必要。
　「部屋は人で一杯だった。みんな小卓につき、制服に身を包み、お喋りしながら飲んでいた」

(13) 題材：O・ヘンリーの短編。ベネチアを描いた絵画の説明
　　ヒント：並列が不自然

For the rest there were gondolas (with the lady trailing her hand in the water), clouds, sky, and chiaroscuro plenty.

For the rest there were <u>gondolas (with the lady trailing her hand in the water<i>1</i></u>), <u>clouds<i>2</i></u>, <u>sky<i>3</i></u>, 1<**and**> 2<<u>chiaroscuro</u>> <u>in plenty<i>4</i></u>.

1　<i>1, 2, 3,</i> and <i>4</i> の並列だが、4番目は由緒正しき並列の規則からすれば、有難くない。<i>1, 2, 3</i> が視覚化できるのに対し、<i>4</i> はできないから。
2　明暗を際立たせるイタリア絵画描法「キアロスクーロ」
　（副詞的に訳す）
　「ほかに、明と暗のくっきりしたタッチでゴンドラ（水に手を浸す婦人がいる）と空と雲が描かれていた」
　（独立文に訳す）
　「そのほかは、行き交うゴンドラ（指先を水に浸す女性が描き込まれている）と空と雲。光と影が明暗を際立たせていた」

(14) 題材：オーストラリア移民の三代にわたる大河小説
ヒント：時制に注意

They could either have gone on to Broome and made a long journey back to the land they intended to take up south of Cossack or, judging from the rudimentary map of this largely uncharted areas, they could land here, which seemed to be in a direct line to their holding.
＊holdingは「所有地」だが、ここでは「これから植民する土地」の意味。

1<u>They **could either** have gone[1]</u> on to Broom and a long journey back to the land they intended to take up south of Cossack 1<**or**> (, judging from the rudimentary map of this largely uncharted areas,) 1<u>they *could land* here</u>[2], which seemed to be in a direct line to their holding.

1 either *1* or *2*の構文。*1*か*2*のいずれかが可能であったことを表わす。*1*、*2*の時制は本来同じになるべき。ここは破格で、*1*は反実仮想（選ぶ可能性があった）、*2*を実際に選んだので、この部分が過去形になっている。
「二人はブルームまで行ってから目的地であるコサックの南へ再び長旅をして戻ってくるか、実地踏査されていないこの地域の簡易地図で判断して、目的地に対して直線距離が短いと思われるここで上陸するかのどちらかしかなかった」

(15) 題材：嗜癖性物質についてのノンフィクション
ヒント：andの前後は微妙に異なる

His success as a courtier was assured when he used the drug to cure the migraine headaches of Catherine de Médicis, wife and Queen of Henry Ⅱ of France.
＊courtier 廷臣、the drug ここでは煙草のこと、migraine 偏頭痛

His success as a courtier was assured when he used the drug to cure the migraine headaches of 1<Catherine de Médicis>, 2<<u>wife</u> **and** <u>Queen</u> of Henry Ⅱ of France>.

1 カトリーヌ・ド・メディシスは、三人の息子を次々国王（フランソア２世、シャルル９世、アンリ３世）にし、シャルル９世の摂政となり辣腕をふるった。
2 Catherine de Médicisをwife and Queenと言い換え。wife and Queenは、単なる妃でなく女王然としたの意味を込めているのだろう。
「彼の廷臣としての成功は、フランス王アンリ二世の妃、カトリーヌ・ド・メディ

I アンド

シスの偏頭痛の治療にこの薬を使ったときに保証された」

(16) 題材：歌手バーブラ・ストライサンド物語（無名の少女期のエピソード）
　　 ヒント：強調のand

With the sweep of her arms, she commanded a chorus of violins, and as she did, she caught a glimpse of herself in the mirror of her bathroom in Brooklyn. And she was beautiful.

With the sweep of her arms, she <u>commanded a chorus of violins</u>, 1<**and**> as she did, she caught a glimpse of herself in the mirror of her bathroom in Brooklyn. 2<**And**> she was beautiful.
＊glimpse ひとりでに目に入る

1　andの前は日常的にやっていたこと、andの後（didは代動詞）は現にそのときやったこと。
2　andは談話の継続。この場合、意識を変え、客観から主観に移るしるし。
　「腕の一振りで、彼女はバイオリン合奏を指揮するのだ。そして現にそれをやった時、ブルックリンの浴室の鏡に映る自分の姿が目に入った。美しい自分がそこにいた」

(17) 題材：ヘミングウェイ『武器よさらば』
　　 ヒント：多様なand

The battery in the next garden woke me in the morning and I saw the sun coming through the window and got out of the bed. I went to the window and looked out. The gravel paths were moist and the grass was wet with dew. The battery fired twice and the air came each time like a blow and shook the window and made the front of my pajamas flap.

[The battery in the next garden woke me in the morning] 1<**and**> [I (saw the
　　　　　　　　　　　　　　　　　　　　　　　　　　　　　　きつい順接
sun coming through the window) 2<**and**> (got out of the bed)]. [I (went to the
　　　　　　　　　　　　　　　　きつい順接
window) 3<and> (looked out)]. [The gravel paths were moist] 4<**and**> [the grass
　　　　　　　　ゆるい順接　　　　　　　　　　　　　　　　　　　　　　　　対等
was wet with dew]. [The battery fired twice] 5<**and**> [the air (came each time like
　　　　　　　　　　　　　　　　　　　　　　　　　前節の帰結
a blow) 6<and> (shookthe window) 7<and> (made the front of my pajamas flap)].
　　　　　前節の帰結　　　　　　　　　　　対等

＊battery 砲兵中隊、gravel 砂利、moist 湿った、air 微風、blow 一吹きの強風、flap はためく
太字のandは［　］を並列、細字のandは（　）を並列。
それぞれの順当なandの意味を記した。

１２　ここで場面が替わる（映画ならカット替わり）
「砲兵隊（の出す音）で目を覚まされ、それで窓から射す陽が目に入り、それで起き出した」
３　目に映った景色（目からのパーン）
「窓辺にゆき、そして外を眺めた」
４　全体の景色へパーン
「砂利道は湿っていて、また草は露に濡れていた」
５６７　「砲兵隊は二度撃った、だから空気が突風のように揺れた、だから窓を震わせ、かつパジャマをはためかせた」

参考訳（市販書によるもの。悪くはない）
「その朝は、となりの庭にある砲兵隊のおかげで目がさめた。窓から日がさしているのを見て、ベッドをはなれる。窓際に行って外をのぞく。砂利道はしめり、芝生も露にぬれている。砲兵隊は二回射った。そのたびに爆風がどっと吹きつけ、窓をふるわせ、着ているパジャマの前をはためかせた」

(18)　題材：小説（ノーマン・マクリーン作品）の一節
　　　ヒント：意識の流れを簡潔にまとめる

"I was young, and I thought I was tough, and I knew it was beautiful, and I was a little bit crazy but hadn't noticed it yet."

"［｛I was young,｝1<and>｛I thought (I was tough,)｝］2<and>［I knew｛it was beautiful,｝］」3<and>「I (was a little bit crazy) 4<but> (hadn't noticed 5< it> yet)」."

１　前後の節を対等で結ぶ「また」、あるいはゆるい順接「そして」。
　　toughは「逆境に耐える」の意だが、短い訳語の選定がむずかしい
２　ゆるい順接「そして」、あるいはきつい順接「それで」
３　「　」と「　」を結び、結論を導くand。「そんなわけで」
４　動詞を逆接で結んでいる
５　itは文中で問題になっていることを指す。ここでは前の節の内容「若さゆえ

I　アンド

　舞い上がっていたこと」
＊I thought I was toughとI knew it was beautifulが対等ともとれようが、説得性からして勧められない。

訳例：
A（直訳）　文を並べただけで、文章になっていない
　「私は若かった、そして私はタフだと思っていた、そして私はそれが美しいと思っていた。そして少しばかり狂っていたがそれに未だ気づいていなかった」
B（英文和訳）　意味を広くとり、高得点がもらえそう
　「私は若くて強靱だと思っていた。そしてそれがすばらしいことだと考えていた。それでちょっとおかしかったのだが、そのことに気づいていなかった」
C（大学語学教員の訳）　andの意味を丁寧に訳しているが、いささかくどい。
　「わたしはその頃まだ若かった。そして、腕っぷしが強くタフだと思っていた。そして、そのことはすばらしいことだと思ってもいた。それで、いささか頭がおかしくなっていたのだ。しかし、自分ではそれにまだ気づいていなかった」

精読した上で、andを文の流れに埋没させ、思い切って次のような訳をつけるのも一法。
D（商品となる翻訳の一例）　意識の流れを読み、解釈を出す。なるべく短くする。
　「若かった。何でもできると思っていた。それがかっこよかった。ちょっとヘンだけど、自分では気づかなかった」

1-6-2　教養演習

A・ヘミングウェイ『武器よさらば』

　　In the late summer of that year we lived in a house in a village that looked across the river and the plain to the mountains. In the bed of the river there were pebbles and boulders, dry and white in the sun, and the water was clear and swiftly moving and blue in the channels. Troops went by the house and down the road and the dust they raised powdered the leaves of the trees. The trunks of the trees too were dusty and the leaves fell early that year and we saw the troops marching along the road and the dust rising and leaves, stirred by the breeze, falling and the soldiers marching and afterward the road bare and white except for the leaves.

［英文読解指導書の吟味］

冒頭の部分が定評ある英語読解本『英文解釈教室・改訂版』（伊藤和夫）に出ている。以下原文と伊藤訳（番号と下線は論者による）と論者の解説。

　　In the late summer of that year we lived in a house in a village that looked across the river and the plain to the mountains. In ①<u>the bed of the river</u> there were pebbles and boulders, dry and white in the sun, and the water was ③<u>clear and swiftly moving and blue</u> in ②<u>the channels</u>. Troops went by the house and down ④<u>the road</u> and the dust they raised powdered the leaves of the trees. The trunks of the trees too were dusty and the leaves fell early that year and we saw the troops marching along ④<u>the road</u> and the dust rising and leaves, ⑤<u>stirred by the breeze</u>, falling and the soldiers marching and afterward the road bare and white except for the leaves.

（伊藤和夫訳）
その年の夏も終わるころ、私たちはある村の、川と平野のかなたに山が見える家に住んでいた。①<u>川床</u>には小石や丸石が陽の光に白く乾いていて、②<u>水路</u>を流れる水は③<u>澄んで速く青かった</u>。軍隊が家のそばを過ぎて④<u>街道</u>を通り、木の葉はそのあげるほこりにまみれていた。木々の幹にもほこりがついていた。その年は木の葉が早く落ちた。私たちの目には軍隊が④<u>街道</u>を行軍し、土煙があがり、⑤<u>微風にゆすられて</u>木の葉が落ち、兵士が進み、彼らが通過したあとは道は人気がなく白々として木の葉だけが残るのが見えた。

①bedの訳語だが、川床＝河水の流れる地面（広辞苑）であり、「（石が）白く乾いて」と矛盾する。英語辞書の適訳語欠落か、広辞苑の定義不備か、それとも川床がほとんど干からびているのか？ こういう時は見当をつけて和英辞書を引く。河原・川原：a dry riverbed; a river beach（新英和大辞典）。川原は増水すれば水底になるし、季節は夏の終わりで水も多くなかろうから、ここのbedは「川原」としてよさそうだ。
②川と水路の関係が、この訳文では読めない。後段の解説エ、参照。
③澄んで青いこともあるのかな、とちょっと疑問。解説エ、参照。並列はこれでよさそうだが、日本語らしく語順を変えたい「青く澄んで」。
④この訳では、家の前の道を通って街道（町と町をつなぐ道）に出る、ようにとれる。解説ク、参照
⑤breezeは、日本のそよ風より強い場合が多く、弱風ぐらいが適当。
＊そよ風は、a soft breeze、light airsといったところ。フランス語だが、マラルメの名高い詩Brise Marine（肉体は悲し─我は万巻の書を読んだ。逃れる、逃

I アンド

　れる、彼方へ逃れる…『海の微風（そよかぜ）』が定訳）の風にしても、どう見ても、そよと吹く風ではない。

［ビューフォート風力階級表］
軽風	light breeze	1.6〜 3.3 m/s
軟風	gentle breeze	3.4〜 5.4 m/s
和風	moderate breeze	5.5〜 7.9 m/s
疾風	fresh breeze	8.0〜10.7 m/s
雄風	strong breeze	10.8〜13.8 m/s

伊藤和夫は今でも一部に畏敬の念を抱かれる一流の予備校講師だが、丁寧に原文とその訳文を対照してゆくとこのように瑕疵が見られる。大学入試はこの程度の正確さで良しとされるのだろうか。

［英文解釈上必要な検討箇所］
　ヘミングウェイは凝り性の作家で、一語一句おろそかにせず、その効果を考えて書いている。
　このくだり、注意して読みたいのは
（ⅰ）15箇所のandのそれぞれの意味（あえて一語だけあてはめた）
対等：「また」
ゆるい順接：「そして」
きつい順接：「それで」
前節の帰結：「だから」
逆節：「なのに」
付加：「それも」

（ⅱ）カメラワーク
一文：住まいからあたりの風景への広がり
二文：パーンして河原と水の流れ
三文：家から軍隊の動きを追い、中空の木立ちにパーン
四文：枯れそうな木の幹にズーム。軍隊が道を進む、埃が上がる、風が吹く、木の葉が落ちる、兵士が行進する、をワンショットで。新たな画面、白々した道とそれに散り敷く葉

（ⅲ）意識の流れ
客観的叙述から心象風景へ

1-6　実践

（iv）単語
- lateとlater：意味のちがい。絶対か比較か
- summer：範囲
- live：状態動詞
- in a house in a village：掛かり方
- look to：連語
- bed：多義語の意味選択
- pebbles and boulders：同義語反復
- in the channels：多義語の意味選択
- troops、the troops、the soldiers：言い換えで狭まる
- the road：theが示すもの
- breeze：日英語の誤差
- except for：例外条件

（v）訳出上のポイント
- 位置関係：カメラワークを考える
  村＞家＞河＞平野＞山なみ
- 掛かり方：どちらが読者にとって自然かで考える
  ... , and the water was clear and swiftly moving and blue in the channels
- ことばの倹約：要らない言葉は省く
  （その川の）河原　　（軍の）部隊
- ことばの重複：くどくならないよう注意
  木の葉、（木の）葉　　積もった、…は積もり⇒…をかぶり
- 一回か連続か：状況より判断する
  ... and we saw the troops marching along ...

［点検］
以上に注意して、andの役割（1〜15）、気になる箇所を見てゆく。
In the ア<late summer> of that year/ we lived in a house in a village |that イ<looked (across the river 1<and> the plain) to the mountains>|. In the bed of the river/ there were pebbles 2<and> boulders ウ<,> (dry 3<and> white in the sun)> ウ<,> 4<and> the water was clear 5<and> swiftly moving 6<and> blue エ<in the channels>. オ<Troops> カ<went by> キ<the house> 7<and> カ<down> ク<the road> 8<and> the dust (they raised) powdered the leaves of the trees. The trunks of the trees too were dusty 9<and> the leaves fell early that year/ 10<and> we saw オ<the troops marching> along the road 11<and> the dust rising 12< and> ケ<leaves> コ<,> (stirred

I　アンド

by the breeze)ㅋ<,> falling 13<and> the soldiers marching 14<and> afterward the road サ<bare> 15<and> white シ<except for> the leaves.
＊全単語中約12％（15/126）でandが使われているが、意味が違ったり、並列でも何と何を結ぶか分かりにくいものがある。

1　the riverとthe plainを並列
2　pebblesとbouldersを並列
3　dryとwhiteを並列
4　ゆるい順接
5、6　clearとswiftly movingとblueを強調的に並列
7　by the houseとdown the roadを並列
8　きつい順接
9　ゆるい、またはきつい順接
10　前後で視点が変わっている。andの前の節は客観的な事実、andの後の節は個人の目に入った風景。しいて言えばゆるい順接だが、andでなくピリオドにしてもよいほど前後の結びつきは弱い。
11〜14　saw以下に続く5つの名詞・名詞句を強調的に並列「通りを部隊が行進する(A)」「埃が立ち上がる(B)」「葉っぱが落ちる(C)」「兵隊が行進する(D)」「道が白っぽく何もない(E)」
＊もっと細かく読むと、14の後は前の3つのandから自然に導き出された結果ともとれる
　　（A and 《B and C》 and D ／and E）
15　bareとwhiteを並列

ア　「晩夏」夏はイギリスでは5、6、7月。ヨーロッパ大陸では6、7、8月。ここはイタリア戦線なので、晩夏は8月の終わりだろう
イ　look to「…に面する」（lookは自動詞、望む、向く。toは、方向を示す）
ウ　挿入で前のpebbles and bouldersに掛かる
エ　*1* and *2* and *3*＋M（修飾語）で、(1) Mが*1*、*2*、*3*に均等に掛かるか、(2) *3*にのみ掛かるか判断に迷うところだが、channelはa) 水路、b) 川床、c) 水流の深水部、のうち、riverにa) はなじまない、channelsと複数、よりc) を採り必然的に修飾関係は (2)「水底が青い」—としたいのだが、何か気になる。こういう時は迷わず英英辞典LONGMANに頼る（以下の［　］はその該当箇所）
　　［channel 5: sea/ river b) the deepest part of a river, habour, or sea passage, especially one that is deep enough to allow ships to sail in］
　　うーん、c) の理解で「澱み、渕（の青さ）」ととるのはships to sail inから難し

60　第一部　英文読解五つのポイント

そう。然らば、原文を通読してヒントになりそうなところはと探すと…ありました。第31章、橋の下で増水した川を描写した箇所。the river ran usually in narrow channels in the wide stony bed ～（いつもなら石ころだらけの広い河原に幾筋もの細流となっている川が…、と読める）。channelは、どの辞書にもなかったが「細流、水流、水の筋、水脈」などとするのがよさそうだ。
そこで修飾関係は、(1) Mが*1*、*2*、*3*に均等に掛かると断定

オ　前のtroopsは総称用法「軍隊なるもの」後のthe troopsは具体的な軍の部隊
カ　went by（傍らを通り過ぎる；byは…の側を）and went down（たどって行く：downは…に沿って）
キ　=a house in a village
ク　theと出てくる以上、読者がそうと了解されるべきもので、家の前の道
ケ　dust risingと一緒にtheで括られている（因果関係が濃密になる）、と読もうとしたが、不可算名詞と可算名詞がごっちゃになるのはおかしい。このleavesは狭い意味での総称（総括用法：その地域一帯の葉）、踏み込めば作者の心象風景としての葉、ととる
コ　挿入
サ　表の意味では「道が裸」だが、作者の心象風景を投影させ、裏の意味「殺風景」ととっても、訳文に違和感なければ可
シ　道には葉っぱだけ、の意（前のところで、葉が落ちたといっているので、これは道に散り敷いた落ち葉）。同種のものの区別（例えば狭い道、汚れた道など、道どうし）であればforはいらない

［訳文比較］
　以上伊藤訳の考察を行ったが、これをもとに文体と正確性と読みやすさの点から市販翻訳書の新・旧訳を批評する。下線部は正確性の検討箇所、ワクは翻訳上の疑問箇所。

O（大久保康雄訳：新潮文庫）
　その夏の末、ぼくらは、ある村の一軒の家ですごした。その村は河と平野をへだてて山々と向かいあっていた。かわいた河原には、小石や丸石があり、日に照らされて白く光っていた。水は、幾筋にもわかれ、澄んで、流れも速く、青かった。部隊がつぎつぎと家の側を通りすぎ、道路をくだっていった。彼らの巻きあげるほこりが、木々の葉に白い粉をふりかけた。幹もほこりにまみれていた。その年は葉の落ちるのが早かった。ぼくらは部隊が街道を行進するのを見ていた。ほこりが舞いあがり、木の葉が風にゆさぶられて落ち、兵隊たちは行軍をつづけた。そのあと、道路は木の葉だけで、ただ白っぽくみえた。

I アンド

T（谷口陸男訳：旺文社文庫）
　その年の夏の終わりを、ぼくらはある村の家ですごしたが、そこは川と平野を中にはさんで山なみと向き合うところにあった。川床には小石や丸石があって、日にかわいて白く、水はいくすじかに分れ、澄んで、流れが速くあい色に見えた。部隊が家のかたわらを通り街道を遠ざかって行く、すると彼らのかき立てたほこりが木々の葉に一面にふりかかった。木の幹もいたるところでほこりにまみれ、その年は落葉が早く来た、だからぼくらは、街道を行進する部隊とまいあがるほこりと微風にそよいでは落ちる木の葉と兵隊の行軍と、それから落ち葉があるきりでがらんとした白い街道を見てくらした。

K（金原瑞人訳：光文社文庫）
　その年、夏も終わりの頃、おれたちはある村の屋敷で暮らしていた。村からは川がみえ、そのむこうには平野が広がり、さらにその先には山が連なっていた。川の浅いところは水面から出た大小の石が日光で白く乾き、澄んだ水が軽やかに流れ、深いところは青く見えた。部隊が次々に屋敷の横の道を通り、まきあげる土埃が木々の葉を白っぽく染めあげた。木々の幹にも土がこびりつき、葉は例年より早く落ちた。部隊が道をいくたびに、土埃が舞い上がる。葉は風に吹かれて散り、その中を兵士が歩いていく。部隊が通りすぎたあと、木の葉以外に何もおおうもののない道は白茶けてみえる。

　印象批評でなく、まずOとTを論理的に比べてゆく。
語法：O、Tともに誤りはない
誤釈：T「川床」は日本語の誤用。二つ使われている「街道」は、一考の余地あり。
　Oも「道路を下って」はよいが、あとの「街道」は要検討。
構文：Tは原文の区切りに忠実。Oは適宜、文を原文より短く切っている。（句点はTが4、Oが11。読点はTが11、Oが14）。
　日本語と英語は構造が違う以上、義理堅く文の区切りを合わせる必要はない（シェークスピアがエリザベス朝人だから、それに近い時代の近松の文体で訳そう、というのが無意味であるのと同じ）。本文で重要なカンマとandの意味内容と大きくずれなければ、どちらも可（ヘミングウェイが日本人だったらどう書くかが大事）。
リズム：音読してみよう（あまり言われることはないが、我々は文章を読むとき、じつは頭の中で「音読」しているのである。つっかえずに読める訳文のほうがよい）。Oのほうにリズムがあるのは明らか。
視覚：多言を要すまい。一文の最後まで読まねばイメージが浮かばないT訳に比べ、O訳は逐一生き生きした場面が脳裏に浮かぶだろう。

長さ：一般に、同じ内容を伝えるなら、短い方が凝縮してよい。これはTよりOのほうが5字多いが、句読点を多用し、一文を短く切り、リズムに重きを置くもので、文自体がだらだらしているわけではない。

＊「日が落ちる、野は風が強く吹く、林は鳴る、武蔵野は暮れんとする、寒さが身に沁む、其時は路をいそぎ玉え、試みて思わず新月が枯林の梢の横に寒い光を放ているのを見る。」

（国木田独歩『武蔵野』）——最後の文を読点でつないだTの訳者がこの文体を意識したわけであるまい（万一そうだとしても、効果をあげていない）。

判定は、以上よりしてO。Oの大久保康雄は戦後を代表する翻訳家。下訳者を多用し「翻訳工場」と異名をとるほど、文学・流行書の翻訳を量産した。ここから育ったベテラン翻訳家も数多い。T（大久保訳のだいぶ後に旺文社文庫から出た）の谷口陸男は東京教育大の英文学教授であった。

Kの金原瑞人（法政大学英語教員、翻訳家）訳は、光文社文庫から出た新訳。
the roadを「(屋敷の) 横の道を通り」はよいが、下線部の「水から出た大小の石が」「深いところは青くみえた」にはいささか問題がある。
この一文だけで解釈するならこの訳もあり得よう。だが、英語は多義である、全体を見て意味を狭めてゆくのが翻訳者として大切なことだ。「白っぽく染めあげ」「幹にも土がこびりつき」は言葉の結びつきが悪い。
それはともかく、枠で囲った部分が気になる。

おれたち：
主人公は「おれたち」と自称しているが、必然性はあるのか。既訳（ともに「ぼくら」）との違いを意識して「おれ」と始めたのかもしれないが、この主人公、「おれ」と自らを称するようなぞんざいな人物ではないように思う。人称代名詞は訳し方一つで、人物の人格が規定され、それにより訳す文体も制限されてしまう。英語のIに相当する日本語はない。Iは幅があるのに対し、日本語で「おれ」「おいら」「わたくし」「ぼく」…とすると、性格・来歴・生活環境などがこの一語で示唆されてしまう。だから、従来からどの作品でもIは「わたし」と訳すのが普通だ。確かに横並びで歯がゆい面もあるが、主人公の人格は読者の判断に委ねるために、意味範囲の広い「わたし」を翻訳者は半ば無意識に次善の策として選んでいるのである。こんなところで訳文の個性を出そうとするより、文章を練り上げるのに力を注いで欲しい。

I アンド

村の屋敷：
屋敷自体に意味があるならa houseはこの訳でもよいだろうが、この後、a houseについては触れられていない。重要でないものに意味を感じさせてしまうのは、よい訳と言えない。

道は白茶けてみえる：
この訳では単なる叙景描写にしかとれない。すでに説明したように、主人公の心象風景が投影されている大切な部分を、おろそかにしてほしくない。
たった数行で、翻訳の良しあしを決められるのか、と疑問を呈する向きもあろう。だが、出来るのである。文章の出だしというものは、作者の思いが凝縮されており、訳文にも自ずと反映される。論者は長年翻訳者の採用を担当しており、何千名という志望者の訳文を見てきたが、冒頭の三行をみれば大体その人の実力がわかる。
というわけで、この金原訳はいただけない。

　他人の訳をあげつらってばかりは何なので、参考に拙訳を掲げる。
（柴田耕太郎訳）
夏の終わり、私たちは村の一軒家で暮らした。そこからは川と草原の向こうに山なみが見えた。河原の石は陽に照らされ白く乾き、青く澄んだ水がいく筋にもなって流れていた。軍隊が家の傍らをすぎ、道を進み、そのたびに木々の葉にほこりがかかった。幹にもほこりは降り、その年葉の落ちるのは早かった。私たちは、部隊が道をたどるのを、ほこりが舞い風に揺られ葉が落ちるのを、兵隊が行進するのを眺めた。あとには朽ちた葉としらじらとした道が残った。

1-6-3 実務演習『抗告』

内容：購買契約否認の抗弁
ヒント：因果のandの強さが異なる。

The defendant argued that the sale and purchase agreement was illegal and that therefore the said loan agreement which was dependent upon the sale and purchase agreement was also tainted with illegality and therefore void.

（某翻訳指導書に示された訳例）
訳例）被告は、『本売買契約は違法であり、従って、同売買契約に依拠して為さ

れた当該融資計画も違法性を帯び、故に、無効である』、と論じた。

The defendant argued [|that the sale and purchase agreement was illegal| **and** |that <u>therefore</u> the said loan agreement (which was dependent upon the sale and purchase agreement) *was also tainted* with illegality **and** <u>therefore</u> void|].

英文の掛かり方はきわめて鮮明。 The defendant argued [|that S1 V1 C1| and |that therefore S2 M V2 C2 and therefore C3|]
だが、上記の訳例では「従って」(therefore) と「故に」(therefore) の格（文中の偉さとでも言おうか）が分かりにくい。読み解いてみる。
被告は以下のことを論じた。
(1) 売買契約は違法である。
(2)（従って）それに基づく融資契約も、
ⅰ) 違法性を帯びている
ⅱ)（従って）無効である。
(1) から (2) が導かれる。(2) のⅰ) からⅱ) が導かれる。
(1)→(2)（大項目内での因果）
(2)ⅰ)→(2)ⅱ)（小項目内での因果）
「故に」の語感が原文より強いため、訳文では「本売買契約は違法であり、…」から「…も違法性を帯び」までが一まとまりに読めてしまう。実際は「違法性を帯びているから無効」を一体として読まねばならない。
原語にある二つのthereforeの訳にあたり、(1)→(2) のつなぎを強く、(2)ⅰ)→ⅱ) のつなぎを弱く訳すべきところを、筆者は逆にしてしまっているから、読んでてなにかしっくりこないのだ。

直訳）被告は、『本売買契約は、違法である。それゆえその売買契約に依存する当該融資契約も、また違法であり、それゆえ無効』、と論じた。

訳例を次のように修正してはどうか。
被告は、『本売買契約は違法であり、従って、同売買契約に依拠する当該融資契約も違法性を帯びるため無効である』と論じた。

I アンド

[ポイント19]
意味は同じでも、カメラワークが違う例:

He came in the room and turned off the lights.
カメラは彼が入ってきて灯りをともすまで一連の動きと捉えている。
He came in the room and he turned off the lights.
カメラは彼が入ってくるのでワンショット、灯りをともすので別のワンショット。

[ポイント20]
日本語公文書の並列:

[AとB] と [C] の場合:
小さい方の接続に「及び」を使い、大きい方の接続に「並びに」を使う。
例:公立の中学校、小学校、盲学校、聾学校及び養護学校の校長及び教員並びに公立の幼稚園の園長及び職員
[｛公立の（中学校、小学校、盲学校、聾学校及び養護学校）｝の ｛校長及び教員｝] 並びに [｛公立の（幼稚園）｝の ｛園長及び職員｝]

[AかB] か [C] の場合:
小さい接続の方に「若しくは」を使い、大きい接続の方に「又は」を使う。
例:公立の中学校、小学校、盲学校、聾学校若しくは養護学校の校長又は公立の幼稚園の園長
　[｛公立の（中学校、小学校、盲学校、聾学校若しくは養護学校）｝の ｛校長｝] 又は [｛公立の（幼稚園）｝の ｛園長｝]
＊出典:日本評論社『法令用語の常識』林修三

Episode 3　講義『幸福の王子』

場面：黒板に下記の英文。学校机と椅子。
人物：脇に立つオニキョー。椅子に座っている女子学生の今日子。

High above the city, on a tall column, stood the statue of the Happy Prince. He was gilded all over with thin leaves of fine gold, for eyes he had two bright sapphires, and a large red ruby glowed on his sword-hilt.

オニキョー：
今日の授業は、イギリス耽美主義の作家、オスカー・ワイルドの童話『幸福の王子』・・・。
今日子：
（さえぎって）しまった、予習のページ間違えた・・・いや間違えたことにしていいですか、実はやってないんです。大西先生なら大目に見てくれますよね？それと、私がアンチョコ代わりに見た新潮文庫では、題名が『幸福な王子』となってましたけど。
オニキョー：
アンチョコのこと堂々と言うかいな。それ、英語でなく日本語の問題や。どちら使うても間違いやない、けどニュアンスが違う。「の」やと一体性・永遠性、名詞と名詞を結ぶ感じ。「な」だと形容、性質を示し次の名詞に掛かる。オードリ・ヘップバーン主演の名画「麗しのサブリナ」を「麗しいサブリナ」にしたらどうや。麗しさが減るやろ？
今日子：
そうか。私、「ありのままの今日子」ってニック・ネームなんです。「ありのままな今日子」より、いつも自然で飾ってなくて感じのいい人ってことかしらね。
オニキョー：
能天気やね。それ遠回しの「天然」ゆう意味やないか・・・。それよか、今日子さん、初見でええから訳してみてや。
今日子：
高い町のうえ、背高のっぽの柱のうえに、幸福の王子の像が立っていました。王子は・・・
オニキョー：

コメディ『英文読解教室』 Episode 3

これやで。「高い町のうえ」ってどこや。町が「山の手」にでもあるんか？そなら「低い町のうえ、スカイツリーが立ってます」いうんか。それとも「町の丘」にあるんか？遊園地やで。「町の崖のとこ」なんか？崩れそうや。「町の地価が高い」んか？田園調布やない。あいまいな読み方すな！aboveいうんは、空間的に高いんや。それにこのhighは形容詞やない、副詞。ええか、大事なことやで、余り学校で教わらんけどな。副詞で「おおまかな位置」、前置詞句で「具体的な場所」と覚えるんや。つまり場面がズーム・インする。ここんとこ、更に次の前置詞句で場面が狭まっとる。みごとなカメラ・ワークやないか。
high「高いとこ」ぼやっととして分からんけど、どこかなと興味が湧く。above the city「町の真上」町全体をおおう空に目がゆく。on a tall column「一本の柱の上」町からすくっと空に伸びる円柱に目が移る。その先端に、そうや真打登場 the Happy Prince『幸福の王子』の像が乗ってるんや！

今日子：
それじゃあ訂正します。「町の上高く」でいいですか。

オニキョー：
まあえやろ。そいから？

今日子：
王子は素晴らしい金で全身をおおわれており、眼には二つの輝くサファイア、刀の柄には赤いルビーが輝いていました。

オニキョー：
待て待て。「素晴らしい金」って何や。金なら、素晴らしいに決まっとるやないか。

今日子：
fineは素晴らしい、でしょう。例えばfine weatherは「素晴らしい天気」ですよ。

オニキョー：
「素晴らしい」は派生的な意味なんやで。皆んなな、英単語の覚え方、間違うとる。英語は大体がラテン語から古フランス語を経由して出来た言葉なんよ。その方言と考えたらよろしい。そやから、fineの基となったラテン語finisを考えるんや。フランス映画の最後にFIN（ファン）と出てくるやろ、あれ「お終い」いう意味や。最後まで何かをやるから「素晴らしい」ものになるし「繊細な」にもなる、この場合やったらよく精製するんやろ。金の入った原石を最後まで精製したら「純金」になるんや。分ったかい。明治の文豪、森鷗外は翻訳家としても名高かったけど、友達が単語——この場合、ドイツ語やけど——の意味が覚えられない嘆くのを聞いて、ちゃんちゃらおかしいと笑っとるわ。元になるラテン語の基本的な意味さえ把握すれば、何の苦もなく覚えられる筈だってな。あんたも見習うてみい。英和辞書ジー

ニアス引くと、てっぺんに「語源」いう欄があるで。
今日子：
いいこと聞きました。これ他のひとには教えないでくださいね。
オニキョー：
僕は教師やからね、学生は平等に扱わなならん。でも折角やから、ルビーとサファイアの違いぐらい教えたる。じつは鉱物的にはコランダムいうて同じもんや。色が赤ならルビー。7月の誕生石。最大のものはロシア皇帝の宝冠についていた414.3カラットのもの。色が青ならサファイア。9月の誕生石。違いは屈折度。
今日子：
知ってます、高校でモースの硬度計っていうの丸暗記させられましたもん。(列挙) 滑石、石膏、方解石、蛍石、燐灰石、正長石、石英、黄玉、鋼玉、ダイアモンド。鋼玉がコランダムなんですね、ルビーの赤も、サファイアの青も深みがあっていいなあ。
オニキョー：
今日子クン、誕生日いつや。
今日子：
7月14日。キャトルズ・ジュリエ、パリ祭の日です。
オニキョー：
なら誕生石はルビーやな。いい人に出会って、ルビーの指輪もろうたらよろしいな。
今日子：
鉱物的に同じなら、ルビーでもサファイアでも、どちらでもいいです。私控え目ですから、そんなに多くは望みません。ただ・・・私を愛してくれて、話がうまくて、かっこよくて、将来性があって、家事が好きで、高いほうをプレゼントしてくれる人なら。私の美しさにだけ眩暈するような人はイヤ。
オニキョー：
あんたホンマに天然や。自分のこと、全然分っとらん。

II　カンマ

　薄田泣菫（詩人・随筆家、1877-1945）といえば、ゲーテのミニヨンばりの望郷の歌「桂をとめは河しもに簗誇りする鮎汲みて…」で知られるが、その『茶話』に「句読点」というエッセイがある。「文章を書くものにとって、句読点ほどおろそかに出来ないものはない」という文章で始まり、法令に余分なカンマがひとつ入っていたために米国政府が200万ドル損をしたという話と、数珠屋の主人から「浄瑠璃には句読点など要らん」と言われた近松門左衛門が「ふたつにおりてくびにかけるようなじゅず」を注文して主人を困らせたという話が続く。これは小学校の国語の教科書にも載っていた。「二つに折りて首に掛ける数珠」「二つに折り手首に掛ける数珠」のどちらかあいまいになるから、読点は必要だとの例であったと思う。
日本語の読点と同じく、カンマは文を読むうえできわめて重要なのに、注意を払われることが少ない。ここでは、準則と考えられる点を整理します。

　*カンマの下の斜体英数字はその文でのカンマ出現順を示す。

2-1　カンマの意味

(1) 挿入：句、または節の形で、文の主要要素の間に入る。カッコで括って考えるとよい。
(2) 言い換え：前言と同じ偉さ（格）で、言い換えたり、敷衍したり、詳細に述べたりする。
(3) 文の区切り：句、節、文などを区切る。(6) と区別しにくいことがある。
(4) 関係代名詞の非制限用法：先行詞の属性を述べる。
(5) 並列・列挙：並列のandと共に用いるカンマ。
(6) 読点の代わり：掛かり方を分かりやすくする。除いてもよい場合がある。
(7) 付加的に続ける：前の部分で意味は完結しているが、さらに補足する。
(8) andの代わり：リズムを生み出す。文体を締める。

に分けられる（分類は著者の恣意的なもの）

2-2 易しい文例

(1) 挿入

He was, as a matter of fact, pretending to be ill.
「彼は実は、仮病だったのだ」
二つのカンマの間をカッコでくくって考える。

(2) 言い換え

Here is Mrs. Martin, the new English teacher.
「新しい先生のマーチンさんです」
Mrs. Martinと the new English teacherは同じ人物。

> [ポイント21]
> 断定は禁物：
>
> A, Bの形では「カンマは言い換え」と断定する英文読解指南書が散見されるが、そうとは限らない。あくまでも文脈依拠。
> 例えば、The best way to see a country, to get to know its people is to go on foot, or if not on foot by some slow-moving machines of transport.
> 言い換えならば「一国をみること、すなわちその国民を知るようになること」、
> 並列ならば「一国をみること、またその国民を知るようになること」
> これは感じ方でどちらともとれる。全体の文の流れから判断するのがよい。

(3) 文の区切り

If you are ever in Tokyo, come and see me up.
「東京に来たら、訪ねてきてください」
条件節と帰結節を区切るしるし。

(4) 関係代名詞の非制限用法

I sent it to Jane, who passed it on to John.
「ジェーンに送ると、それをジョンに回した」
whoの先行詞のJane以外は含意されない。

Ⅱ　カンマ

(5) 並列・列挙

○We think about our faces with vanity, resignation, anxiety, and the unease brought on by self-consciousness.
「誰もが自分の顔に思いを巡らす。かっこいいとか、いやダメだとか、どうなんだろうとか、自意識が邪魔してうまく考えられない、と」
vanity以下4つの名詞が列挙され、並列している。
brought on by self-consciousnessはthe uneaseに掛かる（theでブロックされ、先にはゆかない）。

(6) 読点の代わり

The four activities call for constant, preferably daily, exercise.
「これらの四つの活動は絶え間ない、できれば日々の訓練を必要とする」
dailyのあとのカンマはconstantとdailyが等しくexerciseに掛かるのをはっきり示す。

(7) 付加的に続ける

They act upon a species of instinct, really a code of conduct.
「彼らは一種の本能にしたがって行動する。まるで行動規範でもあるかのように」
カンマの前までで文意は完結し、それに補足する情報がカンマ以下で示される。
a species of instinctを別の角度から見たO'を導く役割。S、V、O、Cの類別に入らない、本文に対する副詞的修飾語(M)でＳＶＯ, Mともとれる。

(8) andの代わり

This results, in part, from the fact that the pressures of modern, mobile society have changed the nature of traditional support systems.
「これはある意味、現代の流動社会の重圧が従来からの支えの仕組みを変えたことによる」
カンマをandにすると、この二つを強調する感じになる。

[ポイント22]
　　　形容詞の種類：*5

　　　・数量形容詞：数・量・程度を表わす。
　　　　例：many, little, five, fifth など

- 代名形容詞：代名詞が名詞の前について形容詞的に働く。
  例：his, this, another, which, what など
- 性状形容詞：事物の性質・状態・種類などを示す。これが一番多い。

  本来の形容詞　　　　　例：big, young
  名詞から派生　　　　　例：picturesque, familiar, wealthy
  物質名詞から派生　　　例：wooden
  固有名詞から派生　　　例：Elizabethan
  動詞から派生　　　　　例：changeable
  副詞の形容詞化　　　　例：then（その当時の）

[ポイント23]
カンマの有無による意味の違い：

①一般の性状形容詞の場合：
　（ⅰ） a modern, mobile society
　（ⅱ） a modern and mobile society
　（ⅲ） a modern mobile society
　（ⅳ） a mobile modern society

　（ⅰ）性質・状態の形容詞の並列は、このようにカンマで繋ぐことが多い。カンマはandの意味だが、andを入れない分だけ「軽い」。ここではmの音を重ね、リズムを出している。
　（ⅱ）andを入れることで前後それぞれを立てている。また話者の念頭にはこの二つしかないを含意。
　（ⅲ）（ⅳ）カンマなしで形容詞を並べることもできるが、前の形容詞が後の形容詞＋名詞を制限する感じになる。

②同じ種類の性状形容詞が重なるとき：
　原則としてカンマで区切るかandで結ぶ。
　a kind, tender and honest girl
　「親切で優しく正直な少女」性質の並列
　She looked dazzling, radiant, rich, brilliant, voluptuous, all at the same time.
　「彼女はまばゆく、輝かしく、豪華で、煌めき、官能的、その丸々全部に見えた」状態の並列

③異種の形容詞が混ざって並ぶ場合：

Ⅱ　カンマ

> カンマは不要。
> both the two lovely little oval brilliant new purple Chinese wooden jewel boxes
> 「その二つの美しい小さな卵形のきらきらした新品の紫色の中国の木製の宝石箱の両方」

[ポイント24]
共通関係のカンマ：*6

- The Highland Terrier is the cutest, and perhaps the best, of all dog species.
「ハイランドテリアはあらゆる種類の犬のうち、一番可愛くて、また恐らく最良の犬である」
, ofが、cutestとbestの両方に掛かるしるしになっている。
このカンマがないと、
- The Highland Terrier is the cutest, and perhaps the best of all dog species.
「ハイランドテリアは（あらゆる生き物のなかで）最も可愛らしいものであり、かつ、恐らくあらゆる種類の犬の中で最良である」と読めてしまう。

[ポイント25]
制限用法に見えるが非制限用法：

- Mr. Leon who is in New York has thanked them for supporting his plan.
「レオン氏はニューヨークに滞在しているが、自分の計画を支持してくれることに対して彼らにお礼を述べた」
前後からレオン氏は一人に決まっていると分かる場合。カンマを入れるとくどい感じになる。
その逆もある。

- Charity shown by the publication of an inferior article would be like the generosity of those highwaymen of old, who pitied the poor so much that they robbed the rich to have the means of relieving them.
  ＊charity 慈悲心、highwaymen 追いはぎ、generosity 寛大さ・気前のよさ、rob 人 of 物 人から物を盗む、means 手段
「憐憫の情から出来の悪い作品を掲載するというのは、貧乏人を哀れみなんとか助けたいとの一心で金持ちに盗みをはたらいた、（あの）昔の追いはぎの義侠心と変わるところがあるまい」

カンマは、(1) カンマ以下で先行詞の内容を説明する（非制限用法）で、thoseは「あの、例の」と指示性がある　(2) 以下のwho節が長いので単なる息を継ぐしるし（制限用法）で、thoseには強い指示性がない。どちらともとれる。

［ポイント26］
言い換えか、挿入か、並列か：

定義があいまいだが、一応つぎのように考えるとよい。
同格：言い換え「すなわち」
挿入：説明
並列：対等「また」

例：The modern American schools provide the young of all classes with the common background that in an old, rural society is provided by tradition, by the daily life in each community.
　　＊class　(1)階級　(2)部類、種類　のうち (2)。background　(1)素養、基礎知識　(2)(教)基礎環境のうち (1)。tradition　(1)口碑、伝承　(2)伝統、慣習、流儀

　　by traditionを「口碑」ととればカンマは列挙、「慣習、流儀」ととれば言い換え。後者がよいだろう。
　　「現代のアメリカの学校はあらゆる種類の若者に共通の基礎知識を与えているが、それは昔の農村社会であれば、しきたり、つまり、それぞれの地域社会の日常生活によって与えられるものなのである」

［ポイント27］
同格のいくつかの意味：

① Alfred, King of England, was a great ruler.
　「英国王アルフレッドは偉大な統治者であった」
　挿入、言い換え、修飾と言ってもよいだろうが、名詞句を別の名詞句で言い換えるのは慣用的に「同格」と呼んでいる。
② the city of Rome
　「ローマという町」
　ofが前後をイコールで結ぶしるしになる

③ The news that she was alive surprised me.
「彼女が生きていると聞いて驚いた」
thatは前の名詞を説明する「同格名詞節を導く接続詞」。
＊文法用語の「同格」は「前後がイコール」と「後が前の説明」の二つの意味をもつ。

[ポイント28]
カンマの有無：

日本語の読点と同じく、大体は共通認識によるが、個人の嗜好・判断による場合も少なからずある。
①目的語の前置
　What Jack lacked in experience, he made up for in enthusiasm.
　What Jack lacked in experience he made up for in enthusiasm.
　目的語であるwhat節が文頭にきている。それをはっきり示すのにカンマを使う。なくてもよい。
　「経験の足りなさを（、）ジャックは情熱で補った」
②文頭の前置詞句
　After work, I will change into my comfy clothes.
　After work I will change into my comfy clothes.
　comfy=comfortable
　「仕事が終わったら（、）私は楽な服に着替えるつもりだ」
　カンマがあれば、息継ぎ・注目・何か言いたいしるしと読むが、その強さは読み手の理解次第のことが多い。
③文頭の副詞節
　When we want to stop we soothe our consciences by saying that we can't continue.
　When we want to stop, we soothe our consciences by saying that we can't continue.
　「止めたくなると（、）我々はもうできないと言って良心をなだめるのである」
　　＊どちらも可だが、時間・場所を表わす短い副詞節であれば、カンマで区切らないのが普通。
　例：Whenever it rains he is in bed.「雨の時は彼はいつも臥せている」
④慣用的
　Just as British people enjoy their beer, so the Japanese enjoy their sake.

「イギリス人がビールをたしなむように日本人は酒をたしなむ」
as 〜 , so — では、カンマを入れる。二つの節が短い場合、カンマを省く例もみられる。

⑤if 節

If he comes, I will tell him.

「彼が来れば話します」

if が先頭にくる場合は、原則としてカンマが必要。

I will tell him(,) if he comes.

後にくる場合はあってもなくてもよいが、力点が変る。

無い場合は前後一体、有る場合は条件・付加などの気持ち。

[ポイント29]
動詞によりカンマの有無で意味が違ってくる例：

（ⅰ）After the party he went home after two o'clock.
（ⅱ）After the party, he came home after two o'clock.

（ⅰ）は「パーティーのあと、彼は２時過ぎに家へと向かった」
　　パーティー会場か周辺にしばらくいて２時になって、家に向かった。(同じ場面)
（ⅱ）は「パーティーのあと、彼は２時過ぎに家へ戻った」
　　パーティー会場を何時間か前に出た。そして家に着いたのが２時。(場面が変わる)

（ⅰ）にカンマをつけてもよい。気分の問題。
だが（ⅱ）のカンマはあるのが普通。
場面・時間の区切りに必要だからである。

[ポイント30]
同格のカンマの有無で意味が変わる例：

（ⅰ）Cynthia's daughter, Sarah, is a midwife.
（ⅱ）Cynthia's daughter Sarah is a midwife.

共に「シンシアの娘のサラは産婆です」だが、

（ⅰ）ではサラがシンシアの一人娘（娘は一人、その娘の名はサラ）
（ⅱ）ではサラ（サラという名の娘）以外にシンシアには娘がいることを含意する。

II　カンマ

[ポイント31]

　物によりandの意味が変わる例：

　a black and white dogは「白黒ぶちの犬」だが、black and white breadは「黒パンと白パン」（=black bread and white bread）。a white and black televisionは「モノクロテレビ」。

[ポイント32]

　カンマが欲しいのにない場合：

- his new friend Andre Gide「新しくできた友人アンドレ・ジッド」
  一体感が強い。
- University College London「ロンドン大学ユニヴァーシティ・カレッジ」
  または「ユニヴァーシティ・カレッジ・ロンドン（UCL）」
  全体で固有名詞化
  cf. University College, London（こう書いてもおかしくないが上記が慣例）
- The banking giant Mizuho will sell off 3 trillion yen worth of non-performing loan.
  「金融界の大手、みずほ銀行は、3兆円相当の不良債権を売却する予定」

街でこんなポスター、看板を見つけた。
- 国立新美術館
  新の位置が不安定な気がするが…。と思って調べると、元は公募展の展示会場を意図されたものが発展的にいろいろやることになったための苦肉のネーミングのようだ（英文表記はThe National Art Center, Tokyo）。
- WORLD MISSION SOCIETY CHURCH OF GOD　神様の教会世界福音宣教協会
  英語、日本語ともカンマまたは読点が省略されているようにみえる（CHURCHの前、教会の後）。

ともに前後を一体として読ませたい意識があると思われる。

[ポイント33]

　カンマがないと困る例：

　意味の混乱が生じそうな場合はカンマをつけねばならない。

（ⅰ）From the rooms above, the garden looks very beautiful.
　　「上の部屋からは庭がとても美しく見える」
（ⅱ）... they tell us to slow down, notice this, take a detour, and stop.
　　「これらが、スピードを落とす、コレコレに注意を払う、迂回する、停止する、との指示を出している」
　　cf. ... they tell us to <u>slow down</u>, <u>notice this</u>, <u>take a detour and stop</u>.
　　　detourのあとのカンマがないと、三つの指示と読めてしまう（a detour and stop）

[ポイント34]
カンマを使ってはいけない例：

（ⅰ）The last 100 or so critically endangered <u>Iriomote cats</u>.
　　「100匹ほどに減り重大な危機に瀕している<u>イリオモテヤマネコ</u>」
（ⅱ）It was an endangered <u>white rhino</u>.
　　「それは絶滅が危惧される<u>白サイ</u>だった」
　　ともに固有名詞で分離できない。
（ⅲ）She made a long <u>collect call</u>.
　　「彼女は長い<u>コレクトコール</u>を掛けた」
　　collect call全体が名詞化。それにlongが掛かっている。
　　cf. ×She made a long, collect call.

[コラム 1]

カンマがなくて訴訟に負けた例。
He is a kind, wise(,) and diligent boy.
前節でandの前のカンマは、あってもなくてもよい、と述べた。
だが場合により、あるとないとでは、意味が違ってくることもある。

ワシントンポスト紙に、就労条項にカンマがなかったため、残業代の支払いを求める就労者側の訴えが認められた例が出ている。
アメリカのメーン州で、乳製品会社とその流通ドライバーとの残業代をめぐる係争が起こり、ドライバーたちは運送にかけた時間が残業に値するとしてその分の賃金を請求していた。審理の結果、第一巡回区控訴裁判所はドライバーたちの申し立てを支持した。メーン州の労働時間と賃金に関する法律では、労働者は週40時間を超える勤務には1時間あたり

通常の賃金の1.5倍の残業代を受け取ることが保障されている。ただし、残業代から除外される作業もある。以下がその部分だ。

The canning, processing, preserving, freezing, drying, marketing, storing, packing for shipment or distribution of:
(1) Agricultural produce;
(2) Meat and fish products; and
(3) Perishable foods.
＊ここまではネットニュースの引用（下線は論者＝私がつけた）。
注　(1)農産物　(2)畜肉鮮魚類　(3)生鮮食料品
さて、ここはカンマの有無により二つにとれる
(ア) orの前にカンマがない場合
The (1canning, 2processing, 3preserving, 4freezing, 5drying, 6marketing, 7storing, 8packing) for (9shipment or 10distribution of: …)
(…の発送もしくは配達のための)、(缶詰・処理・保存・冷凍・乾燥・販促・備蓄・包装など)
＊…は上記(1)(2)(3)部分「農産物、畜肉鮮魚類、生鮮食料品」
(イ) orの前にカンマがある場合
The (1canning, 2processing, 3preserving, 4freezing, 5drying, 6marketing, 7storing, 8packing for 9shipment), or (10distribution) of: …
…の(缶詰・処理・保存・冷凍・乾燥・販促・備蓄・発送のための包装、もしくは配達)
(ア)なら「配達」行為単体には残業料が発生する。
(イ)なら「配達」行為単体には残業料が発生しない。

じつはこのカンマの解釈は微妙。(イ)のようにカンマがあっても、前の1から8が動名詞で形を揃えており、9と10は名詞で形が揃っているから一体 (for shipment, or distribution) に読める、との考えも成り立つ（その場合、各名詞部分を立てるカンマとでもいうべきか）。だが裁判所はorの前のカンマがなければ前後一体、あれば前後分離と判定したわけだ。これでドライバーたちは月平均12時間分の残業料を手にしたという。カンマにはご用心という一例。

2-3 理解を深める

2-3-1 挿入

(1) I caught sight of a man who,$_1$ though in civilian dress,$_2$ was plainly a policeman.
「一般人の服を着ているけれども明らかに警官である男を私は見た」

挿入部分をカッコで括って考えると分かりやすい(特に、複雑な構文の場合)。以下の例も同様。

(2) Real patriots,$_1$ who may resist the intrigues of the favorite,$_2$ are liable to become suspected and odious.
「真の愛国者は、民衆に人気のある外国の陰謀にも抵抗するものであり、そのため不信を抱かれたり憎まれたりしがちだ」

これは関係代名詞の非制限用法とその終了部分を示すカンマ。二つは対になっており後のカンマをはずすことはできない。the favoriteは、ここでは「民衆お気に入りの外国」

(3) I prefer,$_1$ at any rate during my first few visits,$_2$ to be a thoroughly unintelligent tourist.
「少なくとも最初のうちは、全くものを知らない旅行者でいたい。」

二つのカンマの間が挿入句。

(4) We followed him back to the main street where we had first met him,$_1$ and we watched him as he proceeded,$_2$ with no trouble at all,$_3$ to exchange his new umbrella for another pound note.
「その人の後をつけていくと元の通りに出ました。ずっと見ているとその人、なんの雑作なく新しい傘でまた1ポンドをせしめたのです」

最初のカンマのあと場面が狭まる。proceed to exchangeの様態 with no trouble at all (雑作なく《to以下の結果を生む》) が挿入されている。

(5) In 1848,$_1$ a women's rights convention,$_2$ the first in the history of the world,$_3$ was held at Seneca Falls,$_4$ New York.
「1848年、世界初の女性の権利に関する会議が、ニューヨーク州、セネカフォールズで開催された」

a women's rightsは形容詞的にconventionに掛かる。第一のカンマは句の区切り、第二・第三のカンマは挿入のしるし。第三のカンマははずせない。第四のカンマは固有名詞の区切り。

2-3-2 言い換え

(1) The best is not good enough for one who has standards,*₁* who knows precisely what he wants and insists on getting it.
「自分の価値基準をもつ、つまり何としても手に入れたいものがある人にとっては、どんなにすばらしいものでも十分満足できるとは限らない」
standardsを持つ人の内容を、カンマ以下で具体的に示している。「すなわち」といった感じ。the bestは最上級の譲歩「どんなによいものといえども」

(2) But this has nothing to do with economic liberty,*₁* the right to exploit others for profit.
「だがこれは経済的自由、即ち利益のために他人を搾取する権利とはなんら関わりがない」

カンマはeconomic libertyを具体的に言い換えている。

(3) He is a good-tempered boy,*₁* Jim.
「あいつ、いい奴だよね、ジムって」

JimはHeの言い換え

(4) I laughed,*₁* but **all three of them**,*₂* Lord Turton,*₃* Major Haddock,*₄* and Carmen La Rosa had already turned away and were settling themselves back on the sofa.
「私は笑ったが、彼ら三人、タートン卿とハドック少佐とカーメン・ラ・ローザはもう向き戻ってソファに身体をあずけようとしていた」

最初のカンマは節の区切り。二番目のカンマ以下でall three of themが、具体的に三人示される。

(5) Tomorrow,*₁* I will be going to Rome,*₂* the capital of Italy.
「明日、イタリアの首都、ローマに行きます」

最初のカンマは文頭の副詞と本文の区切り。二番目のカンマはローマの言い

替え。

(6) In the beginning,$_1$ when I first came to the vicarage,$_2$ I didn't have too bad a time.
「牧師館に来た最初の頃は、そんなにひどいことは起こらなかった」

前のカンマは「すなわち」だが、場面を具体化している（firstがその指標）。In the beginning> when I first came to the vicarage。後のカンマは文頭の二つの修飾語句（副詞句《形としては前置詞句》と副詞節）が終了し、本文のI didn't以下に掛かるしるし。

2-3-3 文の区切り

(1) Because the deadline for this project is noon tomorrow,$_1$ we have to work overtime tonight.
「この企画の締め切りは明日の正午ですから、私たちは今夜残業をしなければなりません」

従節と主節を区切る。従節が先頭にくる場合、区切りのカンマがあるのが普通。その方が分かりやすいから。

(2) When in the army,$_1$ you must obey all commands.
「軍隊にいる時はすべての命令に服さねばならない」

同上。主節の主語と同じためWhenのあとに来るyou areが省略されている。

2-3-4 関係代名詞の非制限用法

(1) Her husband,$_1$ who is living in London,$_2$ often writes to her.
「彼女の夫はロンドンにいて、よく手紙を寄こす」

前のカンマはhusbandをwhoの先行詞とする非制限用法がはじまるしるし、後のカンマは終了のしるし。

(2) The two passengers,$_1$ who were seriously injured,$_2$ were taken to hospital.
「その二人の乗客は、重傷を負っていて、病院へ運ばれた」

これも同様。

2-3-5 並列・列挙

(1) There were various kinds of musical instruments such as violins,*1* clarinets,*2* and trumpets.
「バイオリン、クラリネット、トランペットといった楽器がたくさんあった」

such as は以下に具体例を導く。「…のような」との訳になるが like「…に似ている」とは異なる。カンマは and の意味。
instruments の具体例が三つ列挙されている。

(2) Man saw the sun,*1* the moon,*2* and the stars revolve round the earth.
「人間は太陽や月や星が地球の周囲を回るのを見た」

列挙終了の and があるのに訳を「…や」とするのは、太陽も月も星であり、かつ我々が何となく認識しているその他の星（総括用法）を挙げているから。

(3) I came,*1* I saw,*2* I conquered.
「来た、見た、勝った」

節を三つ、アンドの代わりにカンマで結び、簡潔に表現。
ユリウス・カエサルがゼラの戦いの勝利を知らせるのに送った伝令の第一声。

2-3-6 読点の代わり

(1) And whoever does not exert himself until he has a large power of carrying out his good intentions,*1* may be sure that he will not make the most of the opportunity when it comes.
「だから慈善を実行に移すのに充分な力がつくまではといって、いま力を尽くそうとしない人に、機が熟してもやるべきことをできる筈がないのである」

カンマは長い主部が終わるしるし。exert oneself「努力する」。intentions の複数 (-s) は、不可算名詞の可算名詞化で、ここでは善意の具体的な姿がイメージされている。may と推量しているのは文の筆者。it は文中で問題になっているもの、ここでは自分が善意を施せるに足る状況を指す。

(2) No man wholly escapes from **the kind**,*1* or wholly surpasses **the degree**,*2* of culture which he acquired from his early environment.
「どんな人でも幼い頃の環境で得た文化の型をすっかりのがれることも、そ

の程度を完全に超えることもない」

前のカンマはwholly escapes〜とwholly surpasses〜をorで並列させるしるし。後のカンマはofがその並列に等しく掛かってゆくのを示す（共通関係のカンマ）。no=not anyと読み替えるとわかりやすい。Any man does not wholly escape〜（not wholly：否定語＋程度を示す副詞＝部分否定）。not 〜 or ―（〜でも―でもない）も併せ含まれている。

(3) There is also **the** <u>boredom</u> and <u>harassment</u> and <u>depression</u>,$_1$ brought about by this daily shuttling between dormitory and workplace.
「眠る場所と職場のあいだをこうして定期的に往復することにより引き起こされる倦怠、悩み、憂鬱もある」

カンマでthe以下の三つの名詞にbroughtが等しく掛かるのをはっきりさせている。

(4) In the United States an ever-larger part of the population has been spreading over the countryside,$_1$ seeking <u>the conditions for home life</u>,$_2$ <u>the space</u>,$_3$ <u>the freedom of movement</u>,$_4$ **that** have become impossible within the central core.
「合衆国において、人口のかなりの部分が、都市中心部ではもう不可能となった家庭生活の必要条件・空間・動きやすさを求めて、地方に拡散してきている」

最初のカンマは次に分詞構文がくるしるし。後の二つのカンマはandの代わり。thatの前のカンマは共通関係を示す。下線した三つの名詞にthat以下が等しく掛かるしるし。

2-3-7 付加的に続ける

(1) In the midst of it you can see nothing but this wall,$_1$ winding on into the distance.
「その只中をうねうねとはるか彼方へと続くあの防壁だけしか目に入らない」

nothing but =only。
windingは現在分詞形の形容詞。wallに形容詞として掛かる要素とwallを主語とする動詞の要素を併せ持つ「くねくね曲がった」。カンマの前までで文意は完結するが、説明を加える。onは副詞で「どんどん、ずんずん」といった感じ。intoは方向を示すのであって、「…の中へ」ではない。In the midst of itの後にカンマを入れるかどうかは任意だが、入れると意識がいったんそ

こで止まる・次のものに注目させる・息継ぎするといった、何がしかの意味を感じさせる。

(2) A man thinking or working is always alone,₁ let him be where he will.
「どこにいようと、考えるのも働くのもしょせんはひとり」

let one be〜 は譲歩を導く命令形「人が…しようとも」カンマのあと条件を加えている（let one 動詞＋wh-節またはas節の形で、節にはmay/ might/ will/ wouldなどの助動詞が来ることが多い）。
he willのあとのbeが省略されている。
他の例：Let him say what he will, I don't mind.（彼が何と言おうが私は気に留めません）
whereの前後を二文に分解すると、Let him be in the place. He will be in the place.
whereは（1）=in which（2）=the place in which（3）=in the place in which、のうちここは（3）。

(3) We are all being judged,₁ and generally very unfavourably judged,₂ on evidence which,₃ if we knew it,₄ would greatly astonish us.
「誰もが皆周りの評価を受けており、それも自分が知ったらとんでもないと驚くような理由づけで値踏みされている」

最初のカンマは「しかも」と続ける付加で、二番目のカンマは理由を付加するカンマ。三番目と四番目のカンマは挿入のしるし。

2-3-8 andの代わり

(1) It is not commonly brilliant,₁ too often it is lamentably deficient.
「それは必ずしも優れているわけでなく、哀しいほど出来が悪いことが多い」

=It is not commonly brilliant and it is lamentably deficient too often.
リズムを出すため、カンマでandを代用している。

(2) ... ; one wants to open oneself to them so that they may take one,₁ one wants to penetrate into them; ...
「人は仲間に胸襟を開いて自分を受け止めてもらおうとするし、仲間と心をふれ合わせようとする」

節を結ぶandを省いてリズムを出している。

2-4 実践

2-4-1 力だめし

(1) 題材：大都市混雑問題の論文
　　ヒント：名詞によって偉さが違う

The high cost for underground systems, for tunnels, bridges, and accessory highways is only a part of the total burden.

[The high cost 1<|for underground systems^I|,$_1$ |for (tunnels),$_2$ (bridges),$_3$ and (accessory highways^{II})>|] is [only a part of the total burden].

1 for I, for II
最初のカンマは大区分、二つ目と三つ目のカンマは小区分。地下鉄網を独立させたのは、費用の重さの点で他の三つの合計との均衡を意識したのだろう。
IIがIの内容物でないので、言い換えとはとれない。
「地下鉄網、トンネルと橋梁と補助的な幹線道路への高い費用は、全体的負担のごく一部にすぎない」

(2) 題材：一緒にいると人間は似てくるとのエッセイ
　　ヒント：範疇が異なる

Those whose actions are forever before our eyes, whose words are ever in our ears, will naturally lead us, albeit against our will, slowly, gradually, imperceptibly, perhaps, to act and speak as they do.

Those 1<|(whose actions are forever before our eyes),$_1$ (whose words are ever in our ears),$_2$|> will naturally 2<lead> us (,$_3$ 3<albeit against our will>,$_4$) 4<(slowly,$_5$ gradually,$_6$ imperceptibly) (,$_7$ perhaps,$_8$)> 2<to> act and speak as they 5<do>>.

1　最初のカンマは所有格の関係代名詞whoseを並列。二番目のカンマは主部終了のしるし。三番目と四番目のカンマは挿入のしるし。五番目・六番目のカンマは副詞並列のしるし。七番目・八番目のカンマは独立的に注目させ、to以下

Ⅱ　カンマ

へ掛かる目じるし。
2　lead 人 to do「人を…にみちびく」 cf. lead to N「…に繋がる」
3　albeit：中世英語al be it→although it beより、(1) …にもかかわらず　(2) 例え…であろうとも。(2) ととるのがよいだろう。willは名詞「意思」
4　「ゆっくり、次第に、知覚せぬうちに」は様態でleadに掛かる。「おそらく」(この場合「ひょっとすると」でなく程度を上げて訳す方がよい)は可能性で全文修飾、内容的にはto以下に掛かる。同じ副詞でも性質が異なるのに注意。
5　代動詞＝act。
「仲間の行動がずっと自分の目の前にあり、仲間の言葉がいつも自分の耳のそばにあると、自然に自分の意思とは無関係に、ゆっくりと、次第に、気づかないうちに、おそらく彼らがするように振る舞い話すようになる」

(3) 題材：名文家のエッセイ
　　ヒント：並列か言い換えか

It was never my instinct to look for help, to seek favour for advancement; whatever step I gained was gained by my own strength.

1<It> was never 2<my instinct> 1<to> 3<look for help,₁ to seek favour for advancement> 4<;> 5<whatever step> I gained was gained by my own strength.

1　itはto以下。
2　instinctは総称で「本能」だが、my がつくことにより個別化「資質」「性分」。
3　to look for helpとto seek favour for advancementを結ぶカンマは、感じ方で、並列とも、言い換えともとれる。
4　セミコロンは比較・対照・敷衍のしるし。ここは敷衍。
5　＝any step thatと読み替える。
「人に助力を求めたり、出世のために引き立ててもらおうとすることは、私の性分ではなかった。私が獲得した一歩一歩はすべからく私自身の力によるものだった」

(4) 題材：ケネディの大統領就任演説
　　ヒント：主語は複数

'A country is as strong as its citizens and I think that mental and physical health, mental and physical vigor, go hand in hand.

'A country is as strong as its citizens and I think [that |mental and physical health| 1<,> |mental and physical vigor| 2<,> go hand in hand].

1　mental and physical healthとmental and physical vigorを並列させ、それぞれを立てるしるし。
2　主部終了のしるし。次の動詞がgoesとなっていないので、言い換えではない。
「国の力はその国民の力と比例している。そして私は思うのだが、精神と肉体の健康並びに精神と肉体の活力は相携えて進むものである」

(5) 題材：オーウェルのイギリス人論
　　ヒント：挿入か言い換えか

In peace time, even when there are two million unemployed, it is difficult to fill the ranks of the tiny standing Army, which is officered by the country gentry and a specialized stratum of the middle class, and manned by farm labourers and slum proletarians.

In peace time 1<,> even when there are two million unemployed 2<,> it is difficult to fill the ranks of the tiny standing Army 3<,> which is officered by 4<the county gentry> and 5<a specialized stratum> of the middle class 6<,> and manned by farm labourers and slum proletarians.

1 2　最初の二つのカンマは挿入。evenがなければin peace timeの言い換え。evenで場面を狭め、譲歩「平時で、失業者が200万人いるときでも」
3　非制限用法のカンマ。前のArmyの語頭の大文字は陸軍を含意。
4　地方の地主・庄屋階級
5　このaは複数（具体的な内容物）を含意「中流階級の各階層」（医師・弁護士・企業経営者・高等教員などを示唆）
6　長いofficered by以下とmanned by以下をはっきり区切るカンマ。
「200万人の失業者がいる平時においてさえ、郷紳階級そして中産階級の専門家層が将校団を構成し、農業労働者と貧しい労働者階級がその下で仕える、ちっぽけな常備軍の下士官・兵を充足することは難しい」

(6) 題材：世界の現状を嘆くエッセイ
　　ヒント：なぜカンマがないか

Children in famine, victims tortured by oppressors, helpless old people a hatred

Ⅱ　カンマ

burden to their sons, and the whole world of loneliness, poverty, and pain make a mockery of what human life should be.

[1<|Children in famine*I*|,*1* |victims tortured by oppressors*II*|,*2* |(helpless old people) (a hatred burden to their sons*III*)|,*3* **and** |the whole world (of loneliness,*4* poverty,*5* and pain*VI*)|>] make a mockery 2<of what human life should be>.

1　Ⅰ, Ⅱ, Ⅲ, and Ⅳ の形。Ⅲの二つの名詞句helpless old peopleとa hatred burden to their sonsをカンマで区切ると偉さが分からなくなるので省略している。
2　「本来あるべき人間の姿」。shouldは必然、文末のbeは存在を示す。
「飢えた子どもたち、抑圧の犠牲者たち、息子の重荷になっている無力な老人、孤独と貧困と苦しみにあえぐ世界の人々、そうしたものが人間生活が本来あって然るべき姿を嘲笑っている」

(7) 題材：科学とはなにかについて述べたエッセイ
　　ヒント：共通関係のカンマ

The scientific tradition rests first of all on a faith in mankind, in the ability of humans to understand, and ultimately, within certain limits, which are in the nature of things, to control, the environment in which we live in all its aspects: physical, biological, and social.

The scientific tradition rests first of all on a faith **in mankind** 1<,> **in the ability of humans** [*to understand* 2<,>] and [(ultimately 3<,> within certain limits 4<,> 《which are in the nature of things》 5<,>) *to control*] 6<,> [*the environment* in (which we live in all its aspects 7<:> physical 8<,> biological 9<,> and social)].

1　言い換え。
2　the environmentに繋がる。
3　挿入のしるし。
4　certain limitsに掛かる非制限用法のカンマ。
5　挿入部分終了を示すカンマ。
6　共通関係のカンマ。to understandとto controlに繋がる
7　以下詳細のしるし。
8 9　形容詞並列のカンマ。前のits aspectsを説明。

「科学の伝統を支える基礎となるのは何よりもまず人間に対する信頼、すなわち人間の能力に対する信頼である。つまり人間には自分がそこで暮らしている物理的・生物的・社会的環境の各面全てを理解し、究極的には、事物の性質上何がしかの限界はあるにせよ、その環境を支配する能力があるという考え方なのである」

(8) 題材：英語指南書より拝借
　　ヒント：上位概念と下位概念

Usually he had his waistcoat pockets full of little nicknacks, rings, cigarette lighters, watches, and such.

Usually he had his waistcoat pockets full of 1<{little nicknacks^{1II}}, {rings^2, cigarette lighters^3, watches^4, and such^{5II}}>.

1　一見　1, 2, 3, 4, and 5に見えるがさにあらず。I (1), II (2, 3, 4, and 5) と読む。IはIIの上位概念。
　「いつも彼はチョッキのポケットに装身用小物、つまり指輪・ライター・腕時計などを詰め込んでいた」

(9) 題材：ことわざ
　　ヒント：対照

Life is short, art is long.

[Life is short],$_{,1}$ [art is long].

カンマは逆接。
　「人生は短く、芸術は長し」
＊医学の祖ヒポクラテスのことばといわれる。lifeを命、artを技術ととり、「（医者の手際が悪く）手術に時間がかかると、人はすぐに死んでしまう」ともとれる。

(10) 題材：ロアルド・ダールの短編
　　 ヒント：言い換えの多用

Maybe this was a beautiful tender message, a sort of love letter, a lovely warm note of thanks to her for giving him thirty years of her life and for ironing a million shirts and cooking a million meals and making a million beds, something that she could read over and over again, once a day at least, and she would keep it forever in the box on the dressing-table together with her brooches.

Maybe this was [**a beautiful tender message**] 1<,>/ [*a sort of love letter*] 2<,> [*a lovely warm note of thanks to her for giving him thirty years of her life and for ironing a million shirts and cooking a million meals and making a million beds*] 3<,> [*something (that she could read over and over again 《4<,> once a day at least 5<,>》and she would keep it forever in the box on the dressing-table together with her brooches)*].

a beautiful tender messageを以下三回言い換えている。

1　大きい言い換え。以下具体的例を提示。
2　小さい言い換え。同じものを角度を変え言及。
3　小さい言い換え。同じものを角度を変え言及。
4 5　挿入。

「ひょっとするとこれは素晴らしい優しい便りかもしれない。一種のラブレター、身を犠牲にして尽くしてきた30年間、百万のシャツにアイロン掛けをし、百万の食事をつくり、百万のベッドメーキングをしてきたことに対する自分への思いやり溢れる感謝のメモ。再三再四、少なくとも一日一度は読み返し、自分のブローチと一緒に化粧台の箱にずっと収め続けたくなるような大事なもの、かもしれない」

[ポイント35]

　　リズム、**念押し**、くどさ、などさまざまなカンマ：

①カンマはandの意味だが、andで結ぶとこの二つしかないととられる、二つをそれぞれ強調してしまう、リズムが乱れる、などの理由でカンマが使われている。
　Japan has a hot, sultry weather in summer.
　「日本の夏は蒸し暑い」

②以下説明のカンマのあと、形容詞をくどくど並べ、様態を強調している。
　A child of about eleven, garbed in a very short, very tight, very ugly dress of yellowish-gray wincey.
　「11歳ぐらいの子供が、丈が短すぎて、窮屈で、ひどく見栄えの悪い、黄ばんだ灰色のウィンシー織りの服を着ている」

③同じ性質・状態の形容詞の列挙はおおむねカンマで結ぶ。
... about *healthy, happy, clean-cut, uncomplicated people*
「健康で、幸せで、こざっぱりしていて、屈託ない人々」
Outgoing, friendly, popular, family man.
「陽気で気さくで好かれる家庭的な男性」
④対語のしるしとして用いる。
It is you, and not he, who should be admired.
「称賛されるべきは貴方であって、彼ではない」

(11) 題材：小説。掘り出し物骨董家具の描写
　　 ヒント：節の並列

The lattices on the back were finely carved with the honeysuckle, the husk, and the paterae, the caning on the seat was original, the legs were very gracefully turned and the two back ones had that peculiar outward splay that meant so much.

[The lattices on the back were finely carved with the honeysuckle, the husk, and the paterae],$_1$ [the caning on the seat was original],$_2$ [the legs were very gracefully turned] and [the two back ones had *that* peculiar outward splay (*that* meant so much)].

*lattice 格子、honeysuckle スイカズラ⇒「忍冬模様」、husk 殻⇒「ハスク柄（穀物の籾殻の文様）、paterae 皿飾り⇒「パテラ（皿状の浮彫り）」、caning 籐で編まれたもの、turn 丸く削る、peculiar 独特の、outward 外側への、splay 広がり。二つのカンマは節の区切り。

「背中の格子は、忍冬模様、ハスク柄、皿飾りが素晴らしく彫られ、座席の籐編みは独創的で、脚はとても優美に丸削りされており、後脚二つはこの椅子の価値を嫌が応でも高める独特の外側への湾曲を見せていた」

2-4-2 教養演習

モンテーニュ『随想録』

I never travel without books either in peace or in war. Yet many days or months will go by without my using them. Very soon, I say to myself, or tomorrow or when I feel like it. Meanwhile time runs by and is gone, and I am none the worse. For you cannot imagine how much ease and comfort I draw from the thought that they are

Ⅱ　カンマ

beside me, to give me pleasure when I choose.

I 1<never> travel <without> <books>> 2<either in peace or in war.> 3<Yet> <many> 4<days or months> 5<will> 6<go by> <without> my 7<using> 8<them.> Very soon, (9<I say to myself>), 10<or tomorrow or when> I 11<feel like> 12<it>. 13<Meanwhile> time 14<runs by> 15<and> 16<is gone>/ 17<, and> I am 18<none the worse>. 19<For> 20<you cannot imagine |how> much 21<ease and comfort> 22<I draw> from the 23<thought> (that 24<they> are beside me 25<,> 26<to> give me pleasure when I 27<choose>)|.

1　「本なしに旅行しない」と後ろから返るか、「旅行すれば必ず本を携える」と前から訳すか、リズムと流れと字面を考えて決める。withoutの前後は同時性。books（可算名詞複数）は総称用法で、本なるもの
2　either ～ or ― が前に否定語（通常not、ここではnever）が来てneither ～ nor ―「～でも―でもない」。inは状態を示す前置詞。peace、warともに 総称用法（不可算名詞でtheがつかない）で、平和なるもの、戦さなるもの
3　butより対比が強い
4　このorは選択でなく譲歩・列挙「…とか」を示す。「日だろうと月だろうと」→「日も月も」 例：in a day or two（一両日中に）Rain or shine, I'll go.（雨でも晴れでも行きます）
5　習慣を示す
6　熟語。pass「過ぎる」。byは「傍らを」の意の副詞
7　＜ある目的のために＞用いる。ここでは「読む」こと
8　= books
9　前後のカンマが挿入節であることを示す「（自分に）心の中で言ってみる」。これを除いたVery soon以下feel like itまでがその内容　cf. talk to oneself（独り言をいう）
10　or ～ or ― 「いや～、いや～」。考えが次々変わる感じを出すためorが重ねて使われている
11　「…する気になる」（＝have a desire for）
12　文脈で問題になっていることを指す「本を読みたいと思うこと」。本文から引けばusing them
13　「そうこうするうちに」
14　「去る」。6と同じbyの役割
15　前後を並列
16　「行ってしまって今いない」状態。goneは形容詞。has gone（現在完了）だ

と「行ってしまった」行為に力点
17　逆接の, and「それなのに」
18　読もう読もうと思って読まないことに対し「それだからといって、一向に困ることはない」＝ none the worse for not using them (reading books)。noneは副詞（少しも…ない）
19　前文の理由を補足的に述べる「というのは…だからだ」→「何しろ…だから」「…なわけですからね」
20　youは一般人称で、特に訳さない。「というのはhow以下を想像できないからだ」としては、論理が流れにくい。程度の副詞how（どんなに…か）を多量を示す表現にかえて前から「普通の人には想像できにくいのですが私は＜とても＞…」か、基準を示す言葉で後から返って「…と人には想像できない＜ほど＞のものがあるのです」とまとめる
21　「安らぎ（安心）と慰め（満足）」。同じような意味の言葉をならべ語調を整えている（同義語反復）
22　I drawが節中のSV。much ease and comfortがO
23　that（同格名詞節を導く接続詞）以下を考えること。（　）内がthoughtの内容
24　＝books
25　カンマで意識を切り、付加的につづける
26　副詞的用法「…するために」。areに掛かる
27　choose to do [V＋O]で「＜人が＞…することを決める」。chooseは他動詞、to doが目的語（不定詞の名詞的用法）。chooseのあとのto use them (read books)が省かれている。to use themは、前出のusing themがto不定詞に姿を変えて補われる要素となったと考える。他動詞「選ぶ」を訳語とするには、省かれた目的語としてone of the booksなどが考えられるが、本文中にこれに相当する語句が存在しないので不可。自動詞「望む」は、望む内容と結果との結びつきが弱い（掛かる言葉であるbe「存在する」が遠すぎる）のでよろしくない。
次の場合はchooseとdeafが近く、結びつきが自然。
cf. She is deaf when she chooses.（彼女は都合が悪くなると聞こえない振りをする）

［参考訳とモデル訳文］

原文に即した訳

私は平時でも戦時でも本なしに旅行することは決してない。だが何日も何ヶ月も本を利用することなく過ぎてゆく。すぐに、いや明日、いやその気になった時と、

Ⅱ　カンマ

心の中で言ってみる。そのうちに時は去ってしまうが、私はそれで何ら困ることはない。というのは、読もうと決めたとき私に喜びをあたえてくれるために本がそばにあるという考えから、どれだけたくさんの安心と満足を私が引き出しているか、人には想像できないほどのものがあるからなのだ。

モデル訳文

平時でも戦時でも、旅にはいつも本をもってゆく。そのくせ何日も何ヶ月も読まずに過ぎる。もうすぐ、いや明日、いやその気になったら、と心にいいきかせる。そのまま日は去り月はゆくが、何がどうなるわけでない。わかっていただけるだろうか。本がいつもそばにあって、読もうと決めればいつでも満ち足りた気分になれると思うだけで、わたしの心はおおいに安らぐのだ。

サンプル訳と訂正

私は、¹<のんびり旅行でも、駆け足の旅行でも>、いつも本は持ってゆきます。でも、読まないまま、何日も、何ヶ月もが、過ぎてしまいます。すぐ読むよとか、明日にはとか、その気になったらとか、自分には言い聞かせています。そうこうしている内に、²<時間がたち、時が過ぎ去ります>が、それでいて、少しも³<自分を責めてはいません>。それというのも、本が常に手元にあり、何時でも読書が楽しめると考えるだけで、どんなに気が楽になり、安らぎを感じることが出来るか、⁴<お解り頂けますでしょうか>。

1　平時でも戦時でも旅行には　2　時は過ぎ去ってゆきます
3　どうということはありません　4　他の人にはわからないほどのものがあるからなのです

評）英字新聞を読むには充分な力でしょうが、翻訳の場合はもう少し緻密さが必要です。
1　このくだりだけでは、訳文のように解釈するのは危険です
2　意味はその通りですが稚拙、翻訳はひとに読んでもらうものなのです
3　感覚で訳してはいけません。辞書をしっかり引くこと
4　「それというのも」ときたら「…からです」にしないと、コロケーションが悪い。「お解り頂けますでしょうか」はお上手で、これを生かすなら文頭「それというのも、」を「なによりも、」に変えてはどうでしょう。

［トピック：中間話法—say to myselfの内容］

直接話法でも間接話法でもなく、見分けかたと訳しかたがむずかしいのが中間話法。中間話法には三つのタイプがある。
(1) 課題文の場合のように、\<say\> to myself「心の中でいってみる」といった伝達部（say, tell, ask など）はあるが、間接話法のしるしthatも直接話法のしるし" "もないもの。時制は直接話法
(2) 直接話法の形（伝達部がない）をとりながら、" "はなく時制と人称代名詞は間接話法に準ずるもの
  As she gazed, she saw someone. Her heart beat. Who was it? Who could it be? Her heart leapt.「じっとみていると、誰かがやってきた。彼女の胸の鼓動が速くなった。誰だろう、誰なのかしら。心臓がどきどきした」
(3) 普通の叙述文だが流れからいって「　」のない直接話法で訳すとよいもの
  Sara smiled affectionately down at the top of her father's head, wishing that she could ease some of his anxieties. But he was a reserved man, always keeping things bottled up and holding his worries to himself.「サラは優しく微笑みながら父親を見下ろした。心配の種を少しでも摘んであげたい。なのにパパは遠慮してしまう。なんでも胸のうちにしまいこんで、一人で悶々とするたちだから」

［研究］

1. never
never = not ever = not 〜 at any time
このnotが①withoutと②either 〜 or —と呼応。
①では、（後ろから）「本を持たずに旅行しない」（前から）「旅行すれば必ず本を持ってゆく」の訳が得られる。
②では、I do not travel either in peace or in war.
　「平時も戦時も旅行しない」の意味となる。
では「平時あるいは戦時に旅行しない」は英語でどう言うか？これは論理的におかしい（この両者以外は考えられない）ので英語にならない。

2. without
・not A without B の形には、二つの意味がある。
We cannot read this book without being moved.（同時性）
　「感動せずにこの本を読むことはできない」→「この本を読めば必ず感動する」

We cannot succeed without working hard.（条件）
　　「一生懸命働かねば成功できない」
本文で二番目のwithout（...will go by without my using them.）は、肯定文の付帯状況（…しないで）。

3. books
bookだけでは何ら具体的な意味は持たない。bookという綴り、bookという音。
a bookには両義：①一つの本　②本というもの（総称用法）
the bookには両義：①その本　②本というもの（総称用法）
booksは一義のみ：本というもの（総称用法）
the booksは一義のみ：（互いに認識されている）あれらの本（総称ではない）
＊これは概念的理解のための説明。実際には文全体から判断する。本全体の特徴なら総称、本が何かで制限されていると読めれば、この限りでない。
例：Who left books in the room?「誰が本を部屋に置いていったのだ」（some booksの意味）
　　Books belong in every house.「本はどの家にもある」（総称）

4. many
M＋N＋NまたはN＋N＋M（N：名詞句類　M：修飾語）の場合、
MはふたつのNに等しく掛かると、まず読んでみるのが準則。英語は均衡を重んじる言語だからである。それでおかしい場合に、Mの直近のNに掛けてやる。
ここmany days or monthsでは、準則どおりmanyはdaysとmonthsの両方に掛かる。

5. will
willの主な用法
(1) 確定的未来：I will be twenty tomorrow.（単純未来）
　　「私は明日二十歳になります」（死にでもしない限り必ずそうなる）
(2) 確信的未来：He will be much better tomorrow.（単純未来）
　　「彼は明日はもっとよくなるでしょう」（そうなるものと私は信じている）
(3) 意志未来：I'll see him tomorrow.
　　「明日彼に会おうっと」（今思い立った）
(4) 現在の習慣：Accidents will happen.
　　「事故は起こるものだ」（必ずではないが大体そうである）
(5) 現在の推測：He will be upstairs.
　　「彼は上にいるはずです」
(6) 許可・命令：You will leave tomorrow.

「明日貴方は出かけなさい」
(7) 能力・可能性：This hotel will accommodate five hundred.
「このホテルは500人の収容能力がある」

6. none the worse

I am none the worse for not using them.で、
none　：副詞「少しも…ない」
the　　：指示副詞「その分だけ」(「その」はnot using themを指す)
worse：形容詞badの比較級「より悪い」(「読むこと」に比べて「読まないこと」で)
for　　：原因・理由を示す前置詞「…のわけで」
　　　　直訳「本を読まないということで、その（読まないでいる）分だけ（読んでいる場合）より困ることは少しもない」

7. for

- forは、等位接続詞。文語的、補足的、主観的、個人的、であって前後を結ぶ論理性が薄い、といわれる。ここも、前後を因果で訳そうとすると、うまくゆかない。
  主観的な考えの根拠を示す
  例：It was just twelve o'clock, for the church bell was ringing.「ちょうど12時だった。《どうしてこのように言うかというと》教会の鐘が鳴っていたからだ」
- 理由を示す接続詞を分類すると、
  等位接続詞：for　　従位接続詞：because　since　as
  強さの順　：because > since > as > for
  既知の理由：since　as
  未知の理由：because

2-4-3 実務演習『免責合意』

Section 11. Agreement To Hold Harmless

The Contractor shall indemnify and hold A (a company), all of its officers, agents, servants and employees, or any of them, harmless from any loss, damage, liability or expense, resulting from damage to all property, private or public, and injuries, including death, to all persons, including but not limited to employees of the Contractor, and of all other persons performing any part of the Work hereunder, arising from any occurrence caused by an act or omission of the Contractor, and at its expense shall defend any suits or other proceedings brought against A, its officers, agents, servants, and employees, or any of them, on account thereof, and shall pay all expenses (including any attorney's fees) and satisfy all judgements which may be incurred by or rendered against them, or any of them, in connection therewith.

英語読みの実力者である本書の読者なら、大筋は次のようなものであるのが分かるだろう。
「請負者はA（会社）関連人が本請負工事で不利益を被らぬよう、本請負工事に基づくあらゆる損失・出費を、自らの費用で補填し上記当該人に一切の損害を及ぼすことが無いようにせねばならない。
かつまた請負者は掛かる費用がいくらになろうとも如何なる関係訴訟に責任をもち、その全費用（いくらであれ弁護士報酬を含む）を支払い、判決に従いその義務を果たさねばならない。」

だが、法律文書を精確に読み解くのは、生易しいことではない。細かく見てゆこう。

Section 11. Agreement To Hold Harmless

The Contractor shall *indemnify and hold* A (a company), all of its officers, agents, servants and employees, or any of them, *harmless from* any loss, damage, liability or expense,「**resulting from** [*damage* to all property, private or public], *and* [*injuries* {(, including death,) **to** all persons (, including but not limited to employees of the Contractor, *and* of all other persons performing any part of the Work hereunder)}, *arising from* any occurrence caused by an act or omission of the Contractor]」, **AND** at its expense shall defend any suits or other proceedings [brought against A, its officers, agents, servants, and employees, or any of them, on account thereof], *and* shall pay all expenses (including any attorney's fees) *and* satisfy all judgments which may be incurred by or rendered against them, or any of them, in connection therewith.

（単語）
contractor 請負人、indemnify（人）に（損害等を）補償する、hold harmless 免責する、officer 役員、agent 代理人、servant 社員、employee 従業員、damage 損害、liability 責任、property 財産、injury 損傷、all persons 全ての者、all other persons 他の全ての者、hereunder 本書面の下で、occurrence 出来事、

omission 不作為、suit 訴訟、proceedings 法的手続き、on account thereof=on account of that「そのために」(thereof：それの=of that)、attorney 弁護士、judgement 判決、incur 被る、render 言い渡す、in connection therewith =in connection with that「それに関して」(thereof：それの=of that)

（検討点）
①前半の節の繋がり：
indemnify A harmless from B（AをBから無傷で守る）と、hold A harmless from B（AをBから保護する）が一つになっている。同義語。
②resultingとarisingの関係：
最初、of all other persons performing any part of the Work hereunder（「この条項の下で如何なる部分であれそれを遂行している他の全ての人々に関し」）が後ろのarising以下に掛かり、resulting fromとarising fromが並列すると考えた。
その場合の「　　」部分のラフ訳：
（損害賠償の対象とは）ひとつには、公私を問わず全ての資産に対する損傷、そしてまた請負者の従業員を含め全ての人への、その人たちが受けた死亡も含む傷害によって生ずるもの。
ひとつには、<u>本工事作業の如何なる部分であれそれを遂行するそれ以外の他の全ての人に関して、請負者の作為・不作為を問わずそれによって生じる事態によって生ずるもの</u>。

だがこれだと、「請負人の従業員を含め全ての人」と「それ以外の他の全ての人」の関係が読めない。そこで法律翻訳のベテランに指導を仰いだ。
すると、personsが「個人と法人を合わせたより広い概念＝者」として使われているのが分かった。all personsは個人性、of all personsは法人性が強い感じだ。確かに［ジーニアス英和］にも、次のようにある。
person：7《法律》人、者、法人（格）《法律上、権利と義務を有していると認められる自然人と法人を含む》

（全体の構成　註：このAと原文のA（a company）は異る）
S shall indemnify and hold harmless A from B
            resulting from C
              arising from D

 AND
 shall defend N and shall pay all expenses
     and satisfy all judgements.

Ⅱ　カンマ

A：A (a company), all of its officers, agents, servants and employees, or any of them
B：any loss, damage, liability or expense
C：**damage** to all property, private or public, and **injuries** (, including death,) to all persons, including but not limited to employees *of the Contractor*, and *of all other persons* (performing any part of the Work hereunder),
D：any occurrence caused by an act or omission of the Contractor,

Cの構成：
damage to all property, private or public,
and
injuries (,including death,)
　　　to **all persons**,
　　　　　including but not limited to employees of the Contractor,
　　　　　　　　　　and of all other persons
　　　　　　　　　　　　　performing any part of the Work hereunder,

訳例：
請負人は、私的または公的なあらゆる財産損害およびすべての者（請負人の従業員および本契約に基づく本件工事の一部を遂行する他のすべての者の従業員を含むが、これらに限定しない）に対する死亡を含む人身傷害のうち、請負人の作為または不作為が原因で発生した損失、損害、責任または費用につき、A(会社)、そのすべての役員、代理人、社員および従業員またはそのいずれかを補償し、免責するものとする。さらに、請負人は、かかる財産損害および人身傷害を理由としてA、その役員、代理人、社員および従業員またはそのいずれかに対して提起された訴訟その他の法的手続において、請負人の費用で防御し、上記に関連してこれらの者またはそのいずれかが負担することになるすべての費用（弁護士費用を含む）を支払い、これらの者またはそのいずれかに対するすべての判決を履行するものとする。

法律文はただでさえ難しい。いろいろな情報を万遍なく入れようとするから、掛かり方が曖昧になったり、語義が特定化しづらかったり、なかにはわざとどうでも取れるよう意味範囲を広げて書かれることもあるそうだ。そうした欧米の法律文を移入するすることから、日本の文明開化はある意味で始まった。戦前のある時期まで東京帝国大学法学部には英法、独法、仏法の三科が置かれ、外国法律文

書の解読と解釈ができる人材を育てた。近代法治国家になるためである。帝大予科たる旧制の高等学校は難解な英文を読み解くためにカーライルやミルの錯綜した文章を教え、帝大法科の英語試験に備えた。これらが教養の礎になったこともまた否めない。

本文章は法律文としても、すっきり頭に入って来ない悪文である。ドラフトであるのかもしれない。だが原文が悪いから翻訳ができない、あるいはヘンな日本語になって仕方がないとは言えないのである。どんな素材だろうと、文法と文脈と調査（この場合は専門家の指導を仰いだが）で読み解き、少なくとも間違ってはいない、商品として通用する日本語にするのが翻訳者の務めだ。
契約書は作成者が自分の側に不利な結果が生じないようにあらゆる場合を想定して文言を連ね、また、相手方がそれに手を加え、ということで、どうしても煩雑になり（legalese）、一度読んだだけではよくわからないということがある。all or anyにしても日本語なら省いてもよいのだろうが、そうすると訳が抜けていると言われたりするので、結局日本語ではないような文章になりがちだ。法律事務所では、和訳にはたいていfor reference onlyと明記してあり、英語原文と和訳に齟齬がある場合は英文がprevailすると記される。

2-4-4（補）カンマと読点（1）

私の主宰する『英文教室』は英語プロの方々が集う英文精読の場である。そのホームページに修了生が交代でブログを書いてくれているが、特に秀逸でこのまま消えてしまうのが惜しい文章がある。
産業翻訳のベテランで日本翻訳連盟の専務理事の田中千鶴香さんは、更なる活躍が期待されていたが、儚くなられた。その遺稿とも言うべき連載のうち、とくにカンマにふれた項をここに再録する。なるほどそう言った読み方があるのかと、頷いていただけるものと思う。文章は明らかな誤記以外、原文に一切手を加えていない。

執筆者：田中千鶴香（実務翻訳者）

　前回取り上げた＊ウィリアム・サファイア（William Safire）のOn Languageコラムから別の記事を紹介したい。＊註：アイディ英文教室2016年7月号　HP
　サファイア氏は、On Languageの連載中、文法や語法に間違いのある広告コピーをいくつかやり玉にあげて、The Bloopie Awardという不名誉な賞を与えている。Bloopieは、「大失敗、へま、ドジ」を意味するblooperに由来する造語と思われる。

II　カンマ

サファイア氏に挑戦！

　1994年11月6日付けの"The Bloopie Awards!"（注1）で発表されたその年の受賞者（？）は以下の5つだ。それぞれのどこに文法上の間違いがあるだろうか？サファイア氏に挑戦したい人は、ぜひ考えてほしい。

1.	CBSドラマ"Scarlett"の宣伝映像に使われたレット・バトラーの有名なセリフ **Frankly my dear, I don't give a damn.**
2.	Toyotaの宣伝コピー **To us, a successful business shouldn't just try to make a profit, it should try to make a difference as well.**
3.	Mercedes-Benzの宣伝コピー **Technologically speaking it had no rivals .... Even standing still the S 320 easily leaves other cars behind.**
4.	Ford Citibank credit cardの宣伝コピー **To apply see your Ford or Lincoln-Mercury dealer.**
5.	ノーベル賞受賞者87人が賛同の署名をしたキャンペーン広告の文章 **The survival of mankind, and of the earth which sustains all of us, are in serious jeopardy.**

サファイア氏の答えは以下のとおりだ。

1.	Frankly, my dear, I don't give a damn. 【解説】Franklyが主節から独立した句であるため、直後にカンマが必要。my dearという呼びかける言葉の前後には区切りのカンマが必要。
2.	To us, a successful business shouldn't just try to make a profit; it should try to make a difference as well. 【解説】profitの直後のカンマをセミコロンに替えるか、a profit, but it shouldと接続詞を補う。
3.	Technologically speaking, it had no rivals .... Even standing still, the S 320 easily leaves other cars behind. 【解説】Technologically speakingとEven standing stillが主節から独立した句であるため、それぞれの直後にカンマが必要。

4.	To apply, see your Ford or Lincoln-Mercury dealer. 【解説】To applyが主節から独立した句であるため、直後にカンマが必要。
5.	The survival of mankind, and of the earth which sustains all of us, is in serious jeopardy. 【解説】areをisに替えて主語と述語を一致させる。

鋭い指摘か、重箱の隅つつきか

　2について、「2つの完結する文章をカンマでつなぐべきではない」とサファイア氏は主張する。ただし、以下のように独立した節が3つ以上列挙する場合にはカンマで区切る用法が一般に認められている。
John was working, Jean was resting, and Alan was running errands and furnishing food. (The Chicago Manual of Style, the 15 edition)
　なお、上記で列挙する節にカンマが含まれる場合は、区切りを明瞭にするため、節の区切りにはカンマでなくセミコロンを使うのが望ましいとされる。
　5については、「重箱の隅つつき」と批判したくなる人がいるかもしれない。筆者は、関係代名詞whichの用法が気になり、「whichをthatに替える」が正解かと思った。だが「そんなことは見逃していい。それよりも主語と述語の不一致のほうがはるかに深刻な間違いだ」とサファイア氏は言う。なるほど。ごもっともだ。
　87人ものノーベル賞受賞者が気付かなかった文法上のミスに気づいたサファイア氏は、次の文で誇らしげに記事を締めくくっている
"One thing about the language dodge: a cat can look at a king."
　language dodgeとは、サファイア氏のような「言語屋」のことだ（前回の記事を参照）。A cat can look at a king.は英国の古いことわざで、直訳すると「ネコでも王様が見られる」、つまり「身分の低い人にも相応の権利（身分の高い人を観察する権利）がある」ことを意味する。ヘンリー8世の時代に活躍した詩人で劇作家のJohn Heywood (c. 1497〜c. 1580) がまとめた『ことわざ・教訓集』(The Proverbs And Epigrams, 1562) に収められたのが起源とされている。
　最後の文章は、「一介の言語屋ですが、お歴々のミスは見逃しませんよ」という意味だろう。

Comma, the Trouble Maker
　英語のパンクチュエーションを正しく使うのは、ネイティブにとっても難しいらしい。ピリオド、セミコロン、コロン、アポストロフィ、ダッシュ、疑問符、感嘆符とあるなかで、特にやっかいなのは、カンマのようだ。使用頻度が高い分だけ用法が複雑になるため、正しい用法をめぐって意見が分かれやすい。エリッ

ク・パートリッジ（Eric Partridge）著の*You Have a Point There*では30ページ、*The Chicago Manual of Style*では12ページをカンマに割いて、他のパンクチュエーションよりも詳しく説明している。カンマはけっこう手のかかるヤツらしい。

約10年前に英国でベストセラーとなるパンクチュエーション本を書いたリン・トラス（Lynne Truss）は、筋金入りのパンクチェーション・マニア（diehard punctuation-lover）だ。著書*Eats, Shoots & Leaves—The Zero Tolerance Approach to Punctuation*は、2003年の年末にクリスマス・プレゼント商品として発売されると、10日間で5万部を売る大ヒットになった。米国でも大手各紙の書評で絶賛され、ミリオンセラーになっている。

作家兼ジャーナリストのトラス氏は、同書を発表するまで、まさに一介の物書きだった。思わぬ大成功にトラス氏自身がまず驚き、「パンクチュエーションを扱った地味な本がこんなに売れるとは予想もしなかった」とインタビューで語っている（注2）。

本書でトラス氏は、カンマの置き方ひとつで文の意味が変わる実例をユーモアたっぷりに示しながら、パンクチュエーションを正しく使うことがいかに重要かを力説する。イラストをふんだんに使った子ども向けの版もあって、こちらも楽しい（注3）。

Eats, Shoots & Leaves

　"So, punctuation really does matter." を主張するトラス氏がまず引き合いに出

すのが、裏表紙にも載る軽妙洒脱な小話だ。

A panda walks into a café. He orders a sandwich, eats it, then draws a gun and fires two shots in the arms.

"Why?" asks the confused waiter, as the panda makes towards the exit. The panda produces a badly punctuated wildlife manual and tosses it over his shoulder.
"I'm a panda," he says at the door. "Look it up."

The waiter turns to the relevant entry and, sure enough, finds an explanation.
"**Panda**. Large black-and-white bear-like mammal, native to China. Eats, shoots & leaves."

　『野生動物の手引き』を読んだパンダがカフェに入り、手引きどおりに行動したらとんでもないことになった、という話である。余分なカンマがひとつ入っているために、手引きの文章が本来意図されたものとはまったく違う意味になっている。間違った説明を読んだパンダがあやうく犯罪者になりかけたというオチである。表紙では、あわててカンマを消しているパンダの後ろ姿がなんともかわいらしい。

カンマ戦争
　世間の文法ミスを批判して一躍人気者になったトラス氏だったが、半年後には自らの文法の間違いを指摘される立場になった。米国人の作家ルイス・メナンド (Louis Menand) が、"Bad Comma" と題する記事をThe New Yorkerに書いて、*Eats, Shoots & Leaves*にはパンクチュエーションの間違いが数十か所もあると指摘したからだ（注4）。

　メナンド氏の批判には、「イギリス人がアメリカ人にセミコロンの使い方を教えるなんて、アメリカ人がフランス人にソースの作り方を教えるようなものだ」とか、「トラス氏がパンクチュエーションのルールを守れないのは、イギリス人らしいだらしなさの表れ」といった辛辣なものがあった。
　そんなことを言われては英国側も黙っていられない。数日後にはメナンド氏の指摘を「的外れ」として批判する記事がThe Guardianに載っている（注5）。

　ちょっとした「カンマ戦争」が英米間で勃発したことになる。双方の主張の食い違いはどこにあったのだろうと思い、たとえばメナンド氏が「非制限用法の関係代名詞の前にあるべきカンマがない」と指摘した冒頭の献辞を読んでみた。

II　カンマ

To the memory of the striking Bolshevik printers of St Petersburg
who, in 1905, demanded to be paid the same rate for
punctuation marks as for letters, and thereby directly
precipitated the first Russian Revolution

　もしトラス氏が、パンクチュエーションへの支払を要求した印刷業者だけでなく、そう要求しなかった印刷業者にも言葉を捧げたかったのだとしたら、メナンド氏の言うように、whoの前にカンマを入れるべきだろう。だが、whoが制限用法であっても文は成立する。むしろ、先行詞striking printersと関係節が強く結びつく制限用法のほうが、個性的な献辞にふさわしい、輪郭のくっきりした文章になるように思う。要するに、どちらでもよいのではないだろうか。

　「文章の書き方を議論すると、喧嘩になるからやめたほうがいい」という人がいる。特に句読法は議論百出する話題のひとつだ。前述のサファイア氏、トラス氏、メナンド氏のそれぞれに、こだわりや信条がある。だからこそ価値観が衝突して議論が紛糾し、その結果、正統なルールがいくつも存在したり、正しさの基準がゆらいだりする。

しかし、こうした議論はけっして「文法マニアの暇つぶし」ではなく、言語についての興味深い問題提議になる。結論が出ないとしても、各人が自分の考えを持ち、喧嘩にならない程度に意見を戦わせることには意義があると思う。

注1：発行当時のタイトルは"Of Commas and Nobel Laureates"だった。
注2：David Smith, Punctuation marks a way to sell book's, The Guardian, 30 November 2003
　　　http://www.theguardian.com/uk/2003/nov/30/books.referenceandlanguages
注3：Lynne Truss著, Bonnie Timmonsイラスト、Eats, Shoots & Leaves: Why, Commas Really Do Make a Difference!, .P. Putnam's Sons Books for Young Readers, 2006
　　　著者のサイトではないが、子ども向けイラスト版の一部をYouTubeで視聴できる。
　　　EATS, SHOOTS & LEAVES by Lynne Truss. Grandma Annii's Storytime
　　　https://www.youtube.com/watch?v=U14adg1cObk
注4：Louis Menand, Bad Comma—Lynne Truss's strange grammar, The New Yorker, June 28, 2004
　　　http://www.newyorker.com/magazine/2004/06/28/bad-comma
注5：John Mullan, The war of the commas, The Guardian, 2 July 2004
　　　http://www.theguardian.com/books/2004/jul/02/referenceandlanguages.johnmullan

コメディ『英文読解教室』 Episode 4

Episode 4　講義『ハムレット』その2

場面：黒板に下記の英文。学校机と椅子。
人物：脇に立つオニキョー。椅子に座っている女子学生の美佐。

To be, or not to be: that is the question:
Whether 'tis nobler in the mind to suffer
The slings and arrows of outrageous fortune,
Or to take arms against a sea of troubles,
And by opposing end them? To die: to sleep;
No more; and by a sleep to say we end
The heart-ache and the thousand natural shocks
That flesh is heir to, 'tis a consummation
Devoutly to be wish'd. To die, to sleep;
To sleep: perchance to dream: ay, there's the rub;

オニキョー：
美佐クン、冒頭の台詞、訳してみい。
美佐：
何だかよく分かりませんけど・・・「アリマス、アリマセン。ソレハナンデスカ？」・・・
オニキョー：
なんや、それ滞日30年の明治の漫画家、ワーグマンの本邦初訳の訳文と同じやで。あんたの日本語力、外人並みなんか？
確かにbe動詞は難しい。中学のとき、妹が単語帳つくってんの見たら「be=は」ってあって笑ったわ。英語には助詞がないんや。でもHe is a boy.「彼は少年です」になるよな。このisは「接続動詞」いうて、右と左を結びつける印なんよ。しいて日本語に訳せば「…です」といったとこ。英語ネイティヴの頭のなかでは「彼、少年です」であって「彼は少年」になっとらんのや。それからもう一つ、「存在を示す」beがある。この文はこっちやで。カンマは言い換えを導いとる。すると直訳的には「存在すること、もしくは存在しないこと、それが問題だ」となる。「存在」を状態と捉えれば「この世に生きて在ること」、動作ととれば「このままでいること」になって、いろいろな訳が生まれる。
美佐：

questionは「質問」かと思って、「ナンデスカ」と訳したんですけど・・・。
オニキョー：
questionは「質問」「疑問」の意味もあるけど、ここでは「決断や議論を要する事柄」の意味。ハムレットは悩んどるやろ。ついで言うとくとproblemは「解決せねばならない事柄」。matterは「案件」。どれも「問題」と訳せることあるけどな。
美佐：
難しい。私、イギリス人みたいに古典の教養ないから。
オニキョー：
誰も変わらん。昔六本木のガイジンバー連れて行かれてな。ホステスやってたイギリス人の女子大生の子に、Shall I compare thee to a summer'day? Thou art more lovely and more temperate.「君を夏の一日に譬えようか、君の美はもっと優しくもっと穏やかだ」言うたら、「わー、そんなこと言われたの初めて」ってえらく燥がれた。もちろん英語でやったけど。「ジョークや、シェイクスピアのソネット18番やで」言うても知らんいいよる。日本人かて、だれも「源氏物語」読んどらんやろ。同じや。
ここんとこアンタらには難しすぎるやろから、僕が自分で訳したのを披露する。ええか、有難い大西教授訳やで。

（身振りを交え朗誦する）
生か死か、それが問題だ。
どちらが男らしい生き方か、暴虐な運命の矢弾をじっと耐え忍ぶのと、
それとも、
幾多の苦難に敢然と立ち向かい決着をつけるのと、
どちらが。
死ぬことは眠ること、それだけ。
眠ることで、あまた身の痛みも心の傷も
消えるものなら、
願ってもない結末というもの。
死は永遠の眠り。だが、
眠ればまた夢も見よう、
そこに障りがあるわ。

どうも標準語は、気取ってって、主人公の懊悩が上手く出えへんな。方言やったらええかもしれん。美佐さん、きみ青森の出身やったな。東北弁にしたのあるか

コメディ『英文読解教室』 Episode 4

ら、読んでちょうだい。
美佐：
生ぎでだ方がいいのが、死んだ方がいいのが、それがわがんね。どっつが男らしい生ぎ方だ、じーっとしてひどい運命の矢つぶてさ耐え忍ぶのど、そえども刀さ取ってまんづ押しよせで来るなんぎさ立ち向がって、いっぽも後さ引がねのど。死ぬっつう事は眠るっつうことだべ、はっ、それだけの事でねが。ねぷてしまえば、その時がらなあんもなぐなってまる。胸ッコさいだめるえんた悩みも、体ッコさつぎまどってくるやたら苦しみも。ありがてえ終い方ゆうもんだべ。死んで、ねぷって、たんだそれだけだば・・・んだば、ねぷてしまえば夢見るべ、そんだばうまくね。
オニキョー：
哀しい感じやね。しんみりするわ。
ほな、僕のネイティヴ・ランゲージ関西弁でやってみよか。

どないしょう！生きててええんやろか、死んだ方がええんやろか？どっちがホンマの男やろ。これも運命や思うてじーっと堪忍しとるんと、それともどんな難儀やろと向かって行ってきっちり片つけるんと、どっちや？死ぬちゅうことはな、寝るようなもんや、それだけのこっちゃで。寝てしもたら、なーんもわからへん。胸の疼きも、体の痛さものうなってしまうで。ありがたいこっちゃ。死んで、寝て・・・ちょい待て、寝たら夢見るがな、それあかんで。
美佐：
面白い！ずっと明るくなった。死ぬの恐くないですね。
オニキョー：
さよか。ほな、好評に答えて広島弁のおまけや。

生きるんか、死ぬるんか、どがあしたらええんじゃ。どっちが男らしいかのう。こらえこらえてじーっとするんか、刀とって花も嵐も踏み越えてやりあげるんか。どっちがええんかのう。牛のクソにも段々があるんで。死ぬるんは寝るんようなものじゃけのぉ。寝りゃそれで体の痛みも心の傷も丸ごと消えてなくなるんじゃけぇ。こーにっちもさっちもいかんことをよ、カバチたれんと、楽になるんじゃけぇ、そんなん、ねごうてもないことじゃろ。死んで、寝て、それですむんならのぉ！（美佐に近づき手で拳銃の形をつくる）。眠ればまた夢も見よろうが、こんクズよごれ。おどりゃタコのクソ頭のぼりやがって！（美佐の頭に拳銃を突きつける仕草。とっさに美佐はオニキョーの手をねじ上げる。オニキョー、痛がる）

美佐：
先生、「仁義なき戦い」じゃないですよ。
オニキョー：(懲りず、菅原文太になりきって)
まだ、弾、残っちょりますけんの！

Ⅲ 記号

　日本語でも「NHK」「朝日新聞」「時事通信」版など、用字用語の辞典はいくつかあって、それぞれが微妙に違っている。英語でも「オックスフォード」「ワシントンポスト」「カナディアン・プレス」版などいろいろある。「シカゴマニュアル」がそのなかでも一番有名で、産業翻訳業界では、これを基準とすることが多い。

　ある時自著を校正していたら、何かダッシュが心もち短いような気がした。念のため調べると、ダッシュにはMダッシュとNダッシュがあって、通例はMダッシュ（Mの字の幅に対応）を使うが、Nダッシュ（Nの字の幅に対応）も可であるのが分かった。

　さらに気になるのがダッシュと前後の文字との間。通例は前後をぴったりつけるが、半角空ける使い方もある。ある英文指導書などは、句読法の項では「前後をぴったり付ける」とありながら、実際の本文では前後が全部半角空いている。それほど恣意であり、あまり普段こだわらず、気にかけないのが、これら記号だ。神経質にならず、正しく読めればよいと割りきるのがよいかもしれない。

[ポイント36]

Mダッシュはem dash、Nダッシュはen dashのこと：

文のつなぎ、挿入、付加などにMダッシュ ─ が使われる。
Nダッシュ–は区間、範囲などに使われる。
例：10–20（10から20）、Monday–Friday
産業翻訳分野では、Nダッシュの方が広範囲に使われる。

　何でこんな簡単な規則を学校では教えないのでしょう。知らなくても英文を読むことは読めるが、もどかしさが残るはず。正しく理解することで訳文に明晰さが生まれる記号のルールをいくつか挙げます。

3-1　記号の意味

(1) セミコロン ;

（ⅰ）比較
（ⅱ）対照
（ⅲ）敷衍
（ⅳ）大きなand
のしるし

(2) コロン :

　以下詳細のしるし

(3) カッコ （xx）　　ダッシュ —xx—　　　カンマ ,xx,　　＊二つが対

　いずれも挿入のしるしだが、長い挿入だとダッシュが使われることが多い

(4) ダッシュ —　　　カンマ ,　　　＊一つの場合

　いずれも付加のしるしだが、ダッシュは列挙総括でも使われる

(5) ブラケット ［　］

　引用文中に書き手が自分の説明を入れる。（　）内のカッコとしても使われる

(6) 斜体

（ⅰ）作品のタイトル　（日本語では『　』とするのが正式）
（ⅱ）乗り物の愛称
（ⅲ）外国語系のことば
（ⅳ）強調・個人の意識・想像など

(7) ハイフン -

（ⅰ）複合語のしるし
（ⅱ）造語のしるし

III　記号

(8) クオテーション・マーク 'xx' "xx"

（ⅰ）日本語のカッコ「xx」→『xx』の規則に対応して、英式で 'XX'→ "XX"、
米式で "XX"→ 'XX'、
（ⅱ）後ろのクオテーションがないのは、話を端折ったしるし
（ⅲ）言葉の強調（皮肉の場合が多い）にも用いられる

[ポイント37]

クオテーション・マーク：

日本語ではやたらに何にでも引用符（カギかっこ）が使われるが、英語のクオテーション・マークは、主に以下の用途。
①発言や引用
②反語・皮肉
③専門用語・新しい用語・通常とは異なる意味で用いる語
④その他（書籍の「章」、新聞雑誌の記事・見出し等）

(9) 省略記号（ellipsis、エリプシス）　...

（ⅰ）引用の一部省略
（ⅱ）発話の中止
＊日本語では（略）など。
　なお、これによく似た日本語の三点リーダ（…）は、上記の他、無言（無音）・余韻・欠文・任意の語・文字が入ることを示す等、幅広い役割を持ち、2字分以上の長さ（……）で用いられることもある。

(10) 語頭の大文字

　固有名詞化

(11) スラッシュ　/

　区分

(12) 略語

　言葉の縮約

3-2　易しい文例

（1）セミコロン　;

（ⅰ）比較
　　Spenser ordered ham and eggs; Gladstone wine, fish and chips.
　　「スペンサーはハムエッグを注文し、グラッドストーンはワインとフィッシュアンドチップスを注文した」

（ⅱ）対照
　　I like swimming; my sister hates it.
　　「私は水泳が好きだが、妹は水泳が嫌いだ」

（ⅲ）敷衍
　　I should say that it worked roughly like this; First, a line of rucksacks is placed on the market.
　　「ざっとこんな具合にいったと思う。まず一連のリュックサックが市場に並ぶ」
　　I don't want to go; besides, I'm too tired.
　　「行きたくない、疲れてるし」
　　;のあとに接続詞が来ると、だいたい敷衍

（ⅳ）大きなandの代わり
　　It is going to rain and snow; it is getting dark.
　　「氷雨になりそうだ。日も暮れてきている」
　　前の節にandが使われているので、紛らわしさを避ける

（2）コロン　:

以下詳細のしるし
This is what you should do: go home right now.
　「以下が君がすべきことだ。すなわち直ちに家へ帰ること」

（3）カッコ、ダッシュ、カンマ　＊二つが対になっている

以下のどれも意味は同じ
My mother (who rarely gets angry) really lost her temper.
My mother—who rarely gets angry—really lost her temper.
My mother, who rarely gets angry, really lost her temper.
　「お母さんはめったに怒らないが、本当に癇癪を起こした」

III 記号

(4) ダッシュ、カンマ ＊記号は一つ ＊7

（ⅰ）追叙
　　He's very ignorant—or incredibly careless.（付言している）
　　　「彼は無知だ—もっと言えば信じられないほど不注意だ」
　　She has everything, Diane.
　　　「あの人全てに恵まれてるの、ダイアンって」
（ⅱ）一部省略
　　Newsweek is a week——magazine.　＊(week)lyが省略。Nダッシュ二つ分の長さ
　　　「ニューズウィークは週—の雑誌である」
　　Go to the d——l! ⇒Go to the devil!
　　　「失せろ！」
（ⅲ）直接引用文（引用符のない強調）
　　The uneasiness has been growing, Who is behind the plot?
　　　「不安が高まっている。誰が陰謀の黒幕なのか？と」

(5) ブラケット

（ⅰ）誤字訂正
　　the upper age blanket [bracket]
　　　「高年齢僧［層］」＊日本語での類似のイメージを示した
（ⅱ）補足
　　"Mike [his dog] is the only friend I have," the boy said.
　　　「『マイク（飼い犬）だけが僕の友だちなんだ』と少年は言った」
（ⅲ）原文のママを示す　＊sicは「そのまま」の意のラテン語
　　It is better to be enved [sic] than pitied.（enviedに直していない）
　　　「同情されるより疾（ママ）まれるほうがいい」

(6) イタリック

　何らかの意味の付与
　Othello「オセロ」（作品名）　　*Titanic*「タイタニック号」（船名）　　*cogito ergo sum*「我思う　ゆえに　我あり」（ラテン語）
　You *did* it.（強調「やったんだろ」といった感じ）
　the Broadway musical *I Can Get It for You Wholesale*『貴方には卸値で』（ミュージカルの作品名）

(7) ハイフン

前後の結びつき方はさまざま。
deep-rooted
「深く根を張る」。副詞 deep が過去分詞形の形容詞を修飾。
popularly-governed（country）
「大衆が統治する（国）」→「民主的（国家）」。= governed by a lot of people
genetically-modified food
「遺伝子を組み替えた食品」→「遺伝子組み換え食品」。= food which is modified genes
a wholly-owned subsidiary
「全面的に所有された子会社」→「全株所有の子会社」。= a subsidiary owned wholly
late-night TV program
「深夜のテレビ番組」形容詞 late が名詞 night を修飾。二つが一体（複合形容詞）となって、TV program に掛かる。
hunter-gatherer
「狩猟と採集する民」→「狩猟採集民」前後の名詞が対等。

[ポイント38]

ハイフンの意味：

①造語の域を出ない
　例：to-morrow→tomorrow　頻繁に使われているうちに一語になる
②結び付きを強くする
　例：slow-moving traffic / slow moving traffic
　　　前者は「渋滞している交通」、後者は「動いている遅い交通」。
③強調
　例：a bad tennis day「悪いテニス日和（天候のせいで）」
　　　a bad-tennis day「悪いテニス日和（自分のせいで）」

(8) クオテーション・マーク

（ⅰ）The actor said "It was when I began to speak my part, 'My heart leaps up, ...' "
　　台詞と、その中の台詞。

（ⅱ）"He's been working hard.
　　"Blumberg's been buying the bread here.

Ⅲ　記号

それぞれの段落で、後につづく言葉が省略されている。
（ⅲ）The words "curb" and "curve" are frequently confused.
　　「縁石（カーブ）と湾曲部（カーブ）は、よく勘違いされる」
　　単語の違いを強調。

(9) エリプシス

Courage is ... mastery of fear, not absence of fear.
「勇気とは恐れを支配することで、恐れがないことではない」
この場合Courage is <u>resistance to fear,</u> mastery of fear, not absence of fear.の一部省略。簡潔に要点を言わんとするため。

(10) 大文字

（ⅰ）Several surviving English gardens from the 18th century illustrate this European tradition of Classical allusion and meaning.
　　「18世紀から残っているいくつかのイギリス庭園は、この古典古代の引喩と意味づけというヨーロッパの伝統を示している」
　　ClassicalのCの大文字が「古典古代」の意味であることを念押し。
（ⅱ）"Hey Jude" is one of the Beatles' hits.
　　「『ヘイ・ジュード』はビートルズのヒット曲のひとつだ」
　　バンド名「ビートルズ」。

(11) スラッシュ

（ⅰ）一種の記号：http://www. wayaku.jp
（ⅱ）兼任：My father is a lawyer/mayor.
　　「父は弁護士で市長です」
（ⅲ）選択：Please e-mail to Ozaki/Ishida in case of need.
　　「緊急の場合は尾崎または石田にメールを入れてください」

(12) 略語

EU = the European Union
略語（頭字語）

3-3　理解を深める

(1) セミコロン

（ⅰ）He reverences Jones because he takes 7 1/2; he dismisses Smith as of no account because he only takes 6 3/4.
「この男は帽子のサイズが７1/2あるからといって人を敬い、６3/4しかないからといって別の人を歯牙にもかけない」
＊態度の違いを前後で強く対比させている。 of no account = unimportant

（ⅱ）For, though you may choose the virtuous to be your friends, they may not choose you; indeed, friendship cannot grow where there is any calculated choice.
「というのは、貴方が友人として徳の高い相手を選ぶにせよ、向こうのほうで貴方を選んでくれるとは限らないのだ。それどころか、友情は打算が働くところには生まれえないのだ」
＊前節にさらに付言してる。indeedは文脈により「実に」「実は」「それどころか」「もっと言うと」「いや」。

(2) コロン

（ⅰ）England was under the Romans for four centuries: and England is full of Roman remains.
「イングランドは4世紀にわたりローマの支配をうけており、あちこちに当時の遺跡が見られる」
＊後半は前半から導かれる細目

（ⅱ）The question: to die or to live.
「懸案。生か死か」
＊コロン以下が内訳になっている

（ⅲ）There was a time when we were not: this gives us no concern.
「我々が存在しない時代もあったが、そう考えても別に悩みはしない」
＊前半部を補足。wereは存在を示す

(3) カッコ、ダッシュ、カンマ（前後）

［カッコ］

　　Indeed, one of the ways in which Americans are able to distinguish Japanese tourists from other Asians (who all look alike to the American eye) is that the

III 記号

　　Japanese are the ones who are always taking pictures.
　　「実のところ、アメリカ人が日本人旅行者をほかのアジア人（アメリカ人には区別がつかない）と見分けるのに、いつでも写真を撮っていればそうだ、というのがある」
　　＊the ones = one of Asians。 be always takingに、いつも…ばかりして、の非難が感じられる

［ダッシュ、カンマ］

　　Unlike the spider, which stops at web weaving, the human child—and, I maintain, only the human child—has the potential to take its own representations as objects of cognitive attention.
　　「巣を張ったところで終わってしまう蜘蛛と違って人間の子供は―それも人間の子供だけがと言いたいが―自分の作ったものを意味あるものと認識する能力を秘めている」
　　ダッシュの内部は付加的な強調。さらにその中にカンマで挿入

(4) ダッシュ、カンマ（記号は一つ）

［ダッシュ］
（ⅰ）How are those powers used—how is that estate employed?
　　　「そういった能力をどのように使うのか、その土地をどう活用するのか？」
　　　例がひとつで足らず、さらにもうひとつ付け加えている
（ⅱ）Many a person spends a month's earnings in a fortnight at a south-coast resort, and envies the folks who can go abroad—when, for that same money, he or she might have been among the Alps, or at Venice.
　　　「南海岸の保養地などで十日ばかり過ごすのに月給分を使い果たし、外国旅行できるひとをうらやむ人も多い。それだけの金を使えばアルプスとかべネチアに行けたはずなのだが」
　　　このwhenは同時性（時間的でなく精神的）だが、ダッシュにより前後の節が対照されるものであることを示唆している。

［カンマ］
　　He was seriously injured in the accident, never to recover.
　　「彼はその事故で大けがし、けっして回復しなかった」
　　主文に、カンマ以下で情報を加えている。

(5) ブラケット

(ⅰ) The high [low] income bracket
「高（低）額所得者層」
ことばが入れ替え可能の意味
(ⅱ) "in opposition to this view [racism]"
「この見解（人種差別）に反して
前にある語句の説明

(6) イタリック

(ⅰ) Imagine, for example, a *Romeo and Juliet* or a *King Lear* with a happy ending.
「例えばハッピーエンドの『ロミオとジュリエット』や『リア王』を想像してみよう」
シェイクスピアの作品名。
(ⅱ) 'But you *must* have supper. I can easily do it here!'
「でもお食事はしなきゃ。すぐここでできるわ」
食べなきゃだめ、という気持ちが斜体で表現されている（語の強調）

(7) ハイフン

(ⅰ) They have a horror of abstract thought, they feel no need for any philosophy or systematic 'world-view'.
「彼らは抽象的な思考は毛嫌いするし、哲学的・体系的『世界観』の必要をつゆ感じない」
「世界の見方」といった意味を、結びつきを強くして「世界観」といった感じにしている。クオーテーションは「所謂」の意味
(ⅱ) Mr. Zuckermann himself, together with a group of public-spirited doctors, controlled the corporation.
「ザッカーマン氏はボランティア精神のある医師のグループと、この会社を運営していた」
これは上の例と逆に、「公共心」というものが怪しいものだよ、という感じがでている。

(8) クオテーション・マーク

(ⅰ) The American concept of the Japanese desire for a "free ride" has not been entirely off the mark.

Ⅲ　記号

「日本には『ただ乗り願望』があるというアメリカ人の考え方は、あながち的外れというわけでもない」
いわゆるの意味で、揶揄・非難のニュアンスが感じられる。

(ⅱ) He quoted as follows, "Our Lord said to the apostles, 'One among you shall betray me.'"
彼は「主は弟子たちに向かって『この中に私を裏切る者がいる』と言った」という言葉を引用した
米用法。英用法ではシングル・クオテーションとダブル・クオテーションが逆になる。

(9) エリプシス

(ⅰ) 'I know, Mr Lampson, I know ... '
「あの、ランプソンさん、実はね…」
あとのことばは容易に想像されるので省いたか、話者が言いよどんだかどちらか。Mrにピリオドがないのは、固有名詞化（例のランプソン氏）または、英国用法のため。
ドット三つで省略のしるし。これで文が終わっていれば、さらにピリオドを加えてドット四つになる。

(ⅱ) He said, "I think people should know the fact.... I would want people to be responsible for the future generation." "Well ... I don't mind."
「私は人々が事実を知るべきだと思う。…私は人々が未来の世代に責任を持ってほしい」と彼は言った。「そうですねえ…私は気にしませんが」
前のは発言の中間省略。ピリオドがあり、ドットは計四つ。後のはいいよどみ。ドットは三つ。

(10) 語頭の大文字

(ⅰ) Forty years he had wielded the brush without getting near enough to touch the hem of his Mistress's robe.
「この40年、彼は絵筆を振るいつづけてきたが、芸術の女神の裳裾に触れることかなわなかった」
mistress（婦人）のmを大文字にして、それとわかる対象（ここでは美の女神）に転化。

(ⅱ) The Norman Conquest took place in 1066.
「ノルマンコンキスト（ノルマンディー公ウィリアムによるイギリス征服）は1066年に行われた」

固有名詞化。

(11) スラッシュ

According to the polls conducted by NHK/Fuji TV, the LDP will win the next election.
「NHKとフジテレビジョンが共同で行なった世論調査によると、次の選挙では自民党が勝つだろう」
共同の意味。

(12) 略語

The story of the Trojan War was recorded in an epic poem, the Iliade, by the Greek poet Homer (c., 800 B.C.).
「トロイ戦争の物語は、紀元前800年ごろのギリシャの詩人、ホメロスの叙事詩『イーリアス』に記録されている」
c., = circa = about。人名辞書などで簡略にするため用いる。B.C. = before Christ（ふつうはスモール・キャピタルで書く）。

[ポイント39]
句読法の偉さ：

原則は、カンマ , セミコロン ; コロン : ピリオド . の順に重くなる。
だが、カンマがセミコロンの意味で使われ、コロンとセミコロンの重さが一文中で逆転する場合もある。

[ポイント40]
セミコロンのあとに接続詞を使うのは誤りか：

ある英語指南本に「セミコロン自体に接続詞の意味が含まれているのだから、その後にandなど接続詞を用いるのは誤り」と書いてあった。
確かにセミコロン自体に接続詞の意味（and、but、or、thereforeなど）が含まれているから、理屈ではその通りだが、これには六つの例外条件があって、それを適用するとまず全てがあてはまってしまう。それでこの規則はないものと、少なくとも英文を読む場合は考えてよい。例外条件を示してくれたのは、アメリカのコミュニティ・カレッジのテキスト。私たちが日本語の表記法が苦手なのと同じく、ネイティヴ・スピーカーといえども「国語」は苦手なのだ。

III 記号

[ポイント41]
正しい書き方：

コロン、セミコロンは前の語にピッタリ付け、後の語とは半スペース空ける。
Today birds; tomorrow humans
「今日は鳥、明日は人間（に降りかかる運命）」

Mダッシュは前後の語をぴったりつける。
Women are good drivers—better than men!
「女は運転がうまいよ。男よりはね」
実際には前後を半スペース空ける書き方も散見される。

フランス語では、コロン、セミコロンの前後を半スペースずつ空ける。
おまけにコロンとセミコロンの意味が英語と逆の場合も多い。

3-4 実践

3-4-1 力だめし

（1）題材：若者への教訓
　　ヒント：言い換え

The next thing for him to learn is that the world cares nothing for him, and that no man ever truly admires and esteems him—that, in short, he must take care of himself.
＊care for 気に掛ける（この意味ではcare aboutがふつう）

[The next thing for him to learn] is [{that the world cares nothing for him}, and {that no man ever truly admires and esteems him}—{that (, in short,) he must take care of himself}].

that節が三つ。最初の二つはandで並列され、三番目はダッシュで気持ちを引っぱって結論に続けている。
「次に彼が学ぶべきは、世間は自分のことなどまるで関心がないし、心底自分を賞賛し尊重する人など誰もいない、ということ―要するに、自分の面倒は自分で

見なくてはならない、ということである」

(2) 題材：オーウェルのイギリス人論
　　ヒント：具体化

All the culture that is most truly native centers round things which even when they are communal are not official—the pub, the football match, the back garden, the fireside and the 'nice cup of tea'.

[All the culture (that is most truly native)] centers round [**things** |which (even when they are communal) are not official|—**the pub, the football match, the back garden, the fireside and the 'nice cup of tea'**].

＊center round …を中心に広がる
ダッシュ以下でthingsが具体化される。クオテーションは、いわゆるのしるし。
「すべて本当に生粋である文化は、公共的である場合でも、畏まらないものを中心に広がるものである―すなわちパブ、サッカー試合、裏庭、炉辺、『一杯のおいしいお茶』の周りに」

(3) 題材：詩人の使命
　　ヒント：大きなand

The important thing is that the feeling of the poet should be imparted to the reader; by his verbal creation the poet should re-create in the reader a sharing of joy with his joy, hope with his hope, sorrow with his sorrow.

[The important thing is that the feeling of the poet should be imparted to the reader]; [(by his verbal creation) the poet should re-create in the reader a sharing of joy with his joy, hope with his hope, sorrow with his sorrow].

セミコロンが大きなandの代わりで前後の節を区切っている。ピリオドにすると、意識が途切れるので、セミコロンで余韻を残している。
that節の内部でandの代わりにセミコロンが働く（the feeling ... とby his verbal ... が並列）と取れなくもないが、このセミコロンは敷衍で、後節は前節全体を具体化しているととるのがよいだろう。
「重要なことは詩人の感情が読者と分かち合われるということである。詩人の言葉による創造によって、詩人は読者の中に、自分の喜びとともにある喜び、希望

III 記号

とともにある希望、悲しみとともにある悲しみを再創造すべきなのである」

[ポイント42]
従属節の中でセミコロンが使われる例：

There's an old saying that in good times, your friends find out who you are; in bad times, you find out who your friends are.
「古いことわざがある。『君が順境にいるとき、君の友人たちは君の人となりを知る。君が逆境のとき、君は友人たちの人となりが分かる』というものだ」
セミコロンの前後が、比較・対照になっている。

(4) 題材：観葉植物
　　ヒント：敷衍

It does require patience, for it dislikes being moved and, therefore, must be planted small; also you must insist upon getting a male plant, or there will not be any catkins.
＊plant 株、catkin 花穂

It does require patience, for it dislikes being moved and, therefore, must be planted small; also [you must insist upon getting a male plant], or [there will not be any catkins].

前節で言い足らぬことをつけ加えている。
「実際、忍耐強く待つ必要があります。というのも、移植を嫌うからで、若木を植え、成長を待たなければなりません。また雄株にするのが必要です。さもないと花穂は出ないのです」

(5) 題材：不思議の国のアリス
　　ヒント：追加

Years ago, I used to receive letters from a friend,—very interesting letters, too.

Years ago, I used to receive **letters from a friend,—very interesting letters, too.**

受け取った手紙に―以下で情報を加えている。and they were 〜 と読む。tooは、「お

まけに（interestingの要素もある）」の意。カンマは文の区切り。
「アリス」の某解説書から引いた一文だが、普通はカンマとダッシュを隣接して置かない。英語解説本はしばしば、省略や誤記、抜けといったものがある。疑問に思ったら必ず原本にあたるのが肝要。特に受験参考書の類は、改変が多く、正しい英文になっていないことがあるので注意。
「何年も前、私は友人からの手紙を受け取ったが、それは実に面白い手紙でもあった」
参考（『不思議の国のアリス』の原本）：Years ago, I used to receive letters from a friend—very interesting letters.

(6) 題材：オバマ大統領就任演説
　　ヒント：形容詞節の並列にセミコロンが使われる

The time has come to reaffirm our enduring spirit; to choose our better history; to carry forward that precious gift, that noble idea passed on from generation to generation: the God-given promise that all are equal, all are free, and all deserve a chance to pursue their full measure of happiness.

The time has come **to reaffirm** our enduring spirit; **to choose** our better history; **to carry** forward *that precious gift, that noble idea* (passed on from generation to generation): *the God-given promise* (that all are equal, all are free, and all deserve a chance to pursue their full measure of happiness).

セミコロンで三つのto不定詞が並列され、the timeに掛かる。that noble ideaはthat precious giftをカンマで言い換え。その内容をコロン以下が具体的に示している。
（直訳）
　「忍耐づよい精神を確認し、我らのより良い未来を選択し、あの貴重な贈り物、すなわち世代から世代に伝えられた誇り高い考え方を実行に移す時が来たのです。つまり神が示された約束、万人は平等であり、自由であり、自分の幸福を存分に追求する機会を持つに値する者であると請け合って下さった事柄を実行に移す時が来たのです」
（意訳）
　「不屈の精神を心に掲げ、私たちのより良い未来を選びとり、あの大切な贈り物、世代から世代へと伝えられてきた誇り高い考え方を実行に移す時が来たのです。そうです、万人は平等であり、自由であり、自分の幸福を存分に追求す

る機会を持つ。神が示されたこの定めを生かすべき時が」

(7) 題材：衆愚政治のワナ
　　ヒント：「いわゆる」の意味のクオテーション

They forthwith proceed to hand it over, in fact if not in form, to "strong men", public favorites who have for one reason or another attracted public support.

They forthwith proceed to hand it over, in fact if not in form, to **"strong men"**, **public favorites** (who have for one reason or another attracted public support).
if not in form=even if they do not hand it over in form

カンマは言い換え。
＊strong men 実力者、favorites お気に入りのもの（ここでは人）
「彼らは続いてその権力をいわゆる実力者、何らかの理由で民衆の支持を得ている人気者に、形式上はともかく実質的に与えてしまう」

(8) 題材：日本国憲法
　　ヒント：andの代わり、またはピリオドのかわりのカンマ

Government is a sacred trust of the people, the authority for which is derived from the people, the powers of which are exercised by the representatives of the people, and the benefits of which are enjoyed by the people.

[**Government** is a sacred trust of the people], [the authority (for **which**) is derived from the people], [the powers (of **which**) are exercised by the representatives of the people], and [the benefits (of **which**) are enjoyed by the people].

本来であれば、一文一文、ピリオドで区切るか、最初のカンマをandにするべき箇所。ここは荘重さを出したいものと思われる。三つのwhichの先行詞はGovernment。Government, the authority for which is derived from the people, is a sacred trust of the people.→The authority for government is derived from the peopleと読む。
「政治は国民の厳粛な信託であって、その権威は国民に由来し、その権力は国民の代表者により行使され、その利益は国民に享受される」

(9) 題材：ミュージカル『オクラホマ』
　　ヒント：カンマとダッシュの破格

Scene: The back porch and yard of LAUREY's farmhouse.
"It is a radiant summer morning several years ago, the kind of morning which, enveloping the shapes of carthmen, cattle in a meadow, blades of the young corn, stream—makes them seem to exist now for the first time, their images giving off a golden emanation that is partly true and partly a trick of the imagination, focusing to keep alive a liveliness that may pass away."

Scene: The back porch and yard of LAURAY's farmhouse.
"It is [｛a radiant summer morning several years ago｝, ｛the kind of morning (which《, enveloping the shapes of carthman, cattle in a meadow, blades of the young corn, stream—》makes them seem to exist now for the first time)｝], [their images giving off a golden emanation (that is partly true and partly a truck of the imagination), focusing to keep alive a liveliness that may pass away]."

scene　場面。演劇では幕（act）の下位の場の意味で使うことが多い。
radiant　陽光のあふれる
, —：ダッシュならダッシュ、カンマならカンマと、同じもので揃えるのが原則。ここでは詳しく説明したい気持ちが立って、後のカンマがダッシュに変わってしまったのだろう。
＊carthman　cartmanの誤植と思われる。実際の翻訳現場ではよくあること。
meadow　牧草地
blade　葉身
focusing to keep alive a loveliness that may pass away.
focus A on Bで（focusは他動詞）「AをBに集中させる」。focus on Cで（focusは自動詞）「Cに集中させる」。ここのようにto不定詞が来る例は見当たらない。focusは単独の自動詞（関心・注意を集中する）、to keepを副詞用法（保つ点で、ために）ととるのがいいだろう。
pass away　死ぬ
their image以下は名詞句になっており、全体として前の本文に副詞的に掛かる。

「場面：ローリーの家の裏庭。
何年か前の、晴れやかな夏の朝。牧草地に点々と見える牧童や牛の姿、まだ青いトウモロコシの穂、川の流れ、といったものは、それらがまだこの世に生を受け

たばかりであるかのような感銘を与える。夏の黄金色の輝きは、半分は真実だがもう半分は人の作りだした幻想である。やがて消えゆく束の間の美しさを惜しむかのような…」

(10) 題材：戯曲『ハムレット』
　　ヒント：意識の流れを示すコロン、セミコロンの多用

　　To be, or not to be: that is the question:
　　Whether 'tis nobler in the mind to suffer
　　The slings and arrows of outrageous fortune,
　　Or to take arms against a sea of troubles,
　　And by opposing end them? To die: to sleep;
　　No more; and by a sleep to say we end
　　The heart-ache and the thousand natural shocks
　　That flesh is heir to, 'tis a consummation
　　Devoutly to be wish'd. To die, to sleep;
　　To sleep: perchance to dream: ay, there's the rub;

　　1<To be, or not to be> 2<:> 3<that> is 4<the question> 2<:>
　　5<Whether> 6<'tis> 7<nobler> 8<in the mind> 9<to suffer>
10<The slings and arrows> 11<of> 12<outrageous fortune> 13<,>
5<Or> 9<to take arms> 14<against> 15<a sea of> 16<troubles> 17<,>
18<And> 19<by opposing> 20<end them>? 21<To die: to sleep;
No more> 22<; and> 23<by a sleep> 24<to say>［we 25<end>
26<The heart-ache and the thousand natural shocks>
27<（That flesh is heir to）>］28<,>／29<'tis> 30<a consummation>
31<（Devoutly to be wish'd）>. 32<To die, to sleep> 33<;>
34<To sleep> 35<:> 36<perchance to dream> 37<:> 38<ay,> 39<there's the rub> 40<;>

1　このto不定詞は名詞的用法「…すること」。beは文末にきて「存在」を表す cf. She is a girl.（このisは連結動詞でSとCを結ぶ印）。「存在」の意味範囲が広いので、解釈によって訳が変わってくる。カンマは、息継ぎ、半拍置く印。このorは選択を示す。
2　コロンは以下詳細を示す。
3　thatは直前に述べられたことを指す。ここでは前節全体。
4　questionは「決断や議論を要する事柄」。cf. problem（乗り越え、解決せね

ばならない事柄)。theは了解されている（ここではハムレットの心の中で）ことを指す。

5　whether A or B。whetherは古用法で疑問詞(二者のうちどちらが)「AかBか」。Aはto suffer、Bはto take。

例：whether had you rather lead mine eyes, or eye your master's heels?「先に立って私の案内するのと、旦那の後からついて行くのと、お前、どっちがいい」

＊このhad ratherは「むしろ…したい」の意。

6　'tis は it is の省略形。この隠れたitは二つのto以下を指す。
7　noblerの比較の対象は、to sufferとto take。
8　mindは「精神」転じて「(特に高い精神性を持つ) 人間」。「男らしい」との訳は文の流れを重んじての意訳。
9　sufferの意味：ラテン語「suf-下で、-fer 運ぶ」より(1)「(苦痛を) こうむる」(2)（文語で)「耐える」のうち(2)。armsは(1)古英語より「腕」(2)ラテン語より-s「武器」「戦闘」、のうち(2)。
10　the は of 以下で規定されていることを示す。slingsは「投石(器)」
11　ofは、所有、関連を示す。
12　outrageous out-突き出て、rage激怒より→「常軌を逸した」。fortune ラテン語「fors 偶然」より→「財産」「運命」「幸運」のうち、ここは「運命」
13　カンマの意味：息継ぎであり、かつ前のto 不定詞の終了を示す。
14　「…に対して」「…に逆らって」。
15　イディオム「沢山の」。逍遙の時代には、適切な辞書がなかったかもしれない。
16　troublesの意味：-s「騒ぎ」「混乱」
17　息継ぎのしるし。
18　ゆるい順接「そして」。andの繋ぐもの：takeとend
19　byの意味：能動形とともに用いられ手段を示す。opposingの意味：ここでは自動詞の動名詞「対立すること」
20　themの指すもの：troubles。endは「終わらせる」だが、「生か死かが問題」といって、それを敷衍して「どちらが男らしい生き方か」と自問するのだから、「矢弾を耐え忍ぶ」のは「生」、end them (騒擾を終わらせる) のは「死」ととるべきだろう。それを受けて、「死ねば夢をみる、それが面倒だ」と続くのだから。するとendは「戦ってやっつける」でなく「負けてしまうかもしれない」との語感を訳文に響かせたいものだ（難しいが）。
21　以下詳細を示すコロンで「死ぬこと、すなわち眠ること」、比較・対照を示すセミコロンで「それ以上では全くない」、と言っている。
22　；andで敷衍を示す「それで」「さらに言えば」。
23　sleepが可算名詞化され「ひと眠り」「自分がそうした眠りをとれば」といっ

III　記号

た感じになっている。
24　to sayはwe end から is heir toまで。このto不定詞は未来・仮定を示す（「…と言うことは」→「…と言えるとすれば」）
25　これは「…に終止符を打つ」「…を終わらせる」でよいだろう。
26　諸訳では前後を「心」と「体」の痛みと対比させているようだ。台詞の訳としては結構だが、ここ同義語反復ではないか。natural は、自然に生じる。shock は、精神的衝撃。「心の痛み」と「何千もの自然と生じる心の動揺」
27　「肉体につきものの」Flesh is heir to the heart-ache and the thousand natural shocks.と and の前後の名詞を並列させて読むのがよいと思うが…。
諸訳は We end [｜the heart-ache｜ and ｜the thousand natural shocks (that flesh is heir to)｜].と読んでいる。be heir to は「…の相続人である」。
28　to 以下 heir to までの句が終る印。
29　it is の省略形で、it は前の句全体を指す。
30　「成就」「終焉」「結末」「極地」など。このaは「一種の」の意。
31　副詞devoutlyはto be wish'dに掛かる。wish'd は wishedの省略形。「心より望まれる」。
32　このカンマは、言い換え。「死ぬことは眠ること」。
33　このセミコロンは、敷衍。
34　直前の to sleep を強調的に繰り返している。
35　以下詳細で、具体的に述べる印。
36　perchance は「おそらく」。to dream と to sleep が等価だと言っている。
37　以下詳細で結論を導く印。
38　間投詞「ああ」「まあ」（非難、あきらめなどを表す）。
39　the rub で「障害」「困難」。
40　次に言葉がくるが、省略。

（あらすじ）
　デンマークの王子、ハムレットは、死んだ父王の亡霊から、父が叔父に毒殺されたことを告げられる。その叔父クローディアスはいまや国王となり、先王の妃であり、ハムレットの母親であるガートルードを妃としている。事の真実を確かめるため、ハムレットの苦悩が始まる。狂気を装った挙句、誤って宰相ポローニアスを殺め、その娘である愛するオフィーリアを入水させてしまう。王の毒殺場面を盛り込んだ芝居を現王に見せ、そのおののきから亡霊の言が真実であるとつかんだハムレット。現王はハムレットに恨みをもつ故宰相ポローニアスの息子、レアティーズをそそのかし、剣術の試合をさせる。示し合わせレアティーズの剣先には毒をぬり、また勝負の途中でハムレットが水を飲むはず

の盃には毒薬を流しこんでいた。ところが、王妃ガートルードがその盃をハムレットの勝利を祈って飲み干してしまう。ハムレットが油断したすきに、レアティーズはハムレットを突き刺す。この間、二人の剣が取り替わり、こんどはハムレットがレアティーズを刺す。王のたくらみは露見、瀕死のハムレットは王を刺し殺し、この国の王位は隣国ノルウェーの王子であるフォーティンブラスにと託し、こと切れる。

(訳例)
　シェークスピアの名作『ハムレット』第3幕第1場独白。
　坪内逍遥、福田恆存、小田島雄志の訳文を掲げるが、もちろんいずれも間違っているわけでない。しかし、随分と訳文から受ける印象が異なる。

(坪内逍遥・訳)
　世に在る、世に在らぬ、それが疑問じゃ。
　残忍な運命の矢や石投を、ひたすら
　耐え忍んでおるが男子の本意か、
　あるいは海なす艱難を迎え撃って、
　戦うて根を断つが大丈夫の志か？
　死は…ねむり…にすぎぬ。
　眠って心の痛みが去り、
　この肉に附纏うておる千百の
　苦が除かるるものならば…
　それこそ上ものう願わしい
　大終焉じゃが。
　…死は…ねむり…眠る！
　ああ、おそらくは夢を見よう！
　…そこに故障があるわ。

(福田恆存・訳)
　生か、死か、それが疑問だ、どちらが男らしい生きかた、じっと身を伏せ、不法な運命の矢弾を耐え忍ぶのと、それとも剣をとって、押しよせる苦難に立ち向い、とどめを刺すまであとには引かぬのと、一体どちらが。いっそ死んでしまったほうが。死は眠りにすぎぬ──それだけのことではないか。眠りに落ちれば、その瞬間、一切が消えてなくなる、胸を痛める憂いも、肉体につきまとう数々の苦しみも。願ってもないさいわいというもの。
　死んで、眠って、ただそれだけなら！眠って、いや、眠れば、夢も見よう。そ

Ⅲ　記号

れがいやだ。

（小田島雄志・訳）
　このままでいいのか、いけないのか、
　それが問題だ。
　どちらがりっぱな生き方か、このまま心のうちに
　暴虐な運命の矢弾をじっと耐えしのぶことか、
　それとも寄せてくる怒涛の苦難に
　敢然と立ちむかい、
　闘ってそれに終止符をうつことか。
　死ぬ、眠る、それだけだ。
　眠ることによって終止符はうてる、
　心の悩みにも、肉体につきまとう
　かずかずの苦しみにも。
　それこそ願ってもない終わりではないか。
　死ぬ、眠る、眠る、おそらくは夢を見る。
　そこだ、つまづくのは。

僭越ながら、私も舞台用に試訳してみた。

　生か死か、それが問題だ。
　どちらが男らしい生き方か、暴虐な運命の矢弾をじっと耐え忍ぶのと、
　それとも、
　幾多の苦難に敢然と立ち向かい結着をつけるのと、
　どちらが。
　死ぬことは眠ること、それだけ。
　眠ることで、あまた身の痛みも心の傷も
　消えるものなら、
　願ってもない結末というもの。
　死は永遠の眠り。だが、
　眠ればまた夢も見よう、
　そこに障りがあるわ。

　＊「あまた身の痛みも心の傷も」は自分自身の原文解釈と違う訳になった。リ
　　ズムを優先させた翻訳の便法、というもの。

3-4-2 教養演習

カーライル『衣装哲学』

構文を分析する→１文１語を緻密に読む。

　Considering our present advanced state of culture, and how the Torch of Science has now been brandished and borne about, with more or less effect, for five thousand years and upwards; how, in these times especially, not only the Torch still burns, and perhaps more fiercely than ever, but innumerable Rush-lights, and Sulphur-matches, kindled thereat, are also glancing in every direction, so that not the smallest cranny or doghole in Nature or Art can remain unilluminated, — it might strike the reflective mind with some surprise that hitherto little or nothing of a fundamental character, whether in the way of Philosophy or History, has been written on the subject of Clothes.

[1<Considering> ¦our present advanced state of culture¦ 2<, and> ¦(3<how> the 4<Torch of Science> 5<has now been brandished and borne about> 6<,> with more or less effect 6<,> for five thousand years 7<and> upwards) 8<;> (3<how> 6<,> in these times especially 6<,> 9<not only> the Torch still burns 6<,> 10<and> 11<perhaps> more fiercely than ever 6<,> 9<but> innumerable 12<Rush-lights> 13<,> 14<and> 15<Sulphur-matches> 16<, kindled thereat,> are also 17<glancing> 18<in every direction> 19<,> so that 20<not the smallest cranny or doghole> in 21<Nature or Art> can remain unilluminated,)¦] 22<—> [23<it> 24<might> 25<strike> 26<the reflective mind> with 27<some> surprise (23<that 28<hitherto> 29<little or nothing of> a 30<fundamental character> 6<,> 31<whether in the way of Philosophy or History> 6<,> has been written 32<on the subject of Clothes>)].

1　独立分詞構文。consideringは22のダッシュの前まで（[　] 部分）を支配し、全体が主文に対し副詞的に働く
2　カンマは、前の並列部分 ¦our 〜 culture¦ が長いので、ここまでだと区切るしるし。andは前後の ¦ ¦ と ¦ ¦ 部分（名詞句と名詞節）が並列であることを示す
3　このhowは関係副詞で、the way in whichに置き換えられる「〜であるという事の次第」
4　語頭の大文字は固有名詞化のしるし。Scienceは（1）科学、（2）学問、のうち（1）。「科学のたいまつ」→「科学のともしび」

III　記号

5　動的動詞の現在完了だが、期間を表す語（for～）が付いて継続となる。andはbrandished（振り回す）とborne about（辺りに広める：aboutは副詞）が並列であることを示す
6　挿入のしるし
7　five thousand yearsとupwardsを並列。この場合、upwardsは副詞だが名詞扱い。実際には、and upwardsでイディオム「またはそれ以上」
8　前後の節（　）と（　）（共に名詞節）を並列する大きなandの代わり
9　not only～but (also) −
10　付加的なand「しかも」
11　perhapsは（1）低い確度（40％以下）、（2）次にくる強い言葉を緩和させる働き、（3）確度は別にして、そういうことがあるのを示す。ここでは（2）
12　「灯心草（イグサ）ろうそく」
13　1語をはっきり立てる、いわば日本語の読点の役割（なくても意味は変わらない）。前のinnumerableはRush-lightsとSulphur-matchesに等しく掛かるとするのが順当
14　Rush-lightsとSulphur-matchesが並列であることを示す
15　「硫黄マッチ」
16　Rush-lightsとSulphur-matchesに掛かる「そこで燃やされた」
17　「（反射して）きらめく」
18　このinは場所でなく、everyとの連語関係で、方向を示す「あらゆる方角に」
19　so that節（「それで～する」）が始まるのをはっきりさせるしるし
20　最上級の否定にevenの気持ちが入り、かつnotとorが結びつき両方否定。「どんな小さな割れ目も小穴も～ない」
21　語頭の大文字化と2語の対比より「神のつくった自然であれ人間のなす人工であれ」と読む。cf. nature and art「自然と人工」。orは選択でなく譲歩
22　considering以下で長く説明の続いた条件（［　］全体が副詞的にit以下に掛かる）の終了を示すとともに、その条件を総括し結論へ導くしるし
23　itはthat以下を指す
24　推量・可能性のmayの意味の弱化（～かもしれない、～なこともあろうか）、もしくはconsideringを条件とする仮定法（～なことだろうが）
25　itを主語として「（人の心に）急に浮かぶ」。例：It struck me that he was hiding something from me.（彼が何か私に隠しているような気がした）
26　「思索にふける心」→「知性ある人間」（mindは主として、優れた頭脳の持ち主の意）
27　不可算名詞に掛かり「いくらかの」「なにがしかの」
28　「いままでに」「これまでに」

29 「〜に関するほとんど何物（も）」
30 「基本的な特質/特性/特徴/特長」
31 Whether it (little or nothing) is in the way of Philosophy or History. 譲歩「…であれ…であれ」語頭が大文字で固有名詞化している。Historyは「歴史」ではなく「歴史学」、Philosophyは学問としての哲学だというしるしと読む。cf. law (1) 法律、(2) 法学。phycological (1) 心理的に、(2) 心理学的に。in the way ofはイディオム「〜として」
32 「衣服というテーマに関して」onはaboutに比べ、対象が絞られているという感じ。subjectは「問題」だが「話の材料、題材」のことで、日本語では「テーマ」とするとぴったりくることが多い。theme>subject>topic

原文に即した訳にする→原文の掛かり方を尊重し、語義は広めに取り、解釈は控えて訳す。

　現代はこれほど文化状況が進んでいるのだし、科学のともしびは多少なりとも効果を上げてこの5000年以上掲げ続け伝えられ続けてきており、特に近年においては科学のともしびはおそらく今まで以上に赤々と燃えており、かつそのおかげで火がともされた数知れぬキャンドルや硫黄マッチもあらゆる方向にきらめいて自然・人工を問わずどんな小さな裂け目や小穴でもその光明にあずからぬことがなくなっている。こういった諸状況を鑑みれば——哲学の面から歴史学の面からを問わず、今までほとんど衣服という対象について基本的な特性が書かれてこなかったというのは、思慮深い人間をいささか驚かせることであるかもしれない。

石田憲次訳：参考（岩波文庫）
我が国の文化の現在進んでいる有様を、そして学問の炬火がもう二千五百年以上もの間振りかざされて擔ぎ廻されて或る程度の効果を挙げていることを、特に近頃は其炬火が、相變らず、いな恐らく愈よ益々勢猛に、燃えさかったいるばかりでなく、それから火を分けて貰った數限りもない燈心草蝋燭や擦附木も赤四方八方に閃いていて、自然界芸術界のどんな小さな隙間も小穴も光の及ばぬ所はないことを、考える時には、衣服の題目に關して、哲学の方面でも歴史の方面でも、基本的の書物が今以て殆ど全く書かれてみないことは、心ある人に多少奇異の念を感じさせるのが富然であらう。

商品として認められる訳にする→商品として通用する訳文の一例。意をとり、原文を凝縮する。

III　記号

　5000年前に灯された科学のともしびは連綿と引き継がれ、いささか世の役に立ってきている。近年では勢いづく灯火（ともしび）からもらい火したロウソクやマッチが其処此処のありとある天然・人為の暗がりを照らし出している。これらの事実と現代の進んだ文化状況を鑑みれば、哲学でも歴史学でも今まで衣服に関する意義づけがなされてこなかったのは、われわれ教養人にとっていまさらながらの驚きとはいえまいか。

英文を精確に読むためには何が必要か

　翻訳で食べるようになってから40年。最初は自分でやり、次に人のものを直し、今は人に教えることが多くなっている。
　プロでもなかなか満足のいく翻訳は得られない。ブランド大学を出て、社会経験豊富な翻訳志望者でも訳文以前の誤りが多い。語学職志望の大学生の英語力はお粗末なかぎりだ。英文を精確に読める人間がほとんどいないのは、中途半端な理解で良しとする旧来の英文読解教育にあるのではないだろうか。
　今回挙げた『衣装哲学』は、戦前の高名な英文学者石田憲次（京都帝国大学英文科教授、日本英文学会会長）によって訳されている（岩波文庫）。石田の経歴をインターネットで調べていたら、どなたかの読書日記に「何が書いてあるかわからないが、ときどき面白い」との評があった。これこそ「直訳」を的確に言い当てた言葉だろう。「何が書いてあるかわからない」のは訳文がこなれていず、語義の選択が大雑把だから。それでも「ときどき面白い」のは原文に力があるからだ。
　英文を精確に読むためには、and、カンマ、記号、掛かり方、語義、前置詞にこだわることが必要だ。その上で文章の論理、専門語の意味、事実の確認、に神経を注ぐこと。そして自分で実際に訳してみる。頭の中で考えたり、口で言ってみて分かったつもりでいたのが、いざ書き物にしようとすると曖昧な理解であったと思い知る。この苦しみを乗り越えてこそ、一流の翻訳者にもなれる可能性が出てこようというものだ。

3-4-3　実務演習『金融』

　下記の英文は2018年9月に発表された米地区連銀経済報告（Summary of Commentary on Current Economic Conditions by Federal Reserve District）からの抜粋である。この報告書は、米国に12ある地区連邦準備銀行が、各管轄地域の経済状況をまとめたもので、表紙の色からベージュ・ブックとも呼ばれる。年に8回開催される米連邦準備制度理事会（Federal Reserve Board、FRB）の金

融政策決定会合である連邦公開市場委員会（Federal Open Market Committee、FOMC）の2週間前の水曜日に公表されるが、金融政策の重要な判断材料となり、株式や債券などの相場に影響を与えることも多い。

　FOMCでは、ベージュ・ブックの他に討議用資料として、グリーン・ブック（FRB調査統計局景気見通し）、ブルー・ブック（FRB金融政策局金融情勢・政策インパクト分析）も使われている。

　早速、読み解いてみよう。

Federal Reserve Bank of Boston

Summary of Economic Activity

Economic activity in the First district expanded at a moderate pace since the last report. Responding retailers, manufacturers, and staffing firms cited year-over-year increases in sales and revenues in recent weeks. In most reporting areas in the region, residential real estate markets saw increases in both closed sales and prices. Activity in commercial real estate markets was generally steady; contacts noted rising construction costs. Staffing firms as well as respondents in retail and manufacturing cited tight labor markets; wage pressures varied. Prices rose modestly if at all, despite increasing freight costs. Overall, the outlook continued to be positive.

1<Federal Reserve Bank of Boston>

Summary of Economic Activity

Economic activity in 2<the First District> expanded at a moderate pace since the last report. 3<Responding retailers, manufacturers, and staffing firms> 4<cited> 5<year-over-year> increases in sales and revenues in recent weeks. In most 6<reporting areas> in the region,/ residential real estate markets saw increases in both 7<closed sales and prices>. Activity in commercial real estate markets was generally steady 8<;> contacts noted rising construction costs. 9<Staffing firms> 10<as well as> respondents in retail and manufacturing cited tight labor markets 8<;> wage pressures varied. Prices rose modestly 11<if at all>, despite increasing 12<freight costs>. Overall, the outlook continued to be 13<positive>

Ⅲ　記号

1　ボストン連邦準備銀行。米国に存在する12の連邦準備銀行（地区連銀）のうちのひとつ。ボストン以外に、ニューヨーク、フィラデルフィア、クリーブランド、リッチモンド、アトランタ、シカゴ、セントルイス、ミネアポリス、カンザスシティ、ダラス、サンフランシスコに設置されている
2　ボストン連邦準備銀行が管轄する第1地区のこと
3　1, 2, and 3の形で主語が並列。respondingは、自動詞「応答する」の現在分詞形の形容詞で三つに掛かる
4　「例として挙げる」。ここはSVOの構文
5　year-over-yearは形容詞で、「前年比・前年同期比」の意味。Yoy、YOYと表記されることもある。よく見られるのが、to increase/ decreaseXX% YoY（前年同月比でXX％増加/減少する）という使い方
6　reportingは、他動詞「…を伝える」の現在分詞形の形容詞。…は報告内容を含意
7　実際に売買が成立した、売れた物件の数と価格のこと「取引数と取引価格」。closedは「結論の出た；終結した」の意味。例：a closed incident「落着した事件」
8　セミコロン（；）が、前後の節を区切っている。強さはピリオドとカンマの中間。つまり、ピリオドほど明確ではないが、カンマほど弱いつながりではないことを示す。ここでは、セミコロンの後にくる文が、前の文を敷衍する役割を果たしている。文脈によって順接にも逆接にもなりうる
9　人材派遣会社
10　A as well as Bでは、通例Aが新情報、Bが旧情報。強調されるのはAなので「Bと同様にAも」とする。但し「AならびにB」とした方がよいこともある（その場合、共に新情報）
11　「もしあったにせよ」。=if prices rose at all
12　「輸送費」
13　「楽観的」「前向き」

（訳例）

ボストン連邦準備銀行

経済活動の概要

前回の報告以来、第1地区の経済活動は緩やかなペースで拡大した。回答した小売業者、製造業者、人材派遣会社は、ここ数週間で売上高と収益が前年比で増加したと述べた。同地区のほとんどの報告対象地域では、居住用不動産における取

引数の増加と価格の上昇が見られた。商業用不動産市場は概ね堅調であった。その要因としてコンタクト先は建設費の高騰を指摘している。小売業、製造業の回答者のほか人材派遣会社も、労働市場の逼迫に言及したが、賃上げ圧力には業界によってばらつきがあった。輸送費の増加にもかかわらず、販売価格は緩やかな上昇にとどまった。全体的に見通しは引き続きプラスとなった。

コメディ『英文読解教室』 Episode 5

Episode 5　闖入『ゲティズバーグ演説』

場面：オニキョーの個人研究室。黒板、机と椅子、パイプ補助椅子。英語の本と辞書が数冊。
人物：オニキョー。予備校講師加藤。

（オニキョー、部屋に入って明かりをつける。誰かいるのに気づく）

オニキョー：
誰や？
加藤：
怪しい者じゃありません。
オニキョー：
怪しくないもんが何で人の部屋へ勝手に入るんや。
加藤：
すみません、カギ掛かってなかったので。加藤といいます。先生に恥かかされたので、その雪辱にきました。「リンカーンのゲティズバーグ演説」ご存知でしょう。
オニキョー：
ああ、思い出した。ネット見てたら、予備校のモデル授業ゆうておかしなとこがあったんで、授業で学生に真似したらいかんよと教えたあれか。何なら黒板に書いて、もう一度やってみてや。
加藤：
では、やります。
（黒板に板書。the government of the people by the people for the people）
これは有名な「人民の人民による人民のための政治」by リンカーン、って奴だ。だけどな君たち、「人民の」っておかしくないか。意味がはっきりしないだろ。ここ正しく言うと、ofは目的格、by以下が主格。そうするとThe people govern the people for the people.と読めるよな。「人民が人民のために人民を治める」というのが正しい訳だ。
これでどこに問題ありますか！
オニキョー：
解釈はそれでええよ。でもな加藤君だっけ、何で前置詞句にカンマ入っとらんのや。これじゃ並列にならへん。［｜(人民のための) 人民による｜ 人民］との掛か

り方になってしまうよ。
加藤：
いやそれはちょっと忘れて・・・
オニキョー：
言い訳でけへん、全然意味違うてしまうがな。忘れたと大目に見たとしてもや、頭のtheは何や。引用は、正確にせな笑われるで。リンカーンの演説はgovernmentであってthe governmentにはなっとらん。
加藤：
そんな難癖・・・
オニキョー：
難癖や全然あらへん。governmentは「政治」、それにtheがついて「政府」。つまりtheが付くことによって、抽象的なものが具体的にイメージできるものに変わるのや。「不可算名詞の可算名詞化」ゆうてな。君も予備校のセンセやったら、もう少し英語丁寧にやったらどや。教わる生徒が可哀そうやで。
加藤：
僕はこれでも人気講師です。
オニキョー：
僕もな、昔専任になる前、アルバイトで予備校講師やったことある。人気あってな、200人の教室に立ち見が出たほどや。一文一文を細こう細かく腑分けして、一点の曇りなく読み解くのが、昔から変わらない僕のやりかたや。皆なようついてきてくれた、大教室シーンとして。一度、笑いとろう思うて、掛かり方が二つにとれる例文を出したんや（板書する）。She didn't marry him because she loved him.「彼女は彼を好きだった**から**彼と結婚したわけではない」人生にな、これはよくあるこっちゃ。didn'tはmarry以下全体に掛かる。もうひとつは「彼女は彼が好きだった**から**彼と結婚しなかった」―（はしゃいで）そりゃ賢明やね！・・・駄目だった。本当に好きな相手と結婚したら後が大変や、テンション維持できへん、いう意味で言ったんやけど。この場合、didn'tが掛かるのはhimまでや。みんな、真面目に聞きすぎて、冗談通じなかったんやね。
それから、自分のが正しい訳だ、なんてしたり顔するには、君はまだ十年早いで。ここは次の三つの解釈があるゆうのが定説や。その一。人民は弱いものだ、怠惰なものだ。放っておけばどうしようもなくなる。そこで誰かが人民を治めなければならない。だがそれは神でも、権力者でもなく、まさにその人民の代表によって治められなければならない。これは言語学者ナイダの説。その二。「人民の政治」ではあいまい。そこでカンマを置き、言い換える、「それすなわち人民による、

コメディ『英文読解教室』　Episode 5

人民のための政治」。その三。リズムを重視し、ゴロ良く三つの前置詞句を並べた。深く意味を詮索するには及ばない。お分かりかい、加藤センセ。
（加藤、自分の至らなさに蒼ざめると同時に、オニキョーのちょっとした言葉に刺激され、その怒りがオニキョーに向かいそうな様子）
それともうひとつ。あんたの言うようにや、「人民が人民を人民のために治めること」としたら、ひとの口に気軽にのぼる名言になったかいな。それでも正確さが大事だ、言うなら、peopleの訳語は「人民」でええんか。アメリカと人民はなじまん。かといって「国民」では堅苦しいし、「民衆」「大衆」「公衆」では軽薄になってしまうやろ。「大衆の大衆による大衆のための」ときたら「居酒屋」、「公衆の公衆による公衆のための」―便所か!?
そんなこんなで「人民の人民による人民のための政治」はベストとはいえずとも、翻訳として充分受け入れ可能なものなんよ。君もしっかり勉強して僕を見返すぐらいの力つけたらどや。学生相手にしたり顔しとる時か、詰まらんことで逆恨みするんやないで！（加藤、この言葉に切れる。近くにあった鉄パイプの補助椅子をつかみ、オニキョーに襲い掛かる）
やめろ、危ない。（暗転。寸前に美佐が空手着姿で入るのがかろうじてわかる。同時にオニキョーの叫び声）ワアッー！

IV 掛かり方

　たしか指揮者の岩城宏之が書いていた。「学生時代『美しき水車小屋の娘』という歌曲を習って、美しいのは水車小屋か娘か分からずにいて、現地のドイツに留学し確かめたらただの『水車小屋の娘』であった」。
　以前は「眠れる森の美女」といったお話しも、今は「眠りの森の美女」と言うことが多い。現地のフランス語ではLa Belle au bois dormantとdormant（眠っている）はbois（森）に掛かっているのをはっきりさせたいからだろう。
　オスカー・ワイルドの童話The Happy Princeに「幸福の王子」「幸福な王子」と二つ訳語があるのは、形容詞なら「…な」が当たり前だ、いや「…の」ほうが前後の一体感が示される、と意見が分かれるからだろう。

4-1 掛かり方の原則

法則とはいえないが、次のような通則がある（Nは被修飾語、Mは修飾語）

（1）同じ品詞を対等に結ぶ、と読む

the ability to read and write letters

the ability [to read] and [write] letters]
他動詞と他動詞の並列。目的語は共通。to vt.+vt. N
「手紙を読み、かつ手紙を書く能力」

　cf. the ability to read and to write lettrers
　　　the ability [to read] and [to write letters]
　　　to不定詞（自動詞）とto不定詞（他動詞）の並列。to vi.+to vt. N
　　　「ものを読み、かつ手紙を書く能力」

（2）N1+N2+MまたはM+N1+N2の形で、MはN1、N2に等しく掛かると読む。
　　それでおかしければ、Mを直近のNにのみ掛けてみる。

I saw young men and women.

Ⅳ　掛かり方

I saw young [**men and women**] .
「若い男女を見た」
I saw [**young men**] and [**women**].
「若い男たちと、女たちを見た」

We find there Tom and Dick with heavy bags.

We find there [**Tom and Dick**] with heavy bags.
「重い鞄を抱えたトムと重い鞄を抱えたディック」それでおかしければ
We find there [**Tom**] and [**Dick with heavy bags**].
「トムと重い鞄を抱えたディック」

4-2　易しい文例

（1）等しく掛かる　［N1+N2］M

Biological science must have begun with observation of **plants and animals** <u>useful to men</u>.
「人間にとって有用な動植物」［N1+N2］Mとまず読み、前後関係でおかしければ「植物と人間にとって有用な動物」［N1］+［N2 M］と読む。
「生物学は人間にとって有用な動植物の観察から始まったにちがいない」

（2）一方にだけ掛かる　［N1］+［N2 M］

What we should aim at producing is men [who possess *both* {**culture**} *and* {**expert knowledge** (in some special direction)}].
culture「教養」は万遍なものだから、in some direction（ある方面での）とはなじまない
「我々が作り出さんとするのは、教養と或る特殊な面での専門知識を持つ人物である」

（3）破格で掛かる　N1←［M］→, N2

Take a man by himself, and there is generally **some reason** (to be found in him), **some disposition for good**.
語数のバランスで本来最後に来るべき修飾語が二つのNの間に入っている。

「人を個人で取り上げて見れば、その人に何らかの理性、もっといえば何らかの善への性向が見られるのがふつうである」

(4) 節の並列　Ｓ Ｖ Ｃ and Ｃ

[The first great lesson (a young man should learn)] is [{that he knows nothing}, and {that he is of but very little value}].
補語であるthat節の並列。C1 [that s v o] and C2 [that s v c]。
「若者が学ぶべき第一の重要な教訓は、自分は何も知らないし、自分は殆どとるに足らない価値しかない、ということである」
cf. The first great lesson a young man should learn is that he knows nothing, and he is of but very little value.
　　あとのthatがないと、, andの前後で意味が切れてしまう。
　　「若者が学ぶべき第一の重要な教訓は自分が何も知らないということであり、そして若者は殆どとるに足らない価値しかないのである」

(5) 形が揃う　Ｓ Ｖ Ｏ Ｍ (demanding N in n1 and in n2)

[The delegates] [drew up] [a declaration] {demanding **equality** (with the male sex before the law) **in** *educational* and *economic* **opportunities, and in voting**}.
inではじまる前置詞句が並列し前のequality以下の名詞句に掛かる。
「代表団は教育と経済の機会、並びに投票権における、法の下での男性との平等を要求する宣言を起草した」

(6) ブロックされる　[of N1] and [of N2 M]

Queen Elizabeth delighted in the flattery **of her suitors** and **of the poets** (who crowded her court and <u>dedicated their books</u> to her).
ofが邪魔してwho以下はthe poetsにしか掛からない*。
「エリザベス女王は自分の取り巻きならびに宮廷に集まり自分に本を捧げる詩人たちのお追従を喜んだ」
＊これは絶対的ではない。意味の上 (suitorを「請願者」でなく「求婚者」ととって) からwho以下がher suitorsにも掛かると読めれば、そうしてもよい。その場合、her suitorsのあとに本来来るべきwho以下が略されている (of N1 《M》 and of N2 M) と考える。

第一部　英文読解五つのポイント　149

Ⅳ　掛かり方

(7) 二重制限　that（関係詞）＞that（関係詞）

Can you mention anyone |**that** we know (**who** is as talented as he)|?
that we knowが大枠、who is as talented as heがそれを更に狭める小枠。
「我々の知っている誰かで、彼ほど才能のある人を知っていますか」

(8) 近くに掛ける　○vt. O（what s v to do m）△vt. O（what s v to do）M

He could write what he had wished to say clearly.
「彼は自分がはっきりと言いたいことを書くことができた」
clearlyはまず直近のsayにかけてみる。
clearlyをwriteに掛けて読む（「彼は自分が言いたいことをはっきりと書くことができた」）のは、この場合遠すぎてあまりよくない（その意味ならwrite clearlyとするのが普通）が、不可とは言えない。

＊間のものが短いか、最後の副詞句が長ければ、前に掛けて読むことも可。
例：He could write what he had wished to say(,) clearly enough to attract the attention of the board.
　　「役員会の関心を引くのに充分はっきりと、彼は自分が言いたいことを書くことができた」

(9) 文修飾と語修飾　M S V　S V M

Fortunately he did not die.
He did not die fortunately.
文頭で文修飾、文末で語修飾になるのが原則。
「幸せなことに彼は死ななかった」
「彼は幸せな死にかたはしなかった」

(10) 関係詞部分をまたいで先行詞を修飾　S V O M1（that v c）M2

He had **nothing** (that was mean or parsimonious) in his character.
意味のうえから、直前のmean or parsimoniousでなく、nothingに掛かる。
「彼の人格は、いやしくも物惜しみでもなかった」

(11) 掛かり方の見極め　between (M1 and M2) N1 and (M3) N2

There is a necessary conflict of interests in our present civilization **between** prosperous and employing **classes of people and** the employed **mass**.

　between A and Bで、A = prosperous and employing classes of people、B = the employed mass。一見、Aではprosperousはclassesに掛かり（繁栄する階層）、employingはclasses of people（人民を雇用する階層）に掛かり不自然（並列する形容詞が同じものに掛かっていない）なように見える。だがここは、class of peopleが一語扱い。prosperous classes of peopleとemploying classes of peopleと読む。

　classes of peopleは「人の種類→種類の人→ある階級の人→階層」 例：type of social classes of people「ある社会階層の型」Three classes of people「三つの階層の人々」。the political impotence of a class of people「ある階級の人々が政治的に無力であること」

「現代の文明では、繁栄し人民を雇用している階級と、雇われている大衆の間の利害の衝突が起こるのは必然だ」

(12) 分かりにくい

Low scrub and spindly trees fringed the edge of the dunes with denser bush behind.

(a) (Low scrub) and (spindly trees)
(b) {Low (scrub and spindly)} trees

scrubは名詞で「雑木林」（集合的）、形容詞で「みすぼらしい」。spindlyは形容詞「ひょろ長く伸びた」、「弱々しい」。
(a)「背の低い雑木林とひょろ長い木々」とも、
(b)「背が低くみすぼらしくて弱々しい木々」ともとれそうだが。
lowは形容詞と副詞があるが、(a) は形容詞、(b) は副詞。副詞のlowは「低い場所に」の意味で、叙述用法で使われることが多いし、文の流れからしても、ここは (a) ととるのがよいだろう。
「ひょろ長い木々と背の低い雑木林が砂丘の端を縁どっており、その向こうには鬱蒼とした茂みがあった」

IV　掛かり方

4-3　理解を深める

（1）狭まるか、広がるか

'Look,' he said, pulling up a chair beside the bed.

'Look,' he said, pulling up <u>a chair</u> beside <u>the bed</u>.
「ベッドのそばの椅子」か「椅子をベッドのそばに」か。
a chair beside the bedを一続きで読めば前者、pulling up a chairを一続きで読めば後者。
「『いいか』と言って、彼はベッドのそばの椅子を引っ張った」
「『いいか』と言って、彼は椅子をベッドのそばに引っ張った」

（2）文法と論理で考える

A baby is like an explorer in a new world, full of wonder and surprise at the novelty of everything.

A baby is like an explorer in a new world, <u>full of **wonder and surprise** at the novelty of everything</u>.
wonder and surpriseは同義語反復。形としては主語のa baby、補語のan explorer、直前の名詞a new worldのどれにも掛かり得る。だが直近のa new worldに掛け、世界を擬人化するわけであるまい。an explorerが適切と思われるが、第二補語としてa babyに掛かるともとれよう（A baby is full of wonder and surprise.）。
「赤ん坊は、すべてのものの新規性に驚愕する、新世界の探求者のようなものである」

（3）流れのよいほうをとる

In the political life of democracies we see men enthusiastically supported and really admired with sincerity.

(a) In the political life of democracies we see **men** {(*enthusiastically supported*) and (*really admired*) <u>with sincerity</u>}.
(b) In the political life of democracies we see **men** {*enthusiastically supported*} and {*really admired with sincerity*}

どちらともとれるが、面白いほうを採る。
「民主主義国家の政治の世界では、政治家が熱狂的に支持され、心より真に賞賛されるのを目にする」

(4) 左右のバランス優先の破格

You need not **be wealthy** to travel or **possessed** of overmuch leisure.

You need not be wealthy（to travel）or possessed of overmuch leisure.

バランス上、本来なら最後に置かれ、二つの補語に掛かるはずのto travelが、間に入った。
「旅行するのに、豊かである必要も、有り余る余暇時間を持つ必要もない」
cf. You need not be wealthy or possessed of overmuch leisure to travel.
これだと掛かり方ははっきりするが、or以下が長くリズムが悪い。

(5) どちらが了解されやすいか

The genuinely popular culture of England is something that goes on beneath the surface, unofficially and more or less frowned on by the authorities.

(a) The genuinely popular culture of England is **something** [that goes on beneath the surface, (unofficially) and (more or less frowned on by the authorities)].
(b) The genuinely popular culture of England is **something** [that goes on beneath the surface, unofficially] and [more or less frowned on by authorities].

長い形容詞節の後に、副詞と分詞構文が並列されていてgoesに掛かる（a）とも、形容詞節と分詞形容詞が名詞somethingに掛かる（b）ともとれるが、説得性からして前者（a）がいいだろう。
「真正なイギリスの大衆文化は、公のものでなく当局に眉をしかめられながら続いている何物かなのだ」

(6) 意味の上で考える

The pen can be used for different purposes; for instance, either in support of prevailing tendencies or in opposition to them. But, to be effective for any purpose, the written word must reach the minds and touch the feelings of the writer's

Ⅳ　掛かり方

contemporaries.

The pen can be used for different purposes; for instance, either in support of prevailing tendencies or in opposition to them. But, to be effective for any purpose, the written word must **reach the minds** and **touch the feelings** <u>of the writer's contemporaries</u>.
But以下は、S V1 O and V2 O' Mの形。
MはO'のみに掛かるのがふつうだが、ここでは意味の上からV1 O と V2 O'、二つの他動詞＋目的語に掛かっている。ofの前にカンマがあれば、共通関係がはっきりする。
「文筆はさまざまな目的に用いられる。たとえば時代の風潮を支えることも、それを戒めることもできる。だが、どんな目的にせよ効果を上げるには、書かれた言葉は同時代人の心に達し、その気持ちを揺り動かすものでなければならない」

(7) 理屈で考える

(Later on we shall learn something about the Industrial Revolution and about the conflicts that it engendered—social conflicts within the nations and economic conflicts between the nations.に続く文)
Now if we inquire as to the primary cause of the Industrial Revolution which we are about to study, the answer is: science and inventions, and the rapid multiplication of power-driven machines.

Now if we inquire as to [the primary cause of {the Industrial Revolution (<u>which we are about to study</u>)}], the answer is: science and inventions, and the rapid multiplication of power-driven machines.

which we are about to study（我々がこれから学ぼうとする）の先行詞は
ⅰ) the primary cause of the Industrial Revolution　ⅱ) the Industrial Revolution、のうちⅱ)。
the primary causeでは話が小さすぎるし、コロン以下にcauseの理由が示されているので、ⅰ)は不可（話が終ってしまう）。前文との兼ね合いも勘案する。
「我々がこれから学ぼうとする産業革命、その第一の理由を問うとするならば、答えは次のようなものだ。すなわち、科学と発明、そして動力機械の急速な増加である」。
ここscience and inventionsを因果に読み「科学が発達し発明が生まれて…」と読

んでもいい。

(8) 業界用語

Place and date, signature and stamp of certifying authority
(特恵税率preferential tariff rateの適用申請に対する検証verification。証明書中の発給機関記載事項)

a) {(Place and date), (signature) and (stamp)} of certifying authority
b) {Place and date}, {(signature) and (stamp) of certifying authority}
c) (Place and date), (signature) and (stamp of certifying authority)
d) {(Place and date), (signature and stamp)} of certifying authority

a)「監査当局による、場所と日付・署名・捺印」
1, 2 and 3と名詞が並列し、andがあるためこの三つだけが要件ということを示している。文頭の説明にあるように「証明書中の発給機関記載項目」からしても順当。
b)「場所と日付、監査当局による署名・捺印」
Place and dateは当局以外が書くようにも読める。それなら { } と { } の間を ; にするのがよい。
c)「場所と日付、署名、監査当局による捺印」
署名はだれがするのか曖昧。
d)「監査当局による、場所と日付、署名・捺印」
1, 2 of Nの形。Place and dateとsignature and stampがそれぞれ連語になっている（前後の結び付きが強い言葉）ので、andの代わりにカンマを使ったとも読めるが、厳密さを重んじる公文書向きでない（列挙終了に読めない）。

(9) withの意味

What is unique about Shakespeare is his closeness to his native soil, and to the heart of his people, with memories of "merry England".

[What is unique about Shakespeare] is [his closeness **to his native soil**, and **to the heart of his people,** <u>with memories of "merry England"</u>].

with以下はどこに掛かるか。
a) Shakespeare

Ⅳ　掛かり方

b) closeness
c) the heart of his people
d) to his native soilとto the heart of his people

a) 遠すぎて無理
b) |his closeness（M1＋M2）|, with N
「Nを伴いM1、M2に密着していること」と読める。可能。
c) with以下を伴ったthe heart of his peopleと読めなくはないが、withの前のカンマは不要。バランスもよくない。
d) withの前のカンマは共通関係を示し、to his native soilとto the heart of his peopleに共通に掛かるしるしと読める。カンマがなければこの読み方は無理。可能。
というわけで、b) かd)。意味のうえからb) をとりたい。
こうして判断に迷うのも、withの多義性にある。「…しながら」（通常with＋N＋C）、「…のついた」、形容詞的に名詞を修飾、「…でもって」副詞的に動詞句を修飾、などなど。
「シェークスピアの素晴らしさは、古き良き時代の思い出いっぱいに、愛する国土と国民感情に寄り沿っていることである」

(10) 流れで考える

The men were staring at this queer moon-faced clergyman with the bulging eyes, not quite so suspiciously now because he did seem to know a bit about his subject.

The men were staring at **this queer moon-faced clergyman** with the bulging eyes, (not quite so suspiciously now because he did seem to know a bit about his subject).

with以下が述語were staringに掛かるなら「出目でもって」だが、遠すぎるし、わざわざwith以下を後に持ってきて強調する意味がない。目的語a clergymanに掛かるなら「出目をした」で、後者が順当。
「男たちは出目をした丸顔の牧師をじっと見据えたが、いささか物事をわきまえているようなのが分かって警戒心は消えていた」

(11) 歴史的事実

In Austria and Germany, interiors of great extravagance were produced, with lavish

use of gilding and false-perspective ceiling paintings.
*gilding　金メッキ

In Austria and Germany, interiors of great extravagance were produced, with lavish use of gilding <u>and</u> false-perspective ceiling paintings.

andは
　a）lavish use of gildingとfalse-perspective ceiling paintings
　b）gildingとfalse-perspective（gildingは形容詞的）
　c）gildingとfalse-perspective ceiling paintings
のうち、常識と事実からⅰ）。
「オーストリアとドイツで、ふんだんな金箔の使用と偽遠近法の天井絵画を用いた、贅沢な室内装飾が生み出された」

[ポイント43]
　ちょっと違う掛かり方：*8

　① Mがandで結ぶ後のものの前にくる例
　To interpret a culture, one could scarcely do better than *to read letters from readers* **and** <u>through them</u> *to learn to read between the lines*.
「教養を理解するには、読者からの手紙を読みそれを通して行間の読み方を学ぶに如くはない」
　② toの省略：
　Nearly none of them told me <u>to keep going and not give up</u>.
　⇒to keep going and not to give up
「彼らのうちほとんど誰も私に断念せず続けろと言ってはくれなかった」
　③ 長い共通関係：
　Adopted children are **more** similar to *their biological* **than** *their adoptive* parents in the amount and distribution of fat.
　⇒their biological parents than their adoptive parents
「もらわれた子供たちは、肥満の度合と付き方において、養父母より生みの父母に似る傾向がある」

Ⅳ 掛かり方

[ポイント44]

大体は狭まる、場合により広がる。

High above the city, on a tall column, stood the statue of the Happy Prince.
「町の上高く、背の高い円柱の上に、幸福の王子の像が立っていました」
M1, M2, V S.。M1のHigh above the cityは、副詞＋前置詞句。副詞で大まかな位置をいい、前置詞句で具体的な場所を示す。high（高いところ）＞above the city（町の上）と場面が狭まるのが普通。

Helen went downstairs to the dining-room.
「ヘレンは下の食堂へ行った」
これは自動詞＋副詞＋前置詞句で場面が狭まる。行った⇒下に⇒具体的には食堂

逆の例もある。
Man can maintain himself as a population high in the mountains, or in arctic wastes, or in tropical jungles, or in desert desolation.
「人間は山の高みに、厳寒の極地に、熱帯のジャングルに、荒涼たる砂漠に、植民として自活できる」
ここ「高いところ＞山に」とは読めない「高いところ＜山の」と文脈から読むしかない。

[ポイント45]

前置詞句の連続：[*9]

①二つの前置詞句は一体
例：The mice raced from one end of the park to the other.
「ハツカネズミは公園の一方からもう一方へ走った」
②二つはそれぞれ独立
例：John paraded down the aisle with Anne.
「ジョンはアンと一緒に通路を行進した」
＊二つを分離して場所を移動できるかどうかで判断する。

広がる、狭まるの通則：

狭まる方が多いが、広がるのも可能。

John sat in the park under a tree on a bench.（狭まる）
John sat on a bench under a tree in the park.（広がる）
「ジョンは公園の木の下のベンチに腰かけていた」
これらは順番を入れ替えられるので、それぞれが独立的に全体として一つの大きな前置詞句を構成していると考えられる。

cf. 順番を入れ替えられないので後の前置詞句が前の前置詞句を修飾と考えるもの。
Max sent the pamphlet to Bill in New York.
「マックスはニューヨークのビルに冊子を送った」○
直近のものに掛けるのが順当。
「マックスはニューヨークでビルに冊子を送った」△
前後関係でニューヨークが強調されると読めるなら可。
ではMax sent the pamphlet in New York to Bill.としたらどうか。
普通には「ニューヨークでの冊子」と読めてしまう。
ただしアリバイ作りとして、「ニューヨークでビルに」と読める文脈があれば可。

[ポイント46]
どちらに掛かるか迷うもの：

①We don't want to do anything to hurt his feelings.
副詞用法で「彼の感情を傷つけるために何かをしたくない」
形容詞用法で「彼の感情を傷つけるようなことは何もしたくない」
どちらも可。
②He wants a driver's license to drive across the American continent.
（ⅰ）副詞用法で「縦断するために」（=in order to）
（ⅱ）形容詞用法で「縦断するための」
アメリカ縦断用の特殊な免許証などないから、ここは（ⅰ）ととる。

4-4　実践

4-4-1　力だめし

(1) 題材：評論。ディケンズ『オリヴァー・ツイスト』の解説

Ⅳ　掛かり方

　　ヒント：どうともとれる

At age twelve, young Charles was withdrawn from his schooling (his family could no longer pay the tuition) and sent to work in a blacking factory where child labor was used to remove labels from bottles of polish and varnish, slap new labels on, and sort different colors of ink, papers, and glue for industrial use.
＊the tuition　授業料、blacking　靴墨、child labor　集合的に少年労働者、polish　磨き粉、vanish　ニス、slap　ぺたりと貼る、sort　分類する、glue　にかわ

At age twelve, young Charles was withdrawn from his schooling (his family could no longer pay the tuition) and sent to work in a blacking factory where child labor was used to remove labels from bottles of polish and varnish, slap new labels on, and <u>sort different colors of ink, papers, and glue for industrial use</u>.

young Charlesは「若い頃のディケンズ」(老年に比べて)
このdifferent colors of ink, papers, and glue for industrial useは、あいまい。主につぎの三つが考えられる。
a) different colors of (ink/ papers/ and glue) for industrial use
b) ｛(different colors of ink)/(papers)/ and (glue)｝for industrial use
c) (different colors of ink)/(papers)/ and (glue for industrial use)
remove ～ , slap ― , and sort ... と並列。
「インク **ink**、紙 **papers**(壁紙とか包み紙とか特定用途に使う紙を指す)、接着剤 **glue**に関する、工業用に使う**for industrial use**、それぞれ種類の違う **different**、カラー塗料(染料、色、でも可)**colors**」
と読むa)のが形の上では順当だが別の掛かり方でもとれる。英語がつねに厳密とは限らない例。次はc)ととった訳例。
「12歳の時、とうとう親が授業料を払えなくなって退学、ディケンズは靴墨工場で働くことになった。そこでは子供たちが、靴墨やニスのラベルを張り替えたり、色インクや紙材、工業用接着剤の仕分けをして働いていた」

(2) 題材：エッセイ。自分が読む本の価値を決めるもの
　　ヒント：thatに注意

Don't forget that critics often make mistakes, and you who read are the final judge of the value to you of the book you are reading.

Don't **forget** [that critics often make mistakes],/ and you (who read) are the final judge of the value to you of the book you are reading.

Don't forgetが掛かるのはmistakeまで。criticsは「批評家、評論家」。
「評論家も時としてミスを犯すということを忘れてはならないし、本を読む自分こそがいま読んでいる本に対する自分にとっての価値の最終判断者なのである」

（3）題材：小説。妻に浮気される男の話
　　ヒント：形容詞の並列

There are many of these stories going around, these wonderful wishful-thinking their dream world inventions of the unhappy male, but most of them are too fatuous to be worth repeating, and far too fruity to be put down on paper.

There are many of **these stories** going around, <u>these wonderful wishful-thinking their dream world</u> inventions of the unhappy male, but most of them are too fatuous to be worth repeating, and far too fruity to be put down on paper.

theseは指示形容詞、wonderfulとwishfulは性状形容詞、thinkingもそうだが形としては分詞形容詞、theirは所有形容詞、dreamは名詞が形容詞化している。ここまで全体が、同じ偉さでworldに掛かる。fatuousは「愚かな」、fruityは多義だが、ここでは「わいせつな」。
「この種の話は方々に出回っている。不幸な男の素晴らしくそうありたい想像上の夢物語だ。だがそれらはたいてい下らな過ぎて二度聴く価値がないし、紙に記すには品がなさすぎるのである」

（4）題材：国連人権憲章
　　ヒント：悪文

Article 14
(1) Everyone has the right to seek and to enjoy in other countries asylum from persecution.

「全ての人は他国で迫害からの避難所を求め、それを享受する権利を有する」
との訳はすぐに浮かぶが、原文に検討の余地あり。
Everyone has the right to seek and to enjoy (in other countries) asylum from persecution.
由緒正しき並列ならＳＶＯ to vt.1 and vt.2 m o.となっていて欲しいが…。

Ⅳ　掛かり方

to seekとto enjoyの並列。原則的にはin other countries以下はtoでブロックされるため、前のto seekには掛からない。Ｓ Ｖ Ｏ〔(to vi.) and (to vt. m o)〕と考えるところ。
seekとenjoyを同じ目的語につなげるにはto enjoyのtoを削除するか、またはasylumの前に共通関係のカンマを置く必要がありそうだが。
だがこれは国連の正式文書。学校文法のワク外だが、意味を優先させてとる。二つのto不定詞、to seekとto enjoyを並列させ、共にasylumに繋がる、と読まねばならない。ネット検索でRight node raisingを引くと、似たような実例が多数出ている。

(5) 題材：エッセイ。作家の役割
　　ヒント：意見が分かれる

His object is merely to understand, and pass on to his readers, as much truth as he can comprehend.

His object is merely to **understand**, and pass on to his readers, as much truth as he can comprehend.

A is to B「AはBすることである」ＳＶＣの構文。merely=only、justly。
understandをどう理解するかが問題。
understandは他動詞（vt.）、自動詞（vi.）の二つがある。
例：He understands machinery. 彼は機械にくわしい（vt.）
　　The more you learn, the less you understand. 知り過ぎると却って（ことの本質が）分からなくなる（vi.）
本文は自動詞。ＳＶＣ (to vi. and vt.《pass on》to o2, o1)「理解して、真実を読者に伝える」。
「彼の目的はただただ理解し、自分が会得できる限りの真実を読者に伝えることである」
原則的にはそういうことだが、VT1+VT2 O2 O1の形はだめだが、V+VT to O2 O1（またはV+VT O1 to O2）の形では、前のVをVTと読んでよいとする考え方もある。その場合は「…できる限りの真実を理解し、読者に伝えること」となる。

(6) 題材：エッセイ。外国語を学ぶ意義
　　ヒント：並列

... , and they (people) may need to acquire that close knowledge of current affairs which travel abroad and the reading of foreign newspapers and journals alone can supply.

… , and they（people）may need to acquire **that** close knowledge of current affairs [**which** ¦(travel abroad) and (the reading of foreign newspapers and journals) alone¦ can supply].

thatは関係代名詞whichがくるのを予告するしるし。
aloneはtravel abroadとthe reading of foreign newspapers and journalsに掛かる。
「その場合、直接外国へ行くか外国の新聞・雑誌を読むことでしか手に入らない生の情報を知る必要に迫られることにもなろう」

(7) 題材：小説。男女の交歓を羨むウブな青年牧師
　　ヒント：補足が長い

How I longed to do likewise—to be able to share in a few of those pleasant little rituals of contact that I observed continually taking place between men and women—the touching of hands, the peck on the cheek, the linking of arms, the pressure of knee against knee or foot against foot under the dining-table, and most of all, the full-blown violent embrace that comes when two of them join together on floor—for a dance.

How I longed to 1<do likewise> [2<—>to be able to share in a few of **those pleasant little rituals of contact** (that I observed continually taking place between men 3<and> women)] [4<—> the touching of hands, the peck on the cheek, the linking of arms, the pressure of knee against knee or foot against foot under the dining-table, 5<and> (most of all,) **the full-blown violent embrace** (that comes when two of them join together on the floor 6<—> for a dance)].

1 「同じようにする」だが、以下で同じようとはどういうことかを説明している
2 このダッシュはto do likewiseの言い換え
3 menとwomenを並列（対等に結ぶ）
4 このダッシュはpleasant little ritualsの具体例を導く
5 このandは、次にmost of allがあるため、列挙終了というより、強調（「そしてとりわけ」）

Ⅳ　掛かり方

　　6　付加的に情報を加えるダッシュ。気持ちが熟して、分かり切った事柄をつい加えた感じ
　　「あんな風になれたらとどれだけ望んだことか。よく目にする、男と女のあいだで交わされるささやかだが喜びに満ちたふれあいの儀式がちょっとでもできたら。手に触れたり、頬にキスをしたり、腕を組んだり、ダイニングテーブルの下で膝や脚を押しつけあったり。なによりもやってみたいのは、ダンス・フロアで組んだ二人がする、あの甘美で激しい抱擁だ」

(8)　題材：著書の前書き。アメリカ出版界草創期の人物伝
　　ヒント：理屈で考える

After being demobilized from the French army, he spent the following years in an agonizing search for visas, departure permits, and tickets to safety for himself, his wife, Simone, and his six-years-old son──myself.

After being demobilized from the French army, he spent the following years in an agonizing search for visas, departure permits, and tickets to safety for himself, his wife, Simone, and his six-years-old son──myself.

下線部の掛かり方。
safetyは「(u) 安全圏、安全なところ」to safetyは前の名詞三つに掛かるか、それとも最後のticketsに掛かるか。ぼやっとしてるとどちらでもよさそうだが、「ヴィザ」「出国許可証」も、安全を保証してくれるわけではない。「切符」が安全圏へ導いてくれるのである。従ってto safetyはticketsに掛かるととる。
だが筆者の心情を察すれば、三つ共に掛かるとしても良いかも知れない。
「フランス軍を除隊したあと、彼はそれから、自分自身と妻のシモーヌと6歳になる息子（私のこと）の安全をはかるため、ビザと出国許可証と旅券を焦り求める数年を過ごした」

(9)　題材：小説。農家に眠るお宝骨董家具の探索
　　ヒント：間の副詞句が嫌な感じ

There were six drawers in all, two long ones in the middle and two shorter ones on either side. The serpentine front was magnificently ornamented along the top and sides and bottom, and also vertically between each set of drawers, with intricate carvings of festoons and scrolls and clusters. The brass handles, although partly obscured by white paint, appeared to be superb.

There were six drawers in all, two long ones in the middle and two shorter ones on either side. The serpentine front was magnificently ornamented **along** the top and sides and bottom, **and** *also vertically* **between** each set of drawers, with intricate carvings of festoons and scrolls and clusters. The brass handles, although partly obscured by white paint, appeared to be superb.

ornamented along 〜 and between ─ の形。between以下にalso verticallyが掛かっている。
「全部で六つの引き出しが二段になっており、中央部には長い引き出しが二つ、短い引き出しがその左右に二つずつ。曲線を描く前面は、上部、脇、底部いずれも、素晴らしい飾りが施されていた。そしてまた、それぞれの引き出しの間には、縦に渦巻・花綱・葡萄紋が精巧に彫られていた。真鍮の把っ手は、一部白ペンキで隠されてはいたが、その見事さが分かった。」

(10) 題材：美術解説書。ロマネスクの定義
　　 ヒント：悪文・あいまい・歴史的事実

Romanesque

The term "Romanesque" was coined in France at the beginning of the nineteenth century to define the European art of the eleventh and twelfth centuries. The name emphasizes both a link with the Roman tradition and the "Latin" character of the new style, in contrast to the "Germanic" character that was attributed to Gothic art at the time. In reality the Romanesque has far more complex origins. An original reworking of motifs, techniques, and styles borrowed from the Roman and late classical world, it is also influenced by barbarian culture and the Byzantine tradition, which had its foothold in Italy. In addition there is a direct link with Carolingian and Ottonian art developed in France and Germany between the ninth and tenth centuries. Unlike earlier artistic currents, the Romanesque spread throughout Europe, from Scandinavia to Italy and from western France to the Germanic area.

The term "Romanesque" was coined in France at the beginning of the nineteenth century to define the European art of the eleventh and twelfth centuries. The name emphasizes 1<both a link with the Roman tradition and the "Latin" character> of the new style, in contrast to the "Germanic" character that was attributed to Gothic art 2<at the time>. In reality the Romanesque has 3<far more complex origins>. An

Ⅳ　掛かり方

4<original> reworking of motifs, techniques, and styles borrowed from the Roman and 5<late classical world>, it is also influenced by 6<barbarian cultures> and the Byzantine tradition, 7<which had its main foothold in Italy> . In addition there is a direct link with 8<Carolingian and Ottonian art developed in France and Germany between the ninth and tenth centuries>. 9<Unlike earlier> artistic currents, the Romanesque spread throughout Europe, from Scandinavia to Italy and from western France to the Germanic area.

1　(a) **both** ¦a link with the Roman tradition¦ **and**　¦the "Latin" character of the new style¦, ...
　　(b) both a link with（the Roman tradition）and（the "Latin" character of the new style）, ...
　　(b)（the Roman tradition）and B（the "Latin" character）と読んでは、bothが浮いてしまうのでダメ。(a) をとる。the "Latin" character of the new style. Latin の定義もこれまたさまざまだが、ここではすぐあとの "Germanic" character と対立させているのがヒントになる。歴史の教科書ではロマネスク、ゴシックと順番に習うが、じつはゴシックと区別すべくロマネスクの語がつくられたのである。「ゴシック特有のゲルマン的特質と対照をなす、ローマの伝統をふまえた新スタイル」が、"Latin" characterの意味であろう。
2　at the time「当時の」はRomanesque を定義した一九世紀なのかGothic art の頃なのか判断に迷う。自分の解釈を出すしかあるまい（教養あるネイティヴ・スピーカーに訊いたら「一読して迷ったが、文の流れから明らかに前者」との答え。日本人のわれわれだとそういいきるには、そうとうの量を読んでいなければなるまい）。
3　起源はひとつやふたつでないし、またいろいろ絡み合って出来た、ということ。
4　「最初の」か「独創的な」か。続く例がそのあと見られるなら「最初の」でよかろうが、でてこない。
5　「古典古代」classical（古代ギリシア・ローマを指す）の定義からして、論理矛盾に思われる箇所。類書を隈なくあたり、少なくとも間違いとはいわれぬだろう次の解釈を得た。ローマ帝国が誕生するまでの、古代ギリシアの後期からヘレニズム時代にかけて。
6　蛮族とは、ゲルマン民族を指すことが多い。学校での西洋史はドイツ史観の影響からか「ゲルマン民族大移動」と習うが、フランス史では「蛮族の侵入」という。北アフリカに蟠踞したベルベル人のこととも考えられる。

7 which 以下は単数だから当然、前のthe Byzantine tradition に掛かる。「イタリアから発展した」では訳しすぎになる。
8 Carolingian – France – ninth, Ottonian – Germany – tenthとのつながりがわかるように訳す。
9 「ロマネスク以前」

(訳例)
「ロマネスク」という用語は、11、12世紀の西欧美術を定義するために、19世紀初頭、フランスでつくりだされた。この名称は、のちのゴシック美術に帰される「ゲルマン」的特徴と異なり、ローマの伝統と新しい様式である「ラテン」的特質のふたつを際立たせている。実際には、ロマネスクはかなりの要素が複雑に絡み合ってできている。ロマネスクはローマ風様式と古典世界後期から取り入れたモチーフ・技法・様式の斬新な再構成であり、蛮族の文化、ならびにイタリアで地歩を築いていたビザンティンの伝統からも影響を受けている。さらに、9、10世紀にフランスとドイツで発展したカロリング朝およびオットー朝美術との直接的な結びつきがうかがえる。それ以前の芸術の傾向とは異なり、ロマネスクはスカンジナビアからイタリアまで、フランス西部からドイツ地方に至るまでヨーロッパ全体に広まった。

・訳語をさらにほぐす。例：attributedの意味(「甲を乙の属性と考える」)を吟味し、「ゴシック美術に帰される」を「ゴシック美術のものとされる」。
・つながりが悪いところを直す。例：「特徴と異なり」を「著しい対照をみせ」とする。そのあとを、さらに踏み込んで(意味は同じでもわかりやすい言い方に変える)「ローマの伝統をひきつぎ、ラテン的特質に満ちた新しい様式を表わしている」。
・さらに調べる。例：上の1から9までのことを自信をもって説明できるようにすることが商品としての翻訳には必要だ。

4-4-2 教養演習

J・S・ミル『ミル自伝』(下線部分を訳す)

Autobiography by John Stuart Mill

I. Childhood and Early Education

Ⅳ　掛かり方

It seems proper that I should prefix to the following biographical sketch, some mention of the reasons which have made me think it desirable that I should leave behind me such a memorial of so uneventful a life as mine. I do not for a moment imagine that any part of what I have to relate can be interesting to the public as a narrative, or as being connected with myself. <u>But I have thought that in an age in which education, and its improvement, are the subject of more, if not of profounder study than at any former period of English history, it may be useful that there should be some record of an education which was unusual and remarkable, and which, whatever else it may have done, has proved how much more than is commonly supposed may be taught, and well taught, in those early years which, in the common modes of what is called instruction, are little better than wasted.</u> It has also seemed to me that in an age of transition in opinions, there may be somewhat both of interest and of benefit in noting the successive phases of any mind which was always pressing forward, equally ready to learn and to unlearn either from its own thoughts or from those of others. But a motive which weighs more with me than either of these, is a desire to make acknowledgment of the debts which my intellectual and moral development owes to other persons; some of them of recognized eminence, others less known than they deserve to be, and the one to whom most of all is due, one whom the world had no opportunity of knowing. The reader whom these things do not interest, has only himself to blame if he reads farther, and I do not desire any other indulgence from him than that of bearing in mind, that for him these pages were not written.

下線部分の構文

But I have thought
　that
　　in an <u>age</u>
　　　in <u>which</u> education,
　　　　　and
　　　　　its improvement,
　　　　are the subject of more,
　　　　　　if not of profounder
　　　　　study
　　　　　　than at any former period of English history,
it may be useful

```
that
  there should be some record of an education
        which was unusual and remarkable,
        and
        which,
            whatever else it may have done,
          has proved
              how much
                    more than is commonly supposed
                may be taught,
                and
                well taught,
                  in those early years
                    which,
                        in the common modes of what is called instruction,
                      are little better than wasted.
```

But 1<I have thought>「that 2<in an age in {which> education, and its improvement, are the subject of *more, (if not of profounder)* **study** than at any former period of English history} 3<,/> 4<it may be useful> that there should be some record of [5<**an education** {*which* was unusual and remarkable}, and {*which*> (, whatever else it may have done,) has proved how much more (than is commonly supposed) may be taught, and well taught, in those early years (which 《, in the common modes of what is called instruction,》 are little better than wasted)}]>」.

1　have thoughtはthat以下全文を支配する。
2　in an ageとin which以下の関係は次のごとし。
　　Education, and its improvements, are the subject of more study in the age. ←if not of profounder study
　　if not of profounder = even if education and its improvement are not the subject of profounder study
　　at any former period of Englandとin an ageを、量の点で比較している。
3　ここまでで、文頭の副詞節が終了。
4　it may be usefulはthat以下全体を支配する。
5　an education which 〜 and which − 、の形。
　　このあたり、わかりやすくすると、(1) An education was unusual and remarkable.

Ⅳ　掛かり方

(2) An education has proved how much more may be taught.でSVO（Oは名詞節how much more may be taughtで、moreは名詞で「多くのこと」）。このthanは関係代名詞だが、接続詞としての性質ももつ（普通に考えられる以上の多くのことがら、と読む）。
and well taughtは前節に情報を付加するもの（「それも、よく教わる」）
前の、whatever else it may have doneのitはeducation。直訳は「如何に他の点でその教育がなされたにせよ」→「その教育の他の面はどうあれ」
最後のwhichの先行詞はthose early years。わかりやすくすると、those early years are little better than wasted（いわゆる幼年期はほとんど無駄なものである）。

直訳：
けれど私は次のように考えてきた。
イギリスの過去の歴史のどんなときよりも、教育とその改良が、より深いとは言わないまでも、より多くの研究の題材となっている時代においては、次のようなことは有益といえよう。つまり、非凡で注目される教育、そしてまた、それが他の点でどのようになされたものであろうと、訓育と称される旧来方式では無駄としか考えられていなかった幼年期において、普通に考えられているより如何にたくさんのことが教えられ、それもよく教えられえるかを証明してきた教育、そのいくばくかの記録を用意することは、意義があると。

（参考）
朱牟田夏雄訳：
ただ私はこういうことは考えた。このごろは、教育とか教育の改革とかが、英国の歴史上かつてないほどに、深くとはいえないまでも、さかんに研究されている。して見れば、私の受けた、なみはずれた異色のある一つの教育の、多少の記録を残すことは何かの役に立つかもしれない。しかしその私の受けた教育は、他の点の結果は論外としても、世間でいう教育の普通のやり方ではまったくむだに使われているといってもよい幼少の時代に、世間一般に考えられている程度よりもはるかに多くのことを、しかも見事に、教え得るのだということを証明しているのである。

山岡洋一訳：
だが教育の記録としてならどうだろうか。いまの英国では教育や教育改革を取り上げた研究がかつてなく増えている。追及が深まったかどうかはともかくさかんには論じられているのだから、並はずれて変わった教育も記録に残す意味がある

かも知れない。しかも私に施されたその教育は、効果のほどはさておき、普通に考えられているよりはるかに多くを子供のうちに教えられること、それも無理な詰め込みではなく教えられることは見事に証明している。およそ教育と名のつくものでは幼少期がほとんど生かされないのが通例であることを考えると、この点でも記録に値するだろう。

4-4-3 実務演習『特恵関税』

貿易に関する文章。特恵関税（preferential tariff rate：一般の関税よりも低い関税）の適用申請があった際、どのように検認（verification）をするか、という話。

それぞれの文は全体から抜粋している。続いておらず、独立したもの。
業界用語を知らないと踏み込んだ訳をつけられない。
＞は、一般語＞専門語。
直訳は、意味をとるのに許される広めの訳例。
意訳は、この分野の実務家の監修を得たもの。

(1) Place and date, signature and stamp of certifying authority
証明書中の発行機関記載事項（前の4-3「理解を深める (7) 参照）

(2) The system for the verification of preferential origin requires a high level of contact and coordination between the parties to an FTA and/or with the importers, exporters, producers or other relevant persons.
＊verification 確認＞検認、preferential origin 優先権のある素性＞特恵原産地、FTA 自由貿易協定

[The system for the verification of preferential origin] [requires] [a high level of **contact and coordination** {(**between** the parties to an FTA) and/ or (**with** the importers, exporters, producers or other relevant persons)}].

ＳＶＯの構文。betweenとwithのand/orによる並列。contact and coordinationは「連絡と調整」連語的に使われ、between（関係当事国での）、with（輸出者・輸入者等との）につながる。
a high level of contactとcoordination between以下の並列と読むのは無理。上記に加え次の理由による：
(1) a high level of contactだけでは意味が不鮮明 (2) coordinationに冠詞もなく複

Ⅳ　掛かり方

数形にもなっておらず、aとの対比が見えない（3）andの前後のバランスが悪い。
直訳：
優先権のある素性の確認のためのシステムには、自由貿易協定の当事者間および/または輸入者、輸出者、生産者もしくは他の関連人との高度の接触と連携を必要とする。
意訳：
特恵原産地の検認には、FTAの当事国間の、および/または、輸入者・輸出者・生産者等当該各関係者との、綿密な連絡と調整を必要とする。

(3) The amount of duty involved the value of the consignment and the goods which have significant difference between the MFN rate and the preferential duty rate, tariff rate quotas, seasonal tariff rates or other special tariff schemes;

＊duty 関税、value 価値・価格、consignment 委託商品＞送り荷、MFN 最恵国、preferential duty rate 特恵関税率、quotas 割当、tariff quotes 関税割当制（一定量を超過する分についての高い関税を課す制度）、seasonal tariff 季節関税（輸入される時期によって通用する税率を異にする関税）

The amount of duty 「involved **the value of** [｛(the consignment) and (the goods)｝ which have significant difference *between* ｛the MFN rate｝ *and* ｛the (preferential duty rate), (tariff rate quotas), (seasonal tariff rates) or (other special tariff schemes)｝]」；

全体を名詞句として読む。the consignment（送り荷：大量貨物）とthe goods（商品/物品：少量貨物）は並列で、連語的。似たような意味だが全く同じものを意味しないので双方にtheがついている。which以下全体はこの両者に掛かる。betweenは「最恵国税率と他の特別な関税率以下…との間の」。the value of the consignmentとthe goods以下を並列させるのは、意味の上から無理。
直訳：
最恵国レートおよび優先的税率・枠外への累進関税・季節的変動税率もしくは他の特別関税体系との間に重要な相違を有する委託物と商品の価値にかかわる関税総額：
意訳：
最恵国税率と他の特別な関税率（特恵関税率、関税割当制、季節関税等）の間に顕著な差のある商品の価格に関わる関税総額については次の如し：

(4) The description of the goods, quantity and weight, makes and numbers on the

packages, etc. should be cross-checked with the proof of origin.
* cross-ckeck　…の正確度を別の方法で調べる・照合確認する、description 商品の銘柄。

The (description of the goods), (quantity and weight), (marks and numbers on the packages), (etc.) should be cross-checked with the proof of origin.

etc.（など）も含め4項目の並列。

直訳：
商品の名、数量と重量、荷印および番号類は、原産地証明を相互照合すべきである。
意訳：
商品の銘柄、数量と重量、包装に記載された商標と商品番号などは、それが正しいものかどうか原産地証明書との照合が必要とされる。

(5) Where appropriate, it is useful to develop and utilize a secured website which allows the Customs authority of the importing country to cross-check the record of issuance and the details of the proofs of origin issued by the competent authority of the exporting country.
* where appropriate　適切な場合は・適切なところで、competent authority　管轄権のある当局、competent　資格のある。

Where appropriate,/ it is useful to develop and utilize a secured website ［which allows the Customs authority of the importing country to cross-check ｛《the record of issuance and the details》of the proofs of origin）issued by the competent authority of the exporting country｝］.

the record of issuanceとthe details of the proofs of originと読むのは意味の上から不可。
直訳：
適切なところで、安全に保護されたウェブサイトを立ち上げそれを利用するのも有益である。これにより輸入国の税関当局が、輸出国の管轄当局により発行された原産地証明書の発行記録と詳細を照合確認できることになる。
意訳：
状況に応じ、保護されたウェブサイトを立ち上げ利用するのもよい。それにより輸入国側の税関当局は、輸出国側の管轄当局発行の当該商品輸出許可発行記録と

Ⅳ　掛かり方

現地証明に関わる詳細事項を参照できることになる。

(6) Any person subjected to an illegal or unfair disposition or whose right or interest is infringed on by the lack of a necessary disposition could request the cancellation or change of the disposition or necessary dispositions by raising objections, appealing for review or to National Tax Tribunal.

＊subject to…　の支配下にある、illegal　不法の、unfair　不当な、description　記載事項、interest　利益、infringe on　…を侵害する、disposition　処分・措置、cancellation　取消・修正・変更、appeal for　…を求める、review　再検討・再調査、National Tax Tribunal　国税不服審判所

[**Any person** {(subjected to an illegal or unfair description) or (whose right or interest is infringed on by the lack of a necessary disposition)}] **could request** [{**the (cancellation or change of the disposition) or (necessary dispositions)**} by raising objections, {appealing *for* review or *to* National Tax Tribunal}].

subjectedとwhoseが並列しAny personに掛かる。
「当該措置the dispositionの修正・変更、もしくは（新たなる）必要措置necessary dispositions」のtheがorの前後の名詞句を制限し、by以下はその全体に掛かる。対応関係は次の如し。
an illegal or unfair disposition→the disposition
どんな処置であれ、その当該処置の取消を請求できる
a necessary disposition→necessary dispositions
何か必要な処置の欠落があれば、何であれそれを補う処置を請求できる
(cancellation) or (change of the disposition) or (necessary dispositions)　が並列ととるのは、cancellationが意味不明になりおかしい。
直訳：
不法なあるいは不当な処分を蒙っている、もしくはその当人の権利もしくは利益が必要な措置の欠如により侵害されている人は誰でも、再調査を求めるか国税不服審判所に訴えることで、異議を申立てることにより、当該処置の修正もしくは変更、または必要な措置を請求できる。
意訳：
不法もしくは不当な処分を蒙っているか、必要な処置がとられていないために当人の権利もしくは利益が阻害されている者はすべて、異議を申立て、再審査を求めるか国税不服審判所に提訴することで、当該処置の取消または変更、もしくは必要な措置の実施を請求できる。

コメディ『英文読解教室』 Episode 6

Episode 6　報道『不可算名詞殴打事件』

場面：TV局のニューススタジオ。
人物：メインキャスター（男）、アシスタントキャスター（女）。ゲストにオニキョー、鳥居みどり（栄光大学教授、文部省審議委員）。

（番組のテーマ・ミュージック「コッペリア」終了を合図にしゃべる）
メインキャスター：
昨日、面白いといっては被害者に失礼ですが、ちょっと変わった傷害事件が発生しました。
アシスタントキャスター：
昨夜7時ごろ、東都女子大学の研究室に男が侵入。部屋にいた国際学部大西伸也教授に鉄パイプ製の補助イスで襲い掛かりました。調べによるとこの男は大手予備校英才プレパラトリ・スクールの講師、加藤進、35歳。「自分の文法解説をけなされて腹が立った」と動機を述べている、とのことです。
メインキャスター：
皆さんも社会科や英語の授業でやったことがあるでしょう。リンカーンの有名なゲティズバーグ演説「人民の人民による人民のための政治」。この政治を意味するgovernmentにtheが付くか付かないかで口論になった、というのですが・・・。中村さん、貴方は英検1級、TOEIC950点、通訳案内士の、いわゆる英語資格三冠王ですが、解説してくれますか。
アシスタントキャスター：
はい。リンカーンの原文にはtheがありません。theがないと抽象度が高くなります。逆にいうと、theを付けることで、具体化するといいましょうか。例えばtruth。そのままでは「真理」という、つかみどころのない漠然としたイメージですが、the truthとtheを入れることで、具体的な「事実」に代わるのです。governmentも抽象的な「政治」からtheが入ることで「政府」がイメージされるわけです。・・・などと知ったようなことを申しましたが、実はこの事件の前、私も曖昧にしか理解していませんでした。
メインキャスター：
なるほど。この世にも珍しい事件、仮に「不可算名詞殴打事件」と呼ぶとしましょう。今日はその被害を受けた御当人、東都女子大学教授の大西伸也さんと、栄光大学教授で文部省審議委員の鳥居みどりさん（二人ともお辞儀）においでいただ

第一部　英文読解五つのポイント　175

コメディ『英文読解教室』 Episode 6

いております。はじめに大西さん。このたびはとんだ災難でした。何で、素人の私どもからすれば細かいと思われる文法事項にこだわられるのですか。
オニキョー：
ある英会話学校のキャッチコピーに「単語も充分覚え、文法も充分理解した。でも英語ができないのは・・・」とあります。・・・は旧来の英語教育が悪いからだ、が入るはずです。そして今日本は、ひたすら英語をしゃべろう、英語を聴こうとなって、高校では授業を英語でしろ、大学ではコミュニカティヴ、つまり会話優先の授業、世間ではウルトラ・ラーニングに代表されるヒアリング様々、の一大潮流です。でも私に言わせればこれは幻想です。さきのコピーは「単語の一義しか覚えていない、文法の上っ面しか理解していない、から英語ができない」と書き換えた方が事実に近いはずです。また誰もが「読むことしかやっていなかったから、大学を出ても英語がしゃべれない」と短絡するのですが、そうではない。「読むことが少なかったから、英語ができない」とするのが真実です。
私は徹底した英文精読を授業の根幹に置いています。英文を正しく読むことで、文法力、論理力、教養力が養われます。遠回りと思われるかも知れませんが、それが自ずと書く力、話す力、聞く力の向上に結びつくのです。「アメリカでは犬でも英語を話す」といわれますが、それと同じ環境を日本でつくることは出来ません。その代わりになるのが文法です。一つの表現をマスターするのに、会話では100回の反復が必要ですが、文法の法則を1つ覚えれば、パターンとしていくらでも応用できるのです。外国語としての英語をマスターするには私はこの方法しかないと固く信じます。
メインキャスター：
それに対し、鳥居さんの御意見は。
鳥居：
読むのが先か話すのが先か、議論するつもりはありません。どちらも大事なことですから。
でも方法論としていえば、まず英語を怖がらないことが大切です。それには何でもいいからとにかくしゃべること。しゃべって伝わらず笑われ、悔しい思いをして、火事場の馬鹿力も出るのです、自分の引き出しもできるのです。言葉は本来誰でもできるものです。英語を喋るからアメリカ人の頭がいいとはだれも思わないでしょう。逆にアメリカの学校では、日本人は頭がいいと思われているのです。日本でそこそこの子が向こうに行くと、まあ当然生活に慣れてからのことですが、英語など急速に覚え、あちらの中高一貫校でネイティヴのアメリカ人を尻目に、6年を5年で飛び級するのも、珍しくないのです。ことばは度胸、回数であると

いうのが私の持論です。
メインキャスター：
さて視聴者の方々の御意見はどうでしょうか、中村さん。
アシスタントキャスター：
はい。「そんな文法ばかりやっているから英語が嫌いになる、喋れないのだ」「いくら高尚な文学を精読したって、ビジネスの英語に役に立たない」「昔、英文学の偉い先生が通訳を介して外人と話をしていた」「石川遼君だってスピードラーニングで英語喋れるようになった。理屈なんていらない」「たしかに『政府』と『政治』、『真理』と『事実』は違うが、それは専門家レベルで検討すればいいことでないのか」。大西さん、如何でしょう？
オニキョー：
時間が限られていますから、要点だけお答えします。
教え方が悪かったから文法が嫌いになったんです。文法を教える時間が少ないからしゃべれないんです。英語は英語、文学もビジネスも区別はありません。目的は何かということです、読むだけに特化したっていいのです。石川遼君は自分なりに努力したのでしょう、何回も聞いて、意味を反芻して。学問に王道なし、ただ聞き流すだけで済むようなお手軽な言語習得法は絶対にありません。そして、街角などでのほほえましい英語でのやり取りと、丁々発止外国人とやり合う社会の現場での英語を一緒くたにしてはなりません。
鳥居：
そうです、ここが議論の必要なところです。誰が何のために？十把一絡げの英語教育論争は不毛です。
メインキャスター：
はい。私たちも「誰が何のために」という観点から英語教育を考えてゆかねばならないのかもしれません。では、今日はこのへんで。両先生、本日はお忙しい中、どうもありがとうございました。

V　日英語の誤差

　アメリカ大リーグに渡り、日本人として初めて大きな実績を残した投手の野茂茂雄が活躍した時、インタビューでのラソーダ監督のことばを、どの局も「私は彼を誇りに思う」と訳していた。確かに立派な活躍だが「誇りに思う」は大げさだと感じた視聴者も多かったのではないか。I'm proud of him.は意味が広く、割と気軽に使われることがある。アトランタ・オリンピックで銅メダルを獲得した有森裕子が「自分を褒めてあげたい」といったが、この場合それと同じ語感だろう。
　初の北朝鮮との首脳会談を前に、歩きながら記者団に成算を問われて、アメリカのトランプ大統領がa difficult challengeと言った。どの局も「難しい挑戦だ」と字幕に出していたが、ここは「難題」「難問」との意味である。語義を日本語で一つしか覚えていないから訳語に説得性がなくなる。
　英語の多義を思い知るのが本当の翻訳者だ。

5-1　8つのパターン

　生と死、のような定義に類するものは日本語と英語が完全に同じ意味でなければならない。だが、それ以外だと以下に示すようなズレが生じる。これが誤訳・悪訳を生む元となっている。

[図によるイメージ]

(1) E　J （二つの離れた円）

(2) E　J （一部重なる円）

(3) Eの円の中にJ

(4) Eの円の中に J_1, J_2, J_3

(5) Eの円の中に $J_3 J_2 J_1$（同心円）

(6) Eの円の中に $J_1 | J_2 | J_3$

(7) E・J （同一の円に両方）

(8) Jの円の中にE

5-1 8つのパターン

[ポイント47]
「王子は美しい金で覆われていました」？

ワイルドの「幸福の王子」の一節を大学の授業で学生がこう訳してきた。何かヘン、とすぐに思うのは金なら美しいに決まっているからだ。そこで原文をみると、fine goldとある。

学生にはこう言った「確かにfineは多義で、素晴らしい、美しい、細かい、晴れた、結構な、繊細な、洗練された、などの日本語があてられる。だがこれを全部覚えるのは大変。語源を覚えて、文脈にあった訳語をつけるのが賢明です」

フランス映画の最後にFINとあるのをご存知だろう。もっとたどるとラテン語のfinis。「最後の」という意味。「最後」から「完成した」「申し分ない」「見事な」と意味が広がってゆくのだ。この場合、金をどんどん精製していった「純金」の意味となるのである。

(1) EとJで意味が異なる　　　E×J
　代表例：homely　　家庭的
　「家庭的なお嬢さん」といえば良い意味だが、homelyは不細工・質素・月並みなど、否定的なニュアンス（米用法）。

- 逐語的に置き換えられる日本語があるが、意味が違うもの
downtownと下町：downtownは都心のビジネス街・官庁街・歓楽街
businesslikeと事務的：businesslikeは効率的・能率的であって、否定的意味はない

- 原語とカタカナ読み（和製英語）で意味が違うもの
mansionとマンション：mansionは大邸宅
businessmanとビジネスマン：businessmanは実業家・最上級管理職。いわゆるサラリーマンには使わない
cunningとカンニング：cunningは狡猾なこと。カンニングはcheating in an examination
drivewayとドライヴウェイ：drivewayは車寄せの私道。ドライヴウェイはhighway, motorway, expressway

- 同じ概念であると思われているが、実は違うもの
hipと尻：hipは腰。尻はbuttocks（口語ではbottom）

V 日英語の誤差

governabilityと統治能力：よく誤用されるがgovernabilityは被統治能力（または従順さ）

[ポイント48]
何でgovernabilityが「被統治能力」になるのか：

むかし三木武夫首相が「統治能力」のつもりでgovernabilityを使ったとき、何かおかしいと感じたが、当時無知な学生であったので理由を論理化できなかった。以来、マスコミの有名人が同じ意味でgovernabiltyを口にするのを時々耳にする。

governabilityの元となったのは他動詞govern「…を統治する」。それに可能を示す接尾辞がついた形容詞governableだが、「…を統治できる」の意味にはならない。「-ableが動詞に付いた場合には、意味は受身になる」という規則があるからだ。すなわち「（ある人・集団などが）統治されうる（別の人・物によって）」→「（別の人・物によって）統治されやすい（ある人・集団）」。辞書（ジーニアス）を引いてもgovernable：＜住民などが＞支配［管理］されやすい、治めやすい。governability：被統治性、治めやすさ　とある。

これは他の単語でもあてはまる。
例：agreeable：「（当人が）（あるものを）受け入れることができる」→「（当人が）（あるものに）合意できる」
　　believable：「信じさせられうる」→「信じられる、信用できる」
　　justifiable：「弁明されうる」→「弁明できる」→「筋の通った」
　　navigable：「航行されうる」→「航行可能な」
　　getable/ gettable：「手に入れられうる」→「入手できる」

ではこれはどうだろう。
If my individual view of history is to be made at all illuminating, or indeed intelligible, ...
「私の歴史観がとにもかくにも人の足元を照らすだけのものされる、いや実のところintelligibleなものにされるには…」
intelligibleを「理解できる」とやってしまいそうではないか。
そうこれも前掲例と同じ。-ibleとaがiとなっているのは英語の古形の影響で、意味は同じ。「（あるもの＝ここでは自分の歴史観）が（別のあるもの＝一般の人々）によって理解されうる」→「他人に理解してもらえる」とする。

(2) EとJで意味が一部重なる　　E≒J
代表例：nature　　自然
古代ギリシア語由来のnature（神の存在を含意する）と老荘思想に発する自然（人為を排する）では、重ならない部分も多い。

includeと「含む」：日本語の「含む」は大なるものに小なるものを加える場合、includeはその逆のことが多い（one of themの意味）。
例：東京、大阪、横浜などの大都市（名古屋、京都も含む）
cf. Many of Dickens's works, <u>including</u> A Tale of Two Cities, bear ～（「二都物語」<u>など</u>ディケンズの作品は…）　＊代表作なので「含む」はおかしい

assistant professorと助教授：assistant professorは日本の助手から待遇の悪い助教授クラスの感じ。大体が一年年期で、休暇中は給料が出ない（夏にカナダの炭鉱に出稼ぎにゆくassistant professorの例を知っている）。誤解を生みやすいので、近年日本では「助教授」を「准教授」と言うようになった。

localと「地方の」：例えばlocal colorといった場合「郷土色」としてもおかしくないが、localは「その（特定の）土地の」であって、都会に対する「地方」の意味はない。＊放送番組で「東京ローカル」という表現がある。

middle classと「中流階級」：middle classは「大金持ちでも肉体労働者でもない、教師・医師など知的専門職に携わっている階層、中小企業（これも日本とは捉え方が違うが）の社長、大企業の上級管理職など」を指し、イギリスなどでは人口比でどう見ても20％を超えない。日本では「ふつうの暮らしをしている（階層なき）一般人」のニュアンスで、「90％以上がそう思っている」との調査報告がかつてあった。90＋20－100＝10％が重なる部分になろうか。

［コラム 2］

includeとinvolveの違いがよく分からない人が、英語上級者でも結構いるので念のため説明を。

・includeの用法：
Japan <u>includes</u> these four main islands.
日本にはこれら四つの主な島がある。
（四つの島は全体の一部で、他にも島はある）

- involveの用法：
For the first time I found something to do which <u>involved</u> my whole nature.
初めて私は自分の全人格をもって<u>かかわらねばならない</u>ものを見つけた。
In choosing an occupation, you determine many things that <u>involve</u> your happiness and satisfaction in life.
×職業を選ぶときに、<u>生涯の幸福と満足</u><u>を含む</u>多くのことが決定される。
　（幸福と満足は、多くのことの一例と読めてしまうので、この訳はよくない）
　⇒改訳：職業を選ぶことで、<u>生涯の幸福と満足</u><u>にかかわる</u>多くのことが決まってくる。
　　（多くのことが幸福と満足をもたらす、という意味）
- involveとincludeの違いが分かる文例：
He has a tendency to put himself into the position of the composer and to visualize the problems <u>involved</u>, <u>including</u> that of inspiration, from the perspective of the layman.
（某英語指導書の訳例）
「一般の人は作曲家の立場に身をおき、インスピレーションの問題まで<u>含めて</u>一般人の立場から、作曲に<u>含まれる</u>問題を視覚化しようとする傾向があるが、その際、作曲家にとって作曲とは生来の機能を果たすことに似ているのを忘れているのである」
involveが「巻き込む」、includeが「one of them」なのを分かっているのだろうか。間違いではないが訳がピリッとこない。
　⇒改訳：…、インスピレーションの問題<u>など</u>、<u>作曲関連</u>の<u>事柄</u>を…
- involveとincludeの置き換え：
The contagious disease <u>involves</u> chiefly the skin and nerves.
その伝染病は主に皮膚と神経<u>を冒す</u>。
　×The contagious disease <u>includes</u> chiefly the skin and nerves.
　（伝染病に肌と神経が含まれることになってしまう）
　○The contagious diseases <u>include</u> pest, cholera, typhus.
　　伝染病にはペスト、コレラ、チフスなどがある。
　　S involve Nでは、S⇒N（SがNに影響する）
　　S include Nでは、S≧N（SとNは同類項）

(3) EのなかにJが包含される　　E＞J
　代表例：prince　王子
　Jの王子はcrown princeを指すが、princeは諸侯の大なるもの、外国の高位の貴族、小国の君主も指す。
　イコールで結ばれているようで、日本語の意味のほうが小さいもの。

whaleと「クジラ」：whaleはクジラとイルカを指す
morningと朝：morningは午前0時から正午まで(広義。狭義では日の出から正午)
fatherと父：fatherは父親、祖先、神父など多義
painterと画家：painterはペンキ屋と絵描きの両義
artistと芸術家：artistのほうが意味が広い（落語家はartist《達人、名人、職人》だが芸術家とはいうまい）
pilotとパイロット：pilotは飛行士と水先案内人。また実験の意味もある
dancerとダンサー：dancerには舞踏家と踊る人の幅がある

(4) EのなかにJ1、J2（異なる意味）が包含される　　E＞J1、J2、J3
　代表例：expect　期待する
　悪い予想に対してもexpectが使われる。

confidence：信念；自信
literature：文学；文献
student：学生；研究者　学徒といえばstudentの意味をカバーする
culture：文化；教養　集団に対し文化、個人に対し教養
hurdle：ハードル；障害　文字通りの意味でハードル、比喩的意味で障害
balloon：風船；気球　日本語のほうが細かい
bank：銀行；土手　原義が違う
justice：正義；裁判　よく間違われる単語
society：社会；社交　それまでになかった概念を明治時代につくった造語
cause：理由；主義　どちらかは文脈からとるしかない
room：部屋；余地　可算名詞の意味と不可算名詞の意味
pension：年金；賄付き下宿（英・欧）　語源が別とする説もある
address：演説；住所　一つの語源から意味が分かれた

(5) EのなかにJ1、J2（狭まる意味）が包含される　　E＞J1＞J2＞J3
　代表例：power　力、権力、政権
　どこまで語義を狭められるかで、訳者の力量が問われる。

Ⅴ　日英語の誤差

addiction：耽溺＞嗜癖＞薬物中毒
law：規則＞法則＞法律　　厳格性の問題
find：見つける＞理解する＞悟る　　文脈と理解の程度
happy hour：幸せな＞幸運な＞得する時間＝サービス・タイム
Yankee：アメリカ人＞北部人＞ニューイングランド人　　歴史的意味合いから
dinner：食事＞夕食＞正餐＞　フルコースで大体は夕食となるが、定義はあいまい
keen：鋭い＞感覚が鋭敏な　　例：keen eye ものを見ぬく目
visit：訪れる＞見舞う　　例：visit my sick mother 病気の母を見舞う

（6）EのなかにJ1、J2（語感の違い）が包含される　E＝J1、J2、J3
　　代表例：people　人民、大衆、人びと
　　訳語により訳者の解釈または拠って立つ立場がわかる。

comfortable：満足な、そこそこの
lesson：レッスン、授業　　洗練された感じと泥臭い感じ
eat：食べる、食す、食う　　行為主体の人格・性格が出てしまう
I：私、僕、俺、アタシなど　　育ち・状況・文体が規定される
wife：妻、女房、カミさんなど　　上と同じ
nausea：へど、むかつき、嘔吐　　サルトル作『嘔吐』も『へど』ではヒットしなかっただろう

（7）EとJが一致する　　　　E＝J
　　代表例：Japan　日本
　　定義に類するものは当然ながら誤差があってはならない。

baseballと「野球」：ルールは同じでも運用法はちがうかも…
sleepと「眠る」：比喩的な意味「活動していない」でも一致している
bookと「本」：物の概念だから一致して当然
deathと「死」：人類に共通する概念
civilizationと「文明」：明治に西洋の抽象概念を移入するためにつくった言葉
ironと「鉄」：同じ物質

（8）JのなかにEが包含される（あまり多くはない）E＜J
　　代表例：「医者」とdentist
　　日本人の概念では歯医者も医者だが、あちらの感覚では「歯大工」といったところ。

「真夜中」とmidnight：midnightは午前0時
「十代」とteenager：teenagerは13から19歳（その前はpreteen）
「イギリス」とEngland：イギリスはEngland、Scotland、Wales、Northern Irelandを合わせたもの

5-2　用途からみた切り分け

　訳語の選択で誤訳・悪訳を生みやすい単語。

(1)　可算・不可算
- protest：(u) 抗議；(c) 抗議の活動・行動
- chance：(u) 偶然；(c) 機会；(c) -s大いなる可能性
- matter：(u) 物質、内容；(c) 問題、事柄
- government：(u) 政治；(c) 政府
- truth：(u) 真理；(u) (c) 真実；(c) 事実
- reason：(u) 理性；(c) 理由
- society：(u) 人間社会；(c) 具体的な社会

(2)　意味が狭まる
- physician：医師＞内科医
- physic：医術＞医薬
- vulgar：野蛮な＞俗な＞大衆の
- stranger：見知らぬ人＞他人＞心の通わない人
- generous：寛大な＞気前のいい
- sharp：鋭い＞ぴりっとする
- critical：批評の＞重要な
- present：現在の＞当該の

(3)　意味が広がる
- myth：神話＜例え話
- crusade：十字軍＜聖戦＜改革運動
- friend：友人＜味方＜後援者

(4)　一般語と専門語
- geology：地質；地質学

V　日英語の誤差

- isolated：分離した；単離した
- law：法律；法学

(5) 能動と受動
- favour：愛顧→愛顧すること、愛顧されること
- respect：尊重→尊重すること、尊重されること
- expression：表現→表現する（している）こと、表現される（されている）こと

(6) 単数と複数
- lodging：宿、（-s）下宿
- spirit：精神、（-s）元気
- ash：灰、（-es）遺骨

(7) ニュアンス
- isolation：孤立；孤独
- believe：信ずる；思う
- discover：発見する；知る
- doctrine：主義；主張；信条；信念
- confess：告白する；実は…
- solitude：孤独（良い意味）；孤独（悪い意味）

(8) 主体の違い
- exile：追放、亡命
- payment：支払、報酬

(9) 意味が分かれる
- drug：麻薬、医薬品、衛生用品（pl.）（使用者ごとの認識）
- number：数、曲目、演目　（使用者ごとの認識）
- scorn：軽蔑する、はねつける　（心の内外）
- life：生活、生命、生涯、一生、世界、業界　（元々の古英語lifの多義）
- channel：水路、水脈、淵、運河、海峡；経路、通路、回路　（基の意味の広がりと、比喩的な意味の広がり）
- intelligent：情報の、知的な　（知識の量と在り方）
- challenge：挑戦、試練、難問　（動きの方向）
- tissue：ティッシュペーパー、薄葉紙（＝tissue paper）　（単独語と省略語）
- interest：興味、利益、財産、利子、影響力　（ラテン語inter-間＋-est存在、か

らの広がり

(10) 漢語と和語
- insight：洞察、見抜くこと
- maintain：維持する、保つ
- get：獲得する、得る

(11) 日本語の単語では違いが出ない
- glimpse：一瞥する（ちらっと目に入る）　cf. glance：一瞥する（意識してさっと見る）
- determination：(遂行する) 決心　cf. resolution：(守る) 決心

(12) 日本語にない概念
- tryout：トライアウト≒試演会
  （アメリカ演劇用語で、正式上演前の条件付き試験上演）
  （スポーツ競技で、団体関係者の前で自己の能力をアピールし、契約を目指す場）

(13) 日本語では一部しか伝わらない
- reporter：≒リポーター、≒報道記者　（日本語では一部の意味になってしまう）
- essay：≒エッセイ、≒随筆　（原語の思索性が、軽くなったり、茶飲み話的になったりする）

5-3　理解を深める

訳語の選択で誤解を招く文例を挙げる。
＊原語にどんな訳語をつけるか。×は不適当、△は許される、○は望ましい

(1) When they accept office they soon lose many of these friends.
「彼らが政権の座に就くと、彼らは多くのfriendsを失う」

　×友人　△味方　○支持者、後援者

(2) She cried for joy.
「彼女は喜びでcriedした」

△叫んだ　〇涙を流した

(3) It is <u>salutary</u> to realize the fundamental isolation of the individual mind.
「個々人の心が根本的にかけ離れたものであるのを理解するのはsalutaryである」

　△有益な　〇為になる
salutaryはラテン語由来で「健康な」を意味する。温泉のある神殿の御利益に由来。草津の湯のように「苦しいけれど役に立つ」の意味。

(4) The exercise of a man's benevolence is not to depend upon his <u>worldly good fortune</u>.
「人間の慈悲心の行使がworldly good fortune如何であるはずがあるまい」

　〇世間的な幸運（比喩的）＞〇富の豊かさ（具体的）。どちらも可。

(5) I look back upon my <u>life</u>.
「私は自分のlifeを振り返ってみる」

　〇人生＞〇半生。
終わりに近ければ「人生」、まだ充分生きられるつもりなら「半生」か。

(6) The primary channel of transmission of culture is the <u>family</u>.
「文化伝達の第一の経路はfamilyである」

　△家族　〇家庭
家族でも良さそうだが、構成人員を予感させてしまう。装置として、家庭のほうがよいだろう。

(7) I spend weeks mugging up <u>its geology, its economics, its art history, its literature</u>.
「私は何週間もかけてその土地のgeology, economics, art history, literatureなどを調べる」

　×地質学、経済学、芸術史、文献　　〇地質、経済（状態）、美術史、文学
専門語でなく一般語。

(8) The intelligent tourist would have known by heart before he bought his tickets.
「intelligentな旅行者であれば切符を買う前に諳んじていたことだろう」

×知能の高い→△聡明な→○賢明な（硬め）　○物のわかった（軟らかめ）

(9) It was never my instincts to seek favour for advancement.
「出世のためにfavourを求めるのは私のinstinctsではなかった」

不可算名詞instinct△「本能」が可算名詞化され具体的なものに　○「性分」。favourは抽象名詞によくみられるpassive meaningで△「愛顧」○「可愛がってもらうこと」。

(10) The use we make of the power intrusted to us constitutes our only just claim to respect.
「我々に託された力をどう使うかが、唯一自分が他人からrespectへの当然のclaimを我々にconstitute（する）」

constitute：×構成する　○与える
respect：×尊敬　○尊敬されること
claim：×クレーム　○資格
A constitute Bは、A≦B。ここはイコールで「…となる」。claimは「当然の権利の主張」
respectは「尊敬されること」

(11) The expression cannot be altered without altering the thing expressed.
「The expressionはthe thing expressedを変えることなしには変えられない」

the expression：△表現　○表現形式
the thing expressed：△表現物　○表現内容
前後が対比され「表現方法」と「表現内容」の意味をあらわす。

(12) It is hard not to regard circumstances as pure chance.
「環境を純粋なchanceとみなさないわけにはゆかない」

×機会　○偶然
(u) 不可算名詞で「偶然」、(c) 可算名詞単数で「機会」、(c) -s可算名詞複数で「可

能性大のチャンス」

(13) <u>Style</u> cannot be distinguished from <u>matter</u>.
「styleはmatterと区別し得ない」

style：×様式　△スタイル　○形式　○文体
matter：×問題　○内容
styleは多義だが、matterとの対照性で語義を特定化する。
matterは (u) 不可算名詞で「物質、内容」(c) 可算名詞で「問題、事柄」

(14) To be alone, an Arab man simply cuts off the lines of communication. He withdraws, and this withdrawal is <u>respected</u> by his fellows.
「一人になりたいとき、アラブ人は意志疎通の経路を完全に遮断する。彼は己の身を引き、この引きこもりは仲間たちからrespectされる」

△尊敬　○尊重
文脈にもよるが、誉めるのでなく、認められるととったほうがいいだろう。

(15) (The world economy system seems sound.) Nothing could be further from the truth.
（世界経済は順調のように見受けられる。）
直訳：何物もthe truthからそれ（前文をさす）以上遠くなりえない。
意訳：だがそれはthe truthからあまりにも遠い。
×真理　△真実　○事実
truthは (u) 不可算名詞で抽象的な「真理」、the truthで具体的「事実」。「真実」はその中間か。

5-4　実践

まずは語義選択の誤りを見つける訓練から。どこが間違っているか検討して下さい。

- 敬虔なカトリックであった老作家アンドレ・モーリアックがインタビューで語った言葉
I have lost faith in the novel.

誤訳「私は小説のなかで信仰を失ってしまった」

解説：
信仰、信念、信頼のどれを充てるか。ここはfaith in（…に対する信頼⇒…を頼みとすること）からして、「小説を信頼する気持ち」ととる。
訂正訳「私は小説に信を置く気持ちを失ってしまった」

- 小説の一節。手品師の風体の描写
  He had pale, almost colourless eyes with tiny bright black pupils.
  誤訳「この男の眼ときたら、ほとんど無色といっていいほどの白眼と、キラキラ輝く、小さな黒い瞳だった」

  解説：
  日本語の眼も英語のeyeもまぶたの内側全体から、瞳、瞳孔まで幅がある。このeyeは瞳、pupilは瞳孔。
  訂正訳「瞳が薄い色をしているが、その真ん中の瞳孔は黒く輝いている」

- 小説の一部。戦闘機操縦士が意識を失って夢想する場面。
  She turned and smiled at him, a surprisingly lovely, almost a beautiful smile, although the face itself was very plain, 'Hullo,' she answered him.
  誤訳「女はふりむくと、微笑をうかべた。目をみはらせるような、美しい微笑だった。しかし顔そのものは、いたって無表情だった。『今日は』と女は言葉をかえした」

  解説：
  「美しい微笑」なら「無表情」とはいえまい。ラテン語のplanus（平らな）から⇒地味な⇒見場の良くない（ぶ細工の婉曲な表現）。「無表情」、は「素直な」⇒「ぶっきらぼうな」⇒「無表情な」と勝手に意味を拡大して決めた訳語か。
  訂正訳「女は振り向くと、微笑を浮かべた。目を見張らせるような、美しい微笑だった。しかし顔そのものはいたって地味だった。『今日は』と女は言葉を返した」

- 小説の一部。いろんな取り柄があるのだが未だ独身のマーサに関する叙述。
  Many people have married whose chances to do so were much inferior to Miss Marth's.
  誤訳「世の中にはマーサほどの好チャンスがなくとも結婚した人がたくさんいる」

V 日英語の誤差

解説：
chancesは可能性の高さを含意「有利な条件」。a chanceは機会、好機。不可算名詞chanceは偶然。
訂正訳「世の中にはマーサより条件が悪くとも結婚できた女が沢山いる」

5-4-1 力だめし

(1) 題材：俗説の不当さを述べるエッセイ
　　ヒント：広い意味と狭い意味

The number of those who recover by <u>physic</u> could be opposed to that of the martyrs to it.

「医薬」「医術」どちらが話が面白くなるか。
「<u>医術</u>によって治った人の数と医術の犠牲となった人の数とが比べられうる」

(2) 題材：ソロー『森の生活』
　　ヒント：コロケーション（語と語の結びつき）に注意

I never <u>found</u> the companion that was so companionable as solitude.

findはこの場合「偶然見つける」こと
「私は孤独ほど付き合いやすい仲間に<u>出会った</u>ことはない」

(3) 題材：世間の無責任な放談を戒めるエッセイ
　　ヒント：ピタッとくる日本語がありそうだが

There is nothing more unjust than the <u>vulgar</u> opinion.

「野卑な」「野蛮な」「大衆の」（意見）では説得性がない。
「<u>俗説</u>ほど不当なものはない」

(4) 題材：エッセイ。流行作家の不遇時代の回想
　　ヒント：乞食をするわけではあるまい

I beg from <u>strangers</u> the means of earning bread.

物乞いするわけではない。それはbeg for　例：beg for mercy from a passerby「通

行人に慈悲を乞う」。仕事の紹介を依頼しているのである。このstrangerは「見も知らぬ他人」（赤の他人）でなく、「自分と本来かかわりのない人」のこと。cf. earn one's living「生計を立てる」。
「私は他人に生活の資を得る手段を頼む」

(5) 題材：数学の啓蒙書。無限の歴史
　　ヒント：並列をきれいに

But the ancient mathematics of the Hindus, the Chinese, the Babylonians, and the Egyptians confined itself solely to practical problems of daily life, such as the measurement of area, volume, weight, and time.

the+形容詞＝具体的なもので「文明」ととるのは、the Hindusで分かるように、…人（複数）を示す-sがあるのでダメ。the Hindus（ヒンズー人）は北部インド人のことだが、転じてインド人全体を指す（イングランド人がイギリス人を代表するのと同じ）。日本語は並列に神経質なので、列挙ででこぼこが出ないよう訳語に配慮する。
「しかしインド、中国、バビロニア、エジプトの古代数学は、面積・容積・重量・時間といった、日常生活の実用的な問題だけにとどまっていた」

(6) 題材：南米征服史
　　ヒント：歴史的事実から意味を狭める

The cortege was preceded by a crowd of servants sweeping the ground in front of the litter with a canopy studded with silver leaves, on which the Inca was lying, surrounded by 300 archers, 1000 lancers and warriors armed with silver and copper clubs.
＊the Inca　皇帝アタワルパのこと

どの辞書でもlancer「槍騎兵」と出ているが（ジーニアスのみ、槍騎兵；槍を運ぶ［持つ］人、とある）、当時の南アメリカ大陸には馬はいなかった事実を知れば、別の訳語が浮かぼうというもの。
「行列はまず大勢の従者が地を堂々と進み、その後を銀箔で飾られた天蓋の付いた輿がやって来た。輿には皇帝アタワルパが乗っており、その周りを300人の弓兵、1000人の槍兵、銀や銅の棍棒を携えた兵士たちが囲んでいた」

Ⅴ　日英語の誤差

(7) 題材：南米征服史
　　ヒント：同じ単語の相反的意味合い

It was an ignominious and terrible end for an Inca who believed in the preservation of the body beyond life and whose people mummified the corpses, wrapping them in precious cloths and <u>exposing</u> them during the religious ceremonies. Maybe that's why Atahualpa—who knew his fate very well—eventually accepted to be 'baptized', turning the sentence into 'death by garroting'. After being strangled, his body was <u>exposed</u> in the square and then 'Christianly' buried in the church of San Francisco at Cajamarca, hastily built by the missionaries who had accompanied the army.

exposeはmake (something) visible by uncovering it（OED）。日本語にする場合、いい意味なのか悪い意味なのかで、訳語が変わる。
「死後も体を保存する信仰をもち、遺体をミイラにさせて高級な衣に包み宗教的儀式の際に<u>顕示する</u>習慣をもっていたインカの皇族にとって、火あぶりなどというのは屈辱的で恐ろしい死に方であった。自分の運命をよく知っていたアタワルパが結局「洗礼」を受け入れ、宣告を「絞首刑」に変えさせたのは、そのためだったかもしれない。絞首刑に処せられた後、アタワルパの遺体は広場に<u>さらされ</u>、そして『キリスト教徒らしく』カハマルカのサンフランシスコ教会に埋葬された。この教会はスペイン軍に同行した宣教師らによって即席に建てられたものであった」

(8) 題材：科学書。黒海形成の秘密
　　ヒント：地形は不変ではない

As sea levels rose, the Mediterranean began first to seep into, then to eat away at, <u>the blocked-off Bosporus</u>. Suddenly the barrier gave way. Seawater surged into the Black Sea with the power of two hundred Niagara Falls, releasing a roar that could have been heard a hundred miles away and pushing the <u>shoreline</u> outward by as much as a mile a day. The flood never receded.

今のボスポラス海峡はこの当時塞がっていた—the blocked-off Bosporus。「海峡」に対し「地峡」という。ボスポラスが崩れるまで黒海は淡水湖だったのだから、shorelineは「海岸線」ではまずい。「湖岸線」ちょっと洒落て「汀線」とすべきところ。
「海水面の上昇にともなって、地中海の水は、<u>当時、塞がって堰のようになっていたボスポラス</u>にじわじわと浸透し、侵食し、そして、ついに決壊させた。海水

はナイアガラ瀑布の200倍も強力な勢いで黒海になだれ込み、100キロ以上遠方にも聞こえるほどの轟音をあげて、1日に、1、2キロの速さで<u>湖岸線</u>を押し広げていった。この水は決して引くことがなかった」

(9) 題材：エジプト史。農耕の実際
　　ヒント：事実を調べる

The civilization of the Egyptians is one of the oldest civilizations on the earth. The people lived <u>on the banks of the Nile and the small strip of fertile country on either side</u>.

bank：土手、堤防、岸辺、河原、岸と土手の間、川沿いの土地、など多義。
strip：断片、細長い土地、など多義。
the banksは「ナイル河谷」。the small stripは「平野部で川と直角に短冊状に所有された土地」。
エジプトの穀物収穫量はナイル河谷が2/3、河口デルタが1/3。エジプト史を紐解けばthe banksが固有名詞化しナイル河谷を示すのが分かる。the small stripは、ナイル河氾濫のリスクを等分にするための生活の知恵から生まれたもの。翻訳においては、調べる労を惜しんではならない。
「エジプトの文明は地上最古の文明のひとつである。人々は<u>ナイル河谷に、そして平野部では川と直角に土地を区分所有して</u>住んでいた」

(10) 題材：シェークスピア『ハムレット』
　　ヒント：youが「あなた」でない話

HORATIO
O day and night, but this is wondrous strange!
HAMLET
And therefore as a stranger give it welcome.
There are more things in heaven and earth, Horatio,
Than are dreamt of in <u>your philosophy</u>.

[構文分析]
HORATIO
1<O> 2<day and night>, 3<but> 4<this> is 5<wondrous strange>!
HAMLET
6<And therefore> 7<as> 8<a stranger> 9<give it welcome>.

V　日英語の誤差

There are 10<more things> in 11<heaven and earth> 12<, Horatio,>
10<Than> 13<are dreamt of> in 14<your philosophy>.

1　驚きを示す間投詞「おお」「あら」「まあ」。
2　実はこの場面は夜。そこに出没した亡霊があちこち自在に動き回るのを目にし、ホレーショが発する言葉。
「昼と夜」→「昼でも夜でも」→「日夜」→「いつでも」→「時を選ばず」と、意味を狭めるのが望ましい。
3　前後を対比しているわけでないので「しかし」はまずい。むしろ前後をなんとなく繋ぐandに近い意味「それにしても」。
4　亡霊があちこち自在に動きまわっていること、を指す。
5　wondrous は強意の副詞「すごく」。strange は、ここでは「不思議な」。
6　「それで」therefore は副詞。strange を受けている。
7　役割・資格を示す前置詞「…として」。
8　(1) 他人　(2) 見知らぬ人　(3) よく知らない人　(4) 不慣れな人、のうち(2)。
9　it は a stranger である亡霊。
「そいつに歓迎をあたえよ」→「そいつを歓迎してやろう」
10　このthingsはare dreamt ofの目的語としての意味と、その目的語のthings以上のthings、の二つの意味を併せ持つ（夢見られるthingsよりも多くのthings）。thanはこの場合、関係代名詞（また、文の一部が省略されていると考えれば接続詞ともとれる）。
11　イディオム「天地」。
12　間投詞的に呼びかけ「ホレーショよ」。
13　便宜的に記せば、
The things are dreamt of in your philosophy by you.
→You dream of the things in your philosophy.
dream of は、自動詞＋前置詞＝他動詞化（…を夢想する）。
14　一般人称のyour。「あなたの」ではなく「皆のよく言う」→「例の」→「いわゆる」。
例：your modern girl（いわゆるモダンな少女たち）

（福田恆存・訳）
ホレイショー：
おお、不思議、一体これは！
ハムレット：
だからさ、珍客はせいぜい大事にしようではないか。ホレイショー、この天地のあいだには、人智の思いも及ばぬことが幾らもあるのだ。

（拙訳）
ホレイショ
神出鬼没、なんたる不可思議！
ハムレット
ならばあれを珍客としもてなしてやろう。
この天と地の間にはな、ホレイショ、哲学なんぞの及びもつかぬことがたんとあるのだ。

（坪内逍遥・訳）
この天地の間にはな、いわゆる哲学の思いもおよばぬ大事があるわい。

（小田島雄志・訳）
この天と地のあいだにはな、ホレーシオ、哲学などの思いもよらぬことがあるのだ。

[コラム3]

悠々たる哉天壌
遼遼たる哉古今
五尺の小躯を持って此大をはからんむとす
ホレーショの哲學竟に何等のオーソリティーを價するものぞ
萬有の眞相は唯だ一言にして悉す、曰く「不可解」。
…
明治36年5月、「巌頭之感」を木の幹に刻み、華厳の滝に身を投じた一高生、藤村操。
文中にある「ホレーショの哲学」とは？新聞記者が当時の東京帝国大学初代哲学主任教授、井上哲次郎に聞きに行った。井上はしどろもどろに、「いやホレーショなどは、哲学者の中でも傍流のまた亜流みたいなものであって…」と答えたという。だが、誰がどこをどう調べてもホレーショという哲学者は出てこない。

その後、藤村操が『ハムレット』を愛読していたことから、ホレーショとはその作中人物、ハムレット王子の学友でウィッテンバーグの大学に学ぶホレーショであろうということになった。井上はこれで大恥じを搔いたわけだが、それでなくとも人気がなく、哲学を志望するものは新設の京都帝大へ向かい、西田幾多郎一門の京都学派の隆盛に至ったという。井上の評判記を次にいくつか。

V　日英語の誤差

午後は大教室に出た。其教室には約七八十人程の聴講生が居た。従って先生*も演説口調であった。砲声一発浦賀の夢を破ってと云う冒頭であったから、三四郎は面白がって聞いてゐると、仕舞には独逸の哲学者の名が沢山出て来て甚だ解しにくくなった。…隣の男は感心に根気よく筆記をつづけてゐる。覗いて見ると筆記ではない。遠くから先生*の似顔をポンチに書いてゐたのである。＊「先生」のモデルは井上哲次郎
（夏目漱石『三四郎』）

「来年は貴方もいよいよ大学生ね。」夕食の茶ぶ台を囲んだ時、奥さんはかう云った。
「ええ、やっと、大学生になるかも知れないんですが、なったところで気がききませんよ。学生ぢゃ。」というと、
「何です、まだ高等学校のくせに。」奥さんは高飛車に出て「大学はどこ。東京？京都？」
と美しい瞳を向けた。
「実はそれを考へ中なんですがね。事によると京都へ行くかも知れないんです。彼方の方が文科は教師がいいやうですからね。」
と、だしぬけに隣の室から「東京がいいね。東京にゐ給え。」と云う先生の太い声がした。
その藪から棒に自分達は笑った。
自分も勿論東京にゐたいのであるが、折角大学をやる以上「何しろ井の哲の講義ぢゃァ助かりませんからね。」
（長与善郎『竹沢先生と云う人』）

「この哲学のての字もない人が、スエズ以東第一の哲学者といはれ、その現象即実在論が彼の独創だといふ者があったのだから、あきれる外はない。人間のよく分かるケーベル先生などは、『彼は別にわるい人間ではない、ただスチューピドなだけだ』といって居られた。」
（安倍能成の回想）

さて、井上だけでない、自殺した当の藤村操自身も「ホレーショの哲学」を誤解していた節がある。藤村操は、前段の台詞にある「ホレーショが大学で研究している」というのと、ハムレットがホレーショに向かって言う your philosophy から、ホレーショを哲学者と思い込んだようだ。この場面での your の意味を正しく掴んでいれば、自殺しないで済んだかもしれない…。

5-4-2 教養演習

M・ミッチェル『風と共に去りぬ』

このところ新訳が相次いで出た。岩波文庫から荒このみ訳、講談社文庫から鴻巣友紀子訳によるもの。既存の大久保康雄訳は悪くないはずだが、新訳をするには何らかの既訳への異議申し立てがあるはずだ。それは何なのか。
私の予見―
荒は、大学英語教員らしく、原文を忠実に写したいと思ったのだろう。
鴻巣は、雑誌記者出身らしく、日本語としての読みやすさを狙いたいのだろう。

さて、日本語表現を検討する前に原文を腑分けするように点検してゆく。文法的にどこまで正確か、語義の広い英語を語義の狭い日本語にどこまで特定化できるか、を中心に見る。

原文：
Scarlett O'Hara was <u>not beautiful</u>, but <u>men</u> seldom <u>realized</u> it when caught by her charm as the Tarleton twins were. In her face were too sharply blended the <u>delicate features</u> <u>of</u> her mother, a <u>Coast aristocrat</u> of French descent, and the <u>heavy</u> ones of her <u>florid</u> <u>Irish</u> father. But it was an <u>arresting</u> face, pointed of chin, <u>square</u> of jaw. Her eyes were <u>pale green</u> without <u>a touch of</u> hazel, <u>starred</u> with bristly black lashes and slightly <u>tilted</u> at the ends. Above them, her thick black brows <u>slanted</u> upward, <u>cutting</u> a <u>startling</u> <u>oblique</u> line in her magnolia-white skin — <u>that</u> skin so prized by Southern women and so carefully guarded with bonnets, veils and mittens against hot Georgia <u>suns</u>.

直訳と検討点：

- スカーレット・オハラは美しくはなかった。　⇒醜かったのか？：
  beautifulは「美しい」だが、「美しすぎる女医」「美しすぎる女性市議」と美しさを大盤振る舞いしがちな日本語と違って、authentic、excellentを含意。notは「…ではない」というだけで「…と反対」というわけでない。⇒「極めて美しいというわけではない」であって、やはり彼女は「美しい」のである。
- だが、**男たちはめったにそのことを認識しなかった、**　⇒**men**は人々と読めないか。
  成年の男に用いるのが通例。不特定の人の意味ではa manかadj.+menになる。文脈の支援も得られない。

- **realizeの正確な意味は：**
  realizeは「然るべきものを然るべきものとして認識する」こと。ここでは「彼女が絶世の美女ではないこと」。冷静に考えれば分かるのに、分かろうとしない、ということ。
- **彼女の魅力に引きつけられた時、：**（ママ）
- **タールトン家の双子の兄弟が現にそうであったように。：**（ママ）
- **彼女の顔にはあまりにはっきりと混ざり合っていた、：**（ママ）
- **フランス人の子孫の海岸貴族である母親の優美な容貌と** ⇒**Coast aristocrat, delicate, feature, of：**
  Coast aristocratは、語頭の大文字が固有名詞化を示し「海岸貴族」（西海岸の大農園主）。
  delicateは多義だが、文脈より「繊細」をとる。featureは、顔全体の印象を決める特徴的な部分（だからfeaturesと複数になる）。ofは、所有・所属を示す。
- **赤ら顔のアイルランド系の父親の粗野な容貌が。** ⇒**heavy, florid, Irish：**
  heavyに「重厚」の意味はない。顔面の皮膚が分厚い→いかつい。floridは、赤ら顔であって「血色のよい」と健康的な意味ではない。Irishは、「アイルランド系」であって「アイルランド人」ではない。後者であれば、一代立身ということになるが、どこにもその話は出てこない。Japaneseが「日系」、Germanが「ドイツ系」を意味するのはよくあること。
- **しかしそれは注意を引く顔であった、** ⇒**arresting：**
  「人眼を引く」という意味。
- **顎先がとがり顎は角ばっている。** ⇒**square：**
  squareは「角ばっている」のであって、「鰓が張っている」のではない。それはfacial features squared off to the jowlsといったところ（西洋人の骨相に無く、造語するしかない）。
- **彼女の眼は薄茶色の痕跡のない薄緑で、** ⇒**pale green, a touch of：**
  pale greenは「薄緑」としか訳しようがないが、日本語は青が緑の上位概念（青りんご、青信号、いずれも緑）、西洋語はgreenがblueの上位概念。それで我々の感覚で青と感じるものが彼らにはgreenと感じられることがある。ここはどちらか分からない。a touch ofは、「…の気味合い」touchは「少量」の意。色々な人種・民族が交じりあうのだから、瞳の部分がよく見るとまだらになっているのが普通。それが混じりけのないのは、大いに誇るべき事柄なのだ。
- **剛毛質の黒いまつげに飾られ** ⇒**star：**
  starは、他動詞で「(eyes)を(with以下)で星のようにちりばめる」→「眼は黒い睫毛に縁どられる」
- **端で心もちひっくり返っていた。** ⇒**tilt：**

tiltは、「傾げる」だが、上向きなのか、下向きなのかは文脈依拠。ここ縁がそっくり返っている、ととる。毅然とした性格を象徴しているのだ。
- それらの上で、**彼女の厚い黒い眉毛が上の方へ傾いて横切り、** ⇒**slant**、への字と読めないか？：
slantは、「傾く」だがどちらの先が上か下かは文脈依拠。当然人物像に性格を織り込んでいるのだから「への字」ではなく、「逆八の字」。
- **彼女のモクレンのように白い肌に人を驚かせる斜めの線を刻んでいた。**
⇒**cut, startling, oblique**：
cutは「切る」でなく「刻む」。startlingは、他動詞の現在分詞形の形容詞。「人をびっくりさせる」→「驚くべき」。obliqueは、「斜めの」、白い顔に黒い逆八の字眉毛がある様を印象的に形容している。
- **そうした肌は南部の女たちに大層高く評価され、大層注意深く婦人帽・かぶり布・手袋でジョージアの灼熱の陽から守っているのであった。** ⇒**that, suns**：
thatはher magnolia-white skinでなく、一般のmagnolia-white skin。「彼女の」だったらtheとなるはず。so prized by Southern womenもそれを支援する。sunsは、太陽に-sが付いて「陽光」に転化。

（訳文比較）
下線部は誤訳。斜体は悪訳。 ワク 部分はうまい訳。アミカケは意訳で、＊＝うまく行っていない、＊＊＝判断に迷う（好き好き）、＊＊＊＝うまく行っている。何れも論者の判断

①-1　大久保康雄？　初訳
スカーレット・オハラは、いわゆる美人ではなかったが、双子のタールトン兄弟のように、ひとたび魅惑されたとなると、＊どうにも好きにならねばいられないような魅力をもっていた。彼女の顔には、仏蘭西貴族の血をひく母親の典雅な線と、愛蘭土人である父親の重厚な線とがはっきり混って、ふっくらとした輪郭、しゃくれ気味の顎など何となく＊人好きのする顔だった。眼は少しも褐色のまじらない淡碧にかがやき、太い真黒な睫毛にふちどられ、眼尻はかるく合わさっていた。そして黒く濃い眉毛が、木蘭のような白い肌に、あざやかな斜線をひいていた。この白い肌は、南部の女たちの自慢の一つで、ジョージァの烈しい陽光の下では、帽子やヴェールや手袋などで注意深く日焼けを防いでいるのである。

①-2　大久保康雄　改訳
スカーレット・オハラは美人というのではなかったが、双子のタールトン兄弟がそうだったように、ひとたび彼女の魅力にとらえられると、そんなことを気にす

V　日英語の誤差

るものは、ほとんどいなかった。その顔には、フランス系の「コースト」貴族の出である母親のデリケートな目鼻立だちと、<u>アイルランド人</u>である父親のあから顔の粗野の線とが、めだちすぎるほど入りまじっていた。しかし、さきのとがった角ばったあごなど、奇妙に人をひきつける顔だった。目は、茶のすこしもまじらない淡碧で、こわくて黒いまつ毛が、星のようにそのまわりをふちどり、それが目じりへきて心もちそりかえっていた。その上に、黒くて濃い眉が、ややつりあがりぎみに、もくれんのような白い肌に、あざやかな斜線をひいていた。——この肌は、南部の女たちがひどく大切にして、ボンネットや手ぶくろなどで、あのジョージアの激しい日ざしから、じつに注意深く守っているものであった。

② 　荒このみ　訳
スカーレット・オハラは美人ではなかったが、いったんその魅力に取りつかれてしまうと、タールトン家の双子の兄弟がそうだったように、男たちはたいていスカーレットが美人でないことを忘れてしまった。スカーレットには、<u>沿岸貴族の旧家のフランス人の血を引く</u>母親の繊細な目鼻だちと、アイルランド移民の血色のよい父親の**<u>活力</u>がはっきりと受けつがれていた。<u>えらが張り</u>、きりっとした顎は人を引きつけてやまず、なんとも**<u>魅力的な顔だち</u>だった。薄緑色の目は一滴の茶色も混じらずに、<u>濃いまつげに縁どられて星のように輝き</u>、まなじりはやや上がりぎみだった。目の上の黒く濃い眉は、わずかにつり上がっていて、マグノリアの花のような白い肌にくっきりと斜線をきざみ、人びとをはっとさせた。南部の女たちの賞賛のまとの白い肌は、帽子や薄布、手袋などの助けを借りて細心の注意を払われ、焼けつくジョージアの太陽から守られていた。

③ 　鴻巣友季子　訳
スカーレット・オハラは***<u>実のところ</u>美人ではなかったが、たとえばタールトン家の双子がそうだったように、ひとたびその魅力の虜となった男たちには、***<u>美人も不美人もなくなってしまうのだった</u>。その*容には、フランス系の海岸貴族である母の繊細な目鼻立ちと、<u>アイルランド人である赤ら顔の父の</u>*<u>造作</u>が、鮮やかに交じりあっている。**<u>とはいえ</u>、顎の線はくっきりと角張り、頤にかけてすっと尖った輪郭、かなり目を引く顔立ちである。瞳は*<u>茶色みのない</u>浅翠で、しっかりとした黒い睫毛に縁どられ、心もちつりあがっていた。その瞳の上には、ゆたかな黒い眉が鋭角に切れあがり、マグノリアの花のような白い肌にはっとするような斜線を描いている。<u>南部では白い肌は女の宝とされ</u>、女たちはボンネットやヴェールや手袋でもって、ジョージアの強い日射しからしっかりとまもったものだ。

印で示したように、一長一短があるが、どれもそれぞれの文体ができており、よろしいと思う。
　予見した通り、荒このみ訳は原文を正確に読み解き、原文から離れない範囲で日本語としての読みやすさを考えている。そのため硬い感じになっていることは否めないし、どうしても日英語の誤差に苦しむ箇所が出てくる。「活力」は少しずれる。「魅力的な顔立ち」は、言ってしまえばそうだが、一癖も二癖もあるという原文の含みが消えてしまっている。
　鴻巣友紀子訳は日本人が原作者だったらどう表現するかを優先させ、読者第一で、言葉の使い方も思い切りよく原文から解き放たれようとしている（「実のところ」「とはいえ」といったように意識の流れを重視）。そのため独特の表現が生まれ、鼻に付くと思う人もいるだろう。「美人も不美人もない」といった日本語寄りの表現。「容」をカンバセと読ませるのはおしゃれと見るかあざといと感じるか。「茶味のない」は日本語としてなじんでおらず不自然。「造作」は原文とズレるが許容範囲内か。これらを工夫ととるかやり過ぎととるか意見が分かれるところだろう。
　大久保康雄訳は安定していて文句のつけようがない。実は大久保初訳は、大久保の言によれば、昭和16年に急いでやるために人に任せて碌に推敲せずに出したものなのだという。それを中野好夫にあげつらわれ、戦後すぐに改訳を出したとのこと。さすが名翻訳家が本気でやるといいものができるものだ。
　この三つを獨協大、東京女子大、私の英文教室（語学力ある社会人が中心）で文法的解説をしたうえで、どれがいいか選んでもらったことがある。出席者はどこもおよそ約20人であった。意外なことに東京女子大では荒このみ訳が半数の支持、獨協では大久保と鴻巣が半々、英文教室では圧倒的に大久保支持であった。校風によるものか、年代差によるものか、英語力によるものか、改めて別の機会にこの点を検証してみたい。とはいえ、どれもそこそこの支持を得ているのであるから、新訳はそれなりに成功していると言えようか。

5-4-3　実務演習『誘導放出』

　工業英語検定を主催している日本工業英語協会から「工業英語ジャーナル」という雑誌が発行されている。各分野の権威（の筈）の方々が連載講座を執筆し、参考となるところが多い。ところが、アレッと思うようなものも時々ある。工業英語全般に関する雑誌なので必ずしも翻訳を主眼としたものばかりではないが、それにしても訳例として載っているものが読み取りにくいのでは、心細い限り。どこがよろしくないか、解説を見ず、先ず考えて頂きたい。
　語釈と直訳は、この分野の素人である筆者が見よう見まねで付けたもの。門外

V 日英語の誤差

漢でも辞書をしっかり引けば、何とか意味が通じるものになることを納得されたい。

その後に専門分野翻訳者によるコメントと全体訳例を示した。

1．自動車用語に関する連載から（初歩的な間違いが目立つ）

> （原　文）You don't need any mechanical or technical knowledge, you don't even need to lift the bonnet.
> （著者訳）あなたには特別な機械的あるいは技術的な知識は必要なく、ボンネットを開ける必要もありません。

周知のようにYouは人一般を指すから訳さないのが普通だろう。anyは「程度の差はあれどんな」の意味だから「いかなる」と訳せばよい。mechanical or technicalのorは「あるいは」ではない。not A or Bの連語で、両者否定「機械的な知識も技術的な知識も必要ない」。かつ同義反復のような気がする（機械的と技術的との区別がよくわからない）。訳としては「機械的・技術的知識は一切不要」とか「機械のことは何も知らなくても大丈夫です」等とするのがよいだろう。

> （原　文）It's all done from the comfort of your driving seat. Start by simply plugging the handy device into the diagnostic port.
> （著者訳）快適なあなたの座席からすべて行えます。手ごろな機材を診断ポートに差し込むだけで始められます。

「快適なあなたの座席から」は明らかに誤訳。from the comfort ofは熟語で「居ながらにして」の意味。つまり「座席に居ながらにしてすべて行えます」と述べている。「手ごろな機材」も乱暴。ここでのdeviceは例えばICカードのようなもので「機材」は不適当。handyも「手元にある」または「扱い易い」などの意味にとるのが適切だろう。例えば「お手元の機器」でどうか。

ここまでは、技術者でなくとも文法力と論理力があれば、読み解けるはず。
次のものは、それプラスかなり高度な専門知識が要りそうだが、辞書を引き引き、やってみよう。

2．過去にノーベル化学賞に関連してスウェーデン王立科学アカデミーが公表した文に関する記事から（全体に技術内容の把握が不十分な感じ）。
番号を付けた箇所について検討する。

5-4 実践

When Stefan Hell read about stimulated emission, he realized that it should be possible to devise a kind of nano-flashlight that could sweep along the sample, a nanometer at a time. (1)By using stimulated emission scientists can quench fluorescent molecules. They direct a laser beam at the molecules that immediately lose their energy and become dark. In 1994, Stefan Hell published an article outlining his ideas. In the proposed method, so-called stimulated emission depletion (STED), (2)a light pulse excites all the fluorescent molecules, while another light pulse quenches fluorescence from all molecules except those in a nanometer-sized volume in the middle. (3)Only this volume is then registered. (4)By sweeping along the sample and continuously measuring light levels, it is possible to get a comprehensive image. (5)The smaller the volume allowed to fluoresce at a single moment, the higher the resolution of the final image. (6)Hence, there is, in principle, no longer any limit to the resolution of optical microscopes.

(元訳)
誘導放出（Stimulated emission）に関する論文にStefan Hellが接したとき、彼は、試料に沿い、一度には1ナノ・メートルずつ、掃引してゆく、ナノ・サイズの、ある種の閃光（光源）を、考案できそうだと気づいた。(1)誘導放出を用いれば、蛍光分子を、科学者らは、抑制的に制御できるのだ。レーザ・ビームを全ての蛍光分子に向ければ、それらは直ちにエネルギーを失い暗くなる。1994年にStefan Hellは、彼の着想を概説した論文を発表した。いわゆる誘導放出抑制法（stimulated emission depletion：STED）と呼ばれる、その提案手法では、(2)ある光パルスが全蛍光分子を励起する一方で、別の光パルスが、中央のナノ・メートル・サイズの容積内に存する分子を除く他のあらゆる分子の蛍光の発光を抑制する。(3)結果、その時点で、中央に位置するナノ・メートル・サイズの容積内の分子だけが蛍光発光し、記録されるのである。(4)包括的な全体の画像を取得出来るようにするためには、試料に沿って掃引しつつ光強度を継続的に計測すれば良い。(5)ある単一の瞬間において蛍光発光が許されることになる容積が小さければ小さいほど、最終的により高い解像度の画像が得られる。(6)このようにして、原理的には、光学顕微鏡の解像度には、もはやいかなる限界も、存在しなくなっているのである。

(1) By using stimulated emission scientists can quench fluorescent molecules.
誘導放出を用いれば、蛍光分子を、科学者らは、抑制的に制御できるのだ。

stimulated emission：「誘導放出」。外から入射した光の刺激によって、励起状態

にある原子・分子が光を放出する過程。
励起：量子力学的な概念。一つの物質系、例えば原子・分子などの系が、エネルギーの最も低い安定した状態から、他との相互作用によって、より高いエネルギー状態に移ること。
cf. 基底状態：量子力学で、定常状態のうち最もエネルギーの低い状態、それ以外の状態は励起状態という。
scientists：総称用法「科学者というものは」「科学者ならば」であって、「…らは」と複数を強調するものではない。
quench：一般語では「…を消す、…を癒す、…を抑える」。専門語では（1）<発光・放電>を消滅させる［物理］（2）<放電・電子スパーク>を止める［電子工学］（3）「急冷する、焼き入れする」［金属学］。業界用語は煩わしい。ここは話のテーマからして（1）ととるのがよいだろう。
fluorescent：蛍光を発する、蛍光性の
molecule：分子
直訳：誘導放出を用いることによって、科学者は、蛍光性分子を消滅させることができる。

専門家のコメント：

　元訳quenchを「抑制する」の意味に捉えているようだが、物理分野では主に「消光する」*の意味で用いられる。quench fluorescent moleculesは「蛍光分子（の蛍光）を消光する」。Stefan Hellの着想の記述なので、「蛍光分子を、科学者らは、」は主語を立てすぎ。scientistsは敢えて省き、「誘導放出を用いることにより蛍光分子の蛍光を消光することができる」とするだけで充分内容は伝わるだろう。
*quench「消光」は、蛍光の強度が低下する過程、すなわち励起エネルギーが種々の要因で失われて、蛍光が減衰する現象を指す。

（2）... a light pulse excites all the fluorescent molecules, while another light pulse quenches fluorescence from all molecules except those in a nanometer-sized volume in the middle.

ある光パルスが全蛍光分子を励起する一方で、別の光パルスが、中央のナノ・メートル・サイズの容積内に存する分子を除く他のあらゆる分子の蛍光の発光を抑制する。

---

light pulse：光パルス
excite：一般語で「引き起こす」、専門語で「励起する」。
fluorescence：蛍光

those：= molecules
in：範囲を示す
nanometer：ナノメートル
-sized：…の大きさ・規模の
volume：(1) 容積；体積　(2) 分量、大きさ、かさ、のうち文脈から (2)。
in：所在を示す
middle：(1) 真ん中　(2) 中央部・中心部、のうち (2)。
直訳：
光パルスが全蛍光分子を励起する一方、別の光パルスは中心部に所在するナノメーター規模内にある分子を除く全分子から蛍光を消滅させる。

専門家のコメント：
　quenches fluorescenceは上述したように「蛍光発光を消光する」とすべき。volumeはここでは「容積」というより「大きさ」の意味に捉えた方がよいだろう。2種類の光パルスで試料面を照射して励起と脱励起を繰り返す操作についての記述と思われる。訳としては、「一方の光パルスが全蛍光分子を励起する一方で、もう一方の光パルスが中央のナノメータサイズの領域内を除く全ての分子の蛍光を消光する」等になろうか。

> (3) Only this volume is then registered.
> 結果、その時点で、中央に位置するナノ・メートル・サイズの容積内の分子だけが蛍光発光し、記録されるのである。

直訳：
その結果、この規模の分だけが記録される。

専門家のコメント：
　volumeを「容積」と訳したために全体の訳がものすごく苦しくなっている感じ。ここは画素に相当するドットのことを述べていると思われる。「この中央の領域だけが（画素として）記録される」という直訳でよいと思う。

> (4) By sweeping along the sample and continuously measuring light levels, it is possible to get a comprehensive image.
> 包括的な全体の画像を取得出来るようにするためには、試料に沿って掃引しつつ光強度を継続的に計測すれば良い。

sweep along：sweepは自動詞・他動詞あるが、ここは他動詞の動名詞。「（人が）

…をさっと動かす」。alongは副詞「どんどん、ずんずん（先へ）」で、「沿って」ではない（面を言っている）。
sample：一般語で「見本」、専門語で（1）「標本」（2）「試料」、のうち（2）。
continuously：とぎれなく
measure：…を測る
level：一般語で「水準、程度」、専門語で（1）濃度　（2）（基準に対する）比強度、のうち（2）。
comprehensive：（1）包括的な　（2）広範囲にわたる、のうち（2）。
image：画像
直訳：
試料全体をなめてゆき、継続的に光強度を測ることにより、全体像を捉えることができる。

専門家のコメント：
　sweeping along the sampleは「試料に沿って掃引」ではわかりにくい。sweep alongは「さっと撫でていく」の意味だから「試料面を掃引」等が適当だろう。comprehensive imageは「全体像」でよい。例えば、次のような修正訳が考えられる。
　「試料面を掃引しつつ光量を連続測定することによって全体像を得ることができる。」

> (5) The smaller the volume allowed to fluoresce at a single moment, the higher the resolution of the final image.
> ある単一の瞬間において蛍光発光が許されることになる容積が小さければ小さい程、最終的により高い解像度の画像が得られる。

allow：…するのに任せる。邪魔したり、中断しないこと。…できる
fluoresce：蛍光を発する
single：逐一の
resolution：専門語で「解像度」
直訳：
逐一の瞬間において蛍光を発することができる規模量が小さければ小さいほど、最終的な画像の解像度はその分高くなる。

専門家のコメント：
　allowedは可能の意味にとるべき。final imageは「仕上がり画像、出来上がった像」のことだろう。ここでも何となく苦し紛れのような訳になっている感じ。次のよ

うな修正訳が考えられよう。
「瞬間毎の蛍光発光領域が小さい程、仕上がり画像の解像度は高くなる」

> (6) Hence, there is, in principle, no longer any limit to the resolution of optical microscopes.
> このようにして、原理的には、光学顕微鏡の解像度には、もはやいかなる限界も、存在しなくなっているのである。

hence：それゆえ
in principle：原則的に
optical microscope：光学顕微鏡
直訳：
それゆえ、原則的には、もはや光学顕微鏡の解像度に如何なる限界もないのである。

専門家のコメント：
　誤訳ではないが、冗長で無用に力んだような悪訳。簡潔・明瞭を旨とすべき。
　修正訳として、「したがって、原理的には光学顕微鏡の解像度にもはや限界は存在しない」
　少し意訳して、「これにより原理的には光学顕微鏡の解像度を無限に高めることができる」

参考までに段落全体の修正訳を示す。
シュテファン・ヘルは、文献で誘導放出のことを知ると、1ナノメータずつ試料面を掃引する一種のナノ閃光を発明可能なことに気づいた。誘導放出を用いることにより蛍光分子の蛍光を消光することができる。すなわち、レーザビームを蛍光分子に照射すると、その分子は直ちにエネルギを失って暗くなる。1994年にシュテファン・ヘルは彼の着想を概説した論文を発表した。いわゆる誘導放出制御（stimulated emission depletion: STED）と呼ばれるその提案手法では、一方の光パルスが全蛍光分子を励起する一方で、もう一方の光パルスが中央のナノメータサイズの領域内を除く全ての分子の蛍光発光を消光する。結果、この中央の領域だけが（画素として）記録される。試料面を掃引しつつ光量を連続測定することによって全体像を得ることができる。瞬間毎の蛍光発光領域が小さい程、仕上がり画像の解像度は高くなる。これにより原理的には光学顕微鏡の解像度を無限に高めることができる。

V　日英語の誤差

文系の人が技術文書を読む場合、専門の知識が不足で理解しづらいといったことがあるだろう。理系の人が金融や法律の文書を読む場合も同様であり、また理系であっても専門分野が違えば同じことが起こる。きちんと読解・翻訳する場合は教科書等を紐解いて正確に理解する必要があるが、そこまでは不要で一通り書いてあることが分かればよいというケースも多い。その場合は常識的だが、用語の意味を調べ、インターネットや雑誌の解説記事を読むことで概略は把握できるはずだ。上記の例で言えば、誘導放出、蛍光分子、逆励起等の意味を調べ、さらに当該発明についての解説記事を読めば大まかな理解は可能といえよう。なお、用語の意味を調べる上では、専門辞書や各用語辞典に加えてブリタニカ等の百科事典も簡明で便利だ。

[ポイント49]
英語は多義、日本語は細かい：

「powerは多義だが、貴方がたは喋るときそれを力、権力、権限、職権、権能、政権等どれかの意味で使っている、あるいは読んだり聞いたりするときそのどれかの意味と理解しているのか」と、教養あるネイティヴ・スピーカーに日本語で尋ねたことがある。答えは「然り」。英語は確かに多義だが、「文脈の支援を得て、そのうちのどれになるか自ずと決まる」とのことだった。なるほどそれで、論理的な思考の訓練が日常的に行われるわけだ。
語彙の豊富な日本語は、この緊張感なく読み書く喋れる利点があるが、その分、言葉の反芻に甘くなる。それを補うのが、昔の漢文訓読でありかつての英文解釈であったのだが、ともに失われつつある昨今、日本人の論理力はどこで鍛えればよいのだろうか。

[ポイント50]
annoy「苦しめる」か？：

史上悪名高き「インパール作戦」。ビルマを越えて、インド駐留のイギリス軍を叩こうと牟田口廉也中将の発案と指揮のもとに行われた。従軍日本兵士10万のうち3万人がほぼ餓死、3万人が傷病という悲惨な状況で中止された。

これを扱ったNHKのドキュメンタリーを見た。
戦後になってイギリスで出版された当時の戦史を読んだ牟田口が「イギリスの本にだって『日本軍に苦しめられた』とあるじゃないか」とうそぶいたとの解説。それにかぶるように「日本軍が我々を苦しめた」とのアテレコ調の

台詞が流れた。じっと目を凝らすとその本の該当ページが画面に映っており、They annoyed us. とある。これを牟田口もNHKの番組スタッフも「苦しめた」と解釈したわけだが、そうだろうか。annoyは、蚊がブンブンしてうるさい、人がしつこくてウザイ、といったニュアンスのことば。古義では「何回も攻撃し相手を苦しめる」の意味にもなるが、「痛手を与えた」とは言っていない。確かに、イギリス軍の損害も少なくはないが「苦しめた」というと、インフラは破壊され、士気は衰え、作戦全体に支障をきたした、という語感ではないか。

戦後も長く生き延びた牟田口が作戦に対する反省がなかったと言われるのは、このannoyに手前勝手な解釈「苦しめた」に故意か・自然か、救われていたこと大でなかったろうか。

Episode 7　邂逅『夢見たものは』

場面：TV局の控室。
人物：オニキョー。鳥居みどり。

鳥居：
貴方とこんなところで会うなんて。何年ぶりかしら。
オニキョー：
ざっと30年。いろいろありました。
鳥居：
学生時代はモームやリンドのエッセイの輪読会をやっていたわね。難しいけど、とても楽しかった。いつかリーダ役の貴方に準備が足りないって怒鳴られたことがある。
オニキョー：
一生懸命だったからね。それに僕に注目してほしかった、幼児心理学でいう「好きな子をいじめる」って奴。
鳥居：
だんだんメンバーが減って、終わりの頃には私たち二人だけ。
オニキョー：
それでもモームの『サミング・アップ』を読み通した。
鳥居：
そう、当時出ていた偉い先生たちの翻訳に誤訳がちらほらあるのを発見して、二人で天下をとったような気になった。
オニキョー：
そのときだ、僕が英語は何よりも正確に読まなければならない、って思ったのは。書いた人の思いを誤訳があると伝えられないから。
鳥居：
そのあと私はコロンビア大学の大学院へ進んだ。日本にも通信教育制の分校ができるって聞いたけれど、やっぱり通学して、それも日本を題材にするのでなく、正面から英語学で勝負して、博士号を取ってやろうと意欲に燃えていた。
オニキョー：
僕は自分の道が定まらず、好きな演劇に進むか、英語教師になるか迷っていた。それでまず金稼ぎと、インドネシアにプラント輸出の通訳として行った。

コメディ『英文読解教室』　Episode 7

鳥居：
ここからよね、私たちの英語への対し方が分かれたのは。私は多少自信があったのに、大学院のクラスで打ちのめされた。いざ意見を述べようと頭の中で文を構成しているうちに、議論はもう次に移ってしまっている。文法・精読主義を捨てたのはそれからよ。とにかく頭に浮かんだことを英語でしゃべる。最初はたどたどしかったけど、必死でやるうちにだんだん相手も耳を傾けてくれるレベルのものになっていった。

オニキョー：
僕は関西の片田舎出身なので、大学に入るまで英語を喋ったり聞いたりする機会はまるでなかった。大学ではネイティヴが講師の「英会話」が1コマあったけど、ただ沈黙して、たまに当てられると笑ってごまかすだけだ。だから、インドネシアに行った時も、始めは通訳とは名ばかり、ネイティヴはおろか現地人技術者の易しい英語も、チンプンカンプン。使い走りで町に買い物にやらされるのが精々だった。でも3か月たったぐらいだろうか、突然英語が聞き取れ、喋れるようになった。3年いた最後の頃には、アメリカ人と訛りの強いオーストラリア人との通訳をするほどになっていた。これは大学の時、ひたすら英文法と精読をやっていたおかげだ。

鳥居：
それがいまの「大西メソッド」につながっているわけね。学会でもときどき噂は聞くわ。とても効果をあげているそうですね。

オニキョー：
旧来の英語教育には不満がある。He teaches English.「彼は英語を教えます」でマルをもらえるのだけど、こんな日本語ありますか。—動的動詞の現在形は、事実・反復・真理をあらわす。この「彼」は昨日も、今日も、明日も、英語を教えている。すると「彼は英語の教師です」が文の正しい意味になる—簡単にいえばこうした教え方。鳥居さんは英語を英語で教える直接教授法の推進者だけど、その限界を感じたことはありませんか。

鳥居：
確かに。日本語を学ぶ欧米人でも出来る人は、貴方のおっしゃるように文法から入ることが多いですね。「東京へ行く」と「東京にゆく」。この違いを私たち普通のネイティヴ・ジャパニーズは説明できませんよね。日本語をしっかり学んでいる外国人なら「東京へ」は方向、「東京に」は場所、とすぐ答えてくれます。それと、今学会で流行の欧米人向けの英語教育メソッドには限界あるのは確かです。日本人の実情と近親言語所有者の英語教育が本来同じになるはずがないですもの。貴

第一部　英文読解五つのポイント

方のいう文法から入れというのも一理あるでしょう。
オニキョー：
日本人は極端だから。右か左かどちらかを好み、中庸というものがない。水戸黄門、大岡越前、遠山金四郎、みんな我慢に我慢を重ね、最後にもろ肌脱いで「黙って聞いてりゃいい気になりやがって」と来るわけだし、大正の平和主義がいとも簡単に昭和の軍国主義に変わる。英語教育にしても、読解中心ではダメだと会話一辺倒へ今大転換が行われつつあるところですよね。流れを変えるのは無理にしても、鳥居さん、貴方は文部省審議委員でしょ、せめて高等英語教育には正確な読解が必要であること、またどっぷりつかりこむことでしか言語習得の方法はないにしても、話す言語により精神は支配されるという麻薬にもなりうることを付帯意見として加えてもらえませんか。
鳥居：
ええ。ともに英語で苦労した貴方のいう事ですもの、重く受け止め、審議会の文言に生かすようにします。でも・・・折角何十年ぶりに会ったのに、英語教育論になるとはね。
オニキョー：
「夢見たものは一つの幸せ、願ったものは一つの愛」
鳥居：
学校の山荘がある信濃追分の草原で貴方がコーヒーを淹れながら口ずさんでくれた、立原道造の詩ね。
オニキョー：
実はあのとき君に告白したかったんや。でも勇気なくて言いそびれてしもうた。
鳥居：
貴方は昔から本気になるとお国ことばが出た。いまの言葉もリップサービスじゃないと信じるわ。ありがとう。
オニキョー：
でも浜辺の波が恋人たちの足跡を消すように、僕らの仲もいつしかフェイドアウトしていった・・・。
鳥居：
いつまでも一緒にいるとだんだん切なくなくなるから、お先するわ。お元気で。(出口へ向かい、戸に手をかけた時)
オニキョー：
みどりちゃん、今でも好っきやで。
(鳥居の肩、びくっと動く。瞬時の間あって、そのまま出てゆく)

コメディ『英文読解教室』 Episode 7

(間)
オニキョー：
あー、疲れた。昨日今日と、血圧すっかり上がってしもうたがな。
(椅子からたちあがろうとするが、崩れ倒れる)
(オニキョーを迎えに入ってきた、あすかと今日子、その姿を見て慌てる)
あすか、今日子：
先生！

第一部　英文読解五つのポイント

第二部
翻訳に必要な知識

アメリカを中心に電子ブックの類が急速に普及しそうな様子。これにはコンテンツの豊富さが大いに貢献している。publishing companyが著者の著作物を利用できる範囲には、電子メディアも含まれ、積極的に新媒体に著作物を提供しているからだ。ところが日本では、出版社における著者著作物の利用は、おおむね紙媒体に限られるため、電子ブック類へのコンテンツ提供が思うように進んでいない。

どうして日米で原著作物の利用可能性が、違ってくるのだろうか。これは「出版」と「publishing」の概念の差にある。日本の出版社の親睦団体に「出版梓会」があるのでわかるように、「出版」は、梓のような硬い版木に刻み出した文字を墨で紙に写したところからきている。紙によるもの以外の「出版著作物」は想定されていなかったのである。一方、ラテン語のpubli（公）＋-ish（動詞化）＋-ing（動詞の名詞化）が語源の「publishing」は、「出版」より範囲が広く、「刊行」「公刊」の意味を持つ。

そう、「出版」と「publishing」は必ずしもイコールでないのが、図らずも新媒体の普及により明らかになったわけだ。「世界基準」ということでは、日本の出版社も著者も、著作権について「出版」モードから「publishing」モードへ頭を切り替える必要がありそうだ。

こうした一見同じ意味だと思われる日・英単語の誤差を、筆者のような「翻訳ビジネス」を業とする者は、骨身に沁みるほど味わっている。だから、テレビの海外ニュースなどを見ていると、ついやきもきしてしまう。

以前、大リーガー松井秀喜の球団移籍のニュースが流れたが、NHKのキャスター（日本のニュース司会者が「キャスター」でいいのかどうかは疑問もあるが）は、移籍先の監督のコメントを「中堅としての活躍を期待する」と伝えた。監督の同じ言葉をテレビ朝日では「中核として期待している」としていた。「中堅」と「中核」では随分印象が異なるが、原語は何だろう。coreであれば「中核」だろうが、middleであれば「中堅」がふさわしかろう。誤訳とまではいえないが、どちらかが語義の選択が甘い、といえそうだ。

微に入り細に渡る式の、漢文訓読に由来する日本古来の読解法は、語義の選択とテニオハのつけ方を究めることにより、精読の極地に達した。孔子の「論語」だとて、当の中国では、かの朱熹にしたところで、簡単な注釈しか入れていないそうだ。「般若心経」の解説も、日本にこそいくつもの優れたものがある。穿つように原文と対峙することで、文法力と論理力と教養力を鍛えることができる。ひいては並みのいわゆるネイティヴより原著者に近づくことができるのだ。

第二部では、公教育ではあまり取り上げない文法事項と、商品としての翻訳を生むのに必要な業界知識を取り上げます。

VI　トリビアル文法

6-1　itとthatとthis

(1) itの指すもの

Q：That did it! に、「そういうことだ」「それで決まりだ」との訳が英文解説書にありましたが、なんでそうなるのかがわかりません。

A：「冬の夜道をひとりの男が歩いてゆく
　　激しい仕事をする人だ
　　その疲れきった足取りがそっくりそれをあらわしている」

小学校高学年で習った詩の一節です。設問がついていて、「『それ』とは何ですか、30字以内で述べなさい」とありました。答えは「夜道を歩くひとりの男が激しい仕事をする人であるということ」（28字）となるでしょうが、10字以内で述べなさい、だったら、「激しい仕事」とするところです。
つまり『そ』『それ』とは、**その文中で問題になっていることがら**のことで、特定の固有名詞、単語、句、節、文を指すとはかぎりません。「このあたり」としか言えない場合もあるのです。
英文のitも日本語の『そ』『それ』と似た働きです。itだから、何か文中の具体的な単語や句を指すものと思い込んではいませんか。また代名詞thatは直前のものを指し、thisは直前または直後のものを指します。

質問のThat did it!であれば、thatは直前に言ったり、したり、見たり、認識したこと。itはそこで懸案になっていることを指します。例えば、こんな場面。
大学4年の青年が就職試験に落ちて、故郷からは帰って来いといわれ、悩んでいる。そこへ恋人が来て、自分は第一志望へ就職が決まった、これを限りにアンタのような不甲斐ない男とはお別れよ、と言った。彼がここで、That did it!と発すれば、thatは「彼女にお別れと言われたこと」、itは「故郷に帰ろうかどうかの迷い」を指し、「彼女に言われたことが、自分の迷いに決着をつけた」ことになります。それで、訳としては「それで決まりだ」となるわけです。

では一つ、短編小説から応用問題を。下線部に注意して、考えてみてください。

Ⅵ　トリビアル文法

ピアノ自慢の夫人が、拾ったネコに音楽を聞かせてやったところ、ネコが異常な反応を示すという箇所。
The animal, who a few seconds before had been sleeping peacefully, was sitting bolt upright on the sofa, very tense, the whole body aquiver, ears up and eyes wide open, staring at the piano.
'Did I frighten you?' She asked gently. 'Perhaps you've never heard music before.'
<u>No, she told herself. I don't think **that's what it is**. On second thoughts, it seemed to her that the cat's attitude was not one of fear.</u>
市販書の訳：
ほんのすこし前までのどかに眠っていたネコはいま非常に緊張して、全身をふるわせ、耳をたてて、大きく見開いた眼でじっとピアノを見ながら、ソファに立っている。
「びっくりしたの？」と彼女はやさしく訊いた。「きっと前に音楽を聞いたことがないのね」
<u>きっとそうなんだわ、と彼女はひとりごちた。**そんなところだと思った**。だが、ネコの様子から察するに、どうもこわがっているのではないらしい。</u>

解説：
Noは、直前の自分の発言に対する否定。tell oneselfは「自分に言い聞かせる」。thatは、直前に述べられたこと。itは、文中で問題になっていること。ここではthatは、ネコが今はじめて音楽を聞いたこと。itは、ネコがブルブル震えている現状況。on second thoughtsは、「考え直して」。I don't think以下は中間話法。
直訳（下線部分）：
いや、ちがうわ。と、彼女は自分に言い聞かせた。**はじめて音楽を聴いたから、このネコが興奮してブルブル震えているのだ、とは思わない**。考え直せば、ネコの態度は恐れの態度ではないように見受けられる。
修正訳：
いやちがう、と彼女は思った。そのせいじゃない。第一、このネコ、恐がっているように見えないもの。

(2) itとthatとthisの違い

　英文を読んでいて、thisとあるのに日本語の「これ」より遠い感じがする…。itはどうも「それ」だけではないような気がする…。そんな経験を皆さん、お持ちだろう。thisとthatとitの違いを概説する。

[原則]
これだけ覚えておけば、翻訳にはまず不自由ないはずです。
- thatは直前のこと、thisは直前・直後のこと、itは今文中で問題になっていること
- this, thatは具体的な対象を示し、itは状況的に共有される事柄を示す（抽象性が高い）
- itはthis, thatを受けることができるが、その逆はない。
- thisは自己領域、thatはその外側（距離よりも心理的な面で）
- itもthatも類似の場面で使われる場合があるが、ニュアンスが異なる（itは一般的、thatは個別的）

[文例] *10
①ニュアンスの違い
"What is this?"
"It is a book."
"That is a book."
"This is a book."

「これは何ですか」
「本です」thisをいわば抽象的に受けている
「それは本です」距離的に自分と離れている、または心理的に自分の領域外と感じている。
「これは本です」距離的・心理的に自分に近いと感じている。

②thatとの違い
When work is done inefficiently, people like to excuse <u>this</u> by blaming the climate.

thisは前節の内容（仕事がうまくゆかないこと）を指す。thatでもよいが、thisは前に述べたことを要約、thatは前の文句をそのまま繰り返す感じ。
「仕事がうまくゆかないと、人はそれを気候のせいにしたがるものだ」

③(最初に掲げた短編小説の少し後の部分。再度音楽を聴かせるとネコがまた反応した、という記述に続いて)
"There!' Louisa cried, jumping up and running after it. '<u>That does it!</u> That really proves it!' She came back carrying the cat which she put down again on the sofa.

「それがそれをなす」では意味が通らない。thatは直前のこと（猫が音楽に反応すること）。
itは文中で問題になっていること（猫が音楽を理解するかどうかということ）。
doは一般動詞で「解決する」の意味。
直訳（下線部）「猫が音楽に反応したことが、猫が音楽を理解するのかどうかの問題に解決を与える」。
（全体の訳例）
「ほら」ルイザは声を上げ、さっと立ち上がり猫を追った。「やっぱりそうだわ。確かめられた」。猫を連れ戻し、元通りソファに置いた。

④ジョージ・オーウェルのエッセイの一節。イギリス人の特性について述べた文章。
But here it is worth noticing a minor English trait which is extremely well marked though not often commented on, and that is a love of flowers. This is one of the first things that one notices when one reaches England from abroad, especially if one is coming from southern Europe. Does it not contradict the English indifference to the arts? Not really, because it is found in people who have no aesthetic feelings whatever. What it does link up with, however, is another English characteristic which is so much a part of us that we barely notice it, and that is the addiction to hobbies and spare-time occupations, the privateness of English life.

that：a minor English trait
this：a love of flowers
that：関係代名詞
it：this（=a love of flower）
it：this（=a love of flower）
it：this（=a love of flower）
that：接続詞。so〜that
it：another English characteristicがthe addiction to hobbies and spare-time occupationsであること
that：another English characteristic
「だがここで、あまり話題にならないがよく目につくイギリス人のちょっとした特質について触れてみたい。それは、花を賞でることである。外国からやってくると、とくに南欧からの人はこれにすぐ気がつく。イギリス人が芸術に無関心であることと矛盾すると思われるだろうか。いやそうではない。芸術などに縁のない人々の間にもこの傾向はみられるからだ。また、これはイギリス人の心身に溶けこんでいるもう一つの性格と不即不離の関係にある。それは、趣味や余暇を大

切にする、つまり私生活へのこだわりが強いということである。」

6-2　forの意味

　三つ子の魂百までというが、どんな英語使いでも中学生のとき紋切型に覚えた基本単語でつまずくことがある。believe=信ずる（それほど重くない「…と思う」の訳語が適していることが多い）、cry=叫ぶ（絶叫でなく「声を上げて泣く」の場合のほうが多い）、truth=真実（不可算名詞で総称的に使われる場合はよいが、the truthでは「事実」とした方がよい場合が多い）などいくらでも挙げられる。forもそのひとつで「というのは…だからだ」と訳しては意味が通じないことが多いが、英文学の碩学、翻訳の大家も前後を考えずに、つい機械的にそう置き換えてしまうことが多い。
　「…が多い」としつこく同じ言葉を繰り返し、しかも歯切れが悪く申し訳ないが、「…であるのだ」とスパッと分けられないのが、言葉の妙というもの。

(1) 理由をあらわす接続詞。あえてざっくり分けてみる。

because：従位、未知の理由、**因果関係**
since：従位、既知の理由、自明の理由
as：従位、既知の理由、自明の理由、意味が弱い
for：等位、**判断の根拠を述べる**、文語的・個人的・感覚的
＊従位とは前後の節の偉さが違うこと、等位とは前後の節の偉さが同じこと。

文例を示す。
①He got tired because he worked hard.
②Since she is ill, I can't take her with me.
③As he worked hard, he got tired.
④He got tired, for he worked hard.

①「彼は熱心に働いたので、疲れた」因果関係が明瞭。しつこく訳せば「皆さんご存知ないでしょうから教えてあげますが、彼が疲れたのはね、熱心に働いたからなんですよ」
②「彼女が病気だったので、連れて行けなかった」自明の理由を述べる。しつこく訳せば「ご承知のように彼女は病気でしたからね、それで連れてゆけなかったんですよ」

③「彼は熱心に働いたので、疲れた」前後をゆるく因果で結ぶ。しつこく訳せば「熱心に働いて、彼は疲れた」（いや、ちっともしつこくないが、かようにさらっとつなげるのが as の役割）

④「熱心に働いたので、彼は疲れた」主張の根拠を述べる。①とどう違うのと思う人もいるだろう。そこでしつこく訳すと「彼は疲れたんですよ、だって何しろ熱心に働きましたからね」①が原因・結果と切っても切れない直接的な関係を示しているのに対し、④は「何でそんなことを言うかというと」といった、因果の薄い間接的というか補足的な理由を述べる。

[ポイント51]

sinceは「…以来」か「…なので」か。

He has been miserable since she left him.
「彼女が自分の元を去ったので、彼は哀しかった」
「彼女が自分の元を去って以来、彼は哀しかった」
これはどちらともとれる。

sinceは元々 from that time の意味。
過去のある時点からずっと続いている、を含意する。
「以来」の意味が「理由」に広がった。

[ポイント52]

forとbecauseの意味が近づく場合：

He is not coming because he's sick.
「病気なので彼は来られない」因果がはっきりしている。セオリ通りのbecauseの使い方。
では次はどうか。

He was drunk, because he fell off the pier.
He was drunk, for he fell off the pier.
「彼は酔っぱらっていた、というのは（どうしてこのように主張するかというと）桟橋から落ちたからだ」
ここでは「事実の原因（因果関係）＝自分の意見（判断の根拠）」となるのでどちらも可となる。

(2) forをどう訳すか

不確かな訳例：(「オバマ大統領の就任演説」某英語指導書の訳文。お祭り騒ぎのこの時でも、山岳パトロールや治安警備などで黙々と働いている人々がいるとの言及に続く文)
And yet at this moment, a moment that will define a generation, it is precisely this spirit that must inhabit us all. <u>For</u> as much as government can do, and must do, it is ultimately the faith and determination of the American people upon which this nation relies.
まさに今この時、ひとつの時代を決定づけようというこの瞬間、私たち全員が抱いておかねばならないものが、まさにこの奉仕の精神なのです。<u>というのは、政府は多くのことができるし、できる限りのことをしなくてはならないわけですが、この国が頼りにしているのは、結局のところアメリカ国民の信念と決意だからです。</u>

「奉仕の精神を持たねばならない」理由が「アメリカは国民の信念と決意に頼っている」からとはなるまい。これも「何でそんなことを言うかというと、国民の覚悟一つで国の未来が決まってくるからだ」と読まねばならない箇所だ。「奉仕の精神」は覚悟＝「信念と決意」のひとつの現れなのだ。
faithは「ある物事を全面的に信じること」、determinationは「その信じたことを決然とやり抜こうとする意志」(広くは同義語反復)。
governmentは細かく言えば、不可算名詞なので「政治」(政府ならthe government)だが、まあ同じようなもので、ここはこれでよいだろう。
(For以下部分の修正訳)
政治がすべきこともできることも多々ありますが、こうした信念に裏打ちされたひたむきさこそがまさにこの国の未来を拓いてゆくのであります。

具体的な訳例：
(譲歩に訳す)
"Nothing in particular," she replied. I might have been incredulous had I not been accustomed to such responses, $\boxed{\text{for}}$ long ago I became convinced that the seeing see little.
(目の不自由な著者が、森から戻った健眼者に、何を見てきたかと尋ねると…)
「別に何も」と相手は答えた。眼の見える人がものを見ていないのを<u>知っているからよいようなものの</u>、そうでなければこうした答えに大いに驚いたことでしょう。

Ⅵ　トリビアル文法

（forを訳さない）
The designers of modern architecture believe that in developing and perfecting it so as to answer this century's problems and to be in tune with its outlook, they are helping at the revival of architecture as a live art. <u>For</u> it is a mistake to suppose that, because modern architects are particularly concerned to relate buildings more closely to the needs they have to serve, they are only interested in the practical side of architecture.
現代建築の設計者は、建築を進歩発展させて今世紀の諸問題を解決し、建築のあるべき姿にふさわしいものたらしめようとすることで、建築を生きた芸術として復活させる役に立っていると確信している。☐現代の建築家が、建築物に課されている役割を十全に果たさせようと努めているがゆえに、彼らが建築の実用面のみを考えていると思うのは誤りである。
＊☐の部分は原文のforに対応し、訳出せず空けてあるという意味。

6-3　There you are.など

　辞書に意味が載っていない、載っているにしても見つかりにくい。そんな慣用表現があるものだが、このThere you are.に類するものもその一つ。おまけに逐一の表現が、場面により異なる意味を持っていたりして、実にやっかい。簡単に整理して並べるが、変形もよくある。これはもう、基本形を丸暗記しあとは適宜…、というしかない。

Here you are. ≒ Here you go. ≒ Here it is.
（物を渡して）「はいどうぞ」
　　例：Here you are, sir.
　　　　「ご注文のお品でございます」
「ここにいた、見つけたぞ」
（念を押して）「いいかね」
　　例：You say you want to buy a car, but, here you are, you've still not got enough money.
　　　　「君は車を買いたいと言っているが、いいかね、まだそれだけのお金がないよ」
「来た、着いた」
　　例：Here you are at last.
　　　　「やっと来た［着いた］ね」

6-3 There you are.など

There you are. ≒ There you go. ≒ There it is.
「そこにあるから、どうぞ」
「そこにいたね、見つけたぞ」
「ほら、言った通りでしょ」
「そんなもんだ」

Here we are.
「さあ、ついたぞ」
「さあ、ここにあるよ」

There we are.
「そんなもんだ」
「それではここまで」（芝居の終わりの文言）

Here we go.
「さあ行くぞ/ 始めるぞ/ やるぞ」
「ああ、またか」

Here you (we) go again.
（主によくないことで）「そらまた始まった」

There you go.
「ほらまた始まった」
「はいどうぞ」＝There you are.
「その調子」
「まあ仕方がない」
「ほらどうだい」など多義。
　例："Where's my chocolate cake?" "It's right here. There you go."
　　「私のチョコレートケーキはどこ？」「ここにちょうどあるわよ。また始まったんだから」

小説から、実際の例文で実践を。訳語は上記のものにこだわらず、流れに合ったものを作ればよい。

（ひやかしたつもりの骨董を買わされる羽目になって、主人公がつぶやく）
'Oh dear,' Mr Boggis said, clasping his hands. 'There I go again. I should never

have started this in the first place.'

Oh dearは、驚き・困惑などを表し「おや、まあ」。There I go again.は、よくないことに関し「またやってしまった」「ほら、言ったとおりでしょ」。in the first placeは「そもそも、まず第一に」
訳例）「おやおや」と、両手を握りしめてボギスは言った。「だからいわんこっちゃない。そもそもこんなこと始めるべきでなかったんだ」

（ワインの銘柄を見定め、he=鑑定家が講釈する）
When he lowered the glass, his eyes remained closed, the face concentrated, only the lips moving, sliding over each other like two pieces of wet, spongy rubber.
'There it is again!' he cried. 'Tannin in the middle taste, and the quick astringent squeeze upon the tongue'

訳例）グラスを下ろした目はまだつぶったままだ。集中した顔面で、上下の唇だけが湿った柔らかいゴムのように動き、互いをなめあっている。
「やっぱりそうだ！」と、彼は叫んだ。「二番目にタンニンの味がでてくる。舌にからまってキュッとくる収斂性のやつだ。」

（下宿の女主人に再三勧められて、主人公が居間のソファに坐るところ）
He crossed the room slowly, and sat down on the edge of the sofa. She placed his teacup on the table in front of him.
'There we are,' she said. 'How nice and cozy this is, isn't it?'
＊heは主人公。sheは女主人。

訳例）彼はゆっくりと部屋を進み、ソファの端に腰かけた。女主人は彼の目の前のテーブルに茶碗を置いた。
「ほらね」と女主人は言った。「ここってとても寛げるでしょ」

6-4　it 〜 thatの意味[*11]

　まず次の五つの文を見比べていただきたい。
①It is true that he is ill.
②It was he that asked me for help.
③It may be that they are in the right.

④It happened that she was out.
⑤It is the woman who cleans the house.

①「彼が病気なのは本当です」。itは仮主語、that以下が真主語。
②「彼こそが私に助けを求めたのだ」。it、was、thatを消して文が成立するから強調構文（強調されるのはthatの前のhe）。
③「彼らが正しいのかもしれない」（直訳：「状況は、彼らが正しいという点で存在しうる」）。itは状況、that以下は本文It may be（SV:「状況は存在しうる」—自動詞のbeは「存在する」という重い意味になる）に掛かる修飾語。thatの前にfor it、場合によりof it（このitはthat以下を指す）を補い、「…という点で」「…という上で」「…に関し」と訳すとわかりやすい。
④「たまたま彼女は留守だった」。itがthat以下なのか、itは状況を指すのかはあいまい。
⑤強調構文で「家を掃除するのは、その女だ」か、itが前出のものを指し「それは、家を掃除する女だ」なのかは、前後の流れによる。

ということで、この種の文にはitがthat以下を指す場合、強調構文、状況のit、具体的なものを指すit、の四つの可能性があり、文脈から読み違えないようにしなければならない。
次の例で、考えていただこう。

⑥What is it in the English mind and character, or in the English way of life, that has proved so favourable to poetry?
⑦It is enough for any man that he has the divine power of making friends, and he must leave it to that power to determine who his friends shall be.
⑧It is because he has behaved so badly that he must be punished.

⑥is、it、thatを省いて文が成立するので、強調構文。分りにくければwhatをsomethingに置き換えて平叙文にしてみる。
　It is something (in the English mind and character, or in the English way of life,) that has proved so favourable to poetry.→Something has proved so favourable to poetry.
　thatの前のカンマは、読点の役割。
　「イギリス人の精神と気質、あるいはイギリス人の生き方の何が、これほど詩に合っているといえるのだろうか」
⑦itはthat以下を示す。一般にit is C thatなら、itはthat以下。it be thatなら、itは状況。

「天与の力を持っていることは、誰にとっても充分である」。
enoughは「過不足がない」という意味。
leave itのitは仮目的語でto determine以下が真目的語。
「誰でも、友人をつくるという天与の力を持っているというだけで充分であり、だれが友人になるかはその力に任せておけばよい」
⑧これはit 〜thatとも強調構文ともとれる。

6-5　little、fewなどの両義性

一つの単語が、二つの品詞を兼ねることがある。すんなり訳せる場合はよいが、意識しないと訳が曖昧になることがある。いくつか検討してみよう。

①Very little is known about him.
②Specialization of function has its dangers but it enables man to achieve far more than he would if everyone were an all-round man.
③Surely every man deserves the study of a biographer. As much is to be learned from the ordinary as from the extraordinary.
④He offered more than could be expected.
⑤There is more money than is needed.
⑥Things went better than had been expected.
⑦We have, however, more and better materials, sometimes, than we are aware of.
⑧More people own houses than used to ten years ago.

①「彼についてはほとんど知られていない」
　littleは、副詞very（とても）に修飾される形容詞としての意味（少しの）と、is knownの主語としての名詞の意味（少しのこと）の両面がある。
②「職務の専門化には危険性もあるが、一人で何でもやる場合以上のことを出来るようにしてくれる」
　moreは、副詞far（ずっと）に修飾される副詞としての意味（より多く）と、than以下の節の目的語としての名詞の意味（多くのこと）の両面がある（He would achieve more if 〜）。thanは、接続詞または目的格の関係代名詞（理屈の付け方次第）。
③「どんな人であれ伝記に紐解いて研究する価値がある。偉人からと同様に普通の人からも同じ位のことが学ばれうる」
　muchは、指示副詞as（それだけ）に修飾される形容詞としての意味（多くの）

と、is to以下の主語としての名詞の意味（多くのこと《正確には、あとのas以下と「同じ量」だが》）の両面がある。あとのasは、前置詞（…として）。

④「彼は思っていた以上のものをくれた」
moreは、動詞offerに掛かる副詞の意味（より多く）と、than以下の主語となる名詞としての意味（より多くのもの）の両面がある（More could be expected.）。thanは、接続詞または主格の関係代名詞。

⑤「必要以上の金がある」
thanは、more — than 〜 と連語を成す接続詞としての意味（…より）と、is needed以下を導く主格の関係代名詞としての意味（money is needed.）の両面がある。

⑥「物事は思ったよりもうまくいった」
betterは、動詞wentに掛かる副詞としての意味（よりよく）と、than以下の主語としての名詞の意味（よりよいこと）の両面がある（Better had been expected.）。thanは、接続詞または主格の関係代名詞。

⑦「だが、我々には時として自分たちが気づいている以上の量的にも質的にも優れた材料を持っているものだ」
thanは、more and better — than 〜 と連語を成す接続詞としての意味（…より）と、we are aware of以下を導く目的格の関係代名詞（We are aware of the materials.）としての意味の両面がある。
＊materialsは、more and betterに修飾される場合とwe are aware ofの目的語の場合では実は違うmaterialsを示しているのにお気づきだろうか。

⑧「十年前よりも多くの人が自宅を持っている」
さてこれは引っかかる。thanは、more — than 〜 との連語を成す接続詞としての意味（…より）なのは確かだが、used to ten years agoを導く主格の関係代名詞とはとれない（Houses used to own ten years ago.では、意味がおかしくなる）。
more — than 〜 の間の省略部分を復元すれば、people own houses nowとpeople used to own houses ten years agoが入るはず。thanの前後の文と文を比較（持ち家率について現在と昔を）しているのだ。このthanは他の例と違って、品詞の両面性があるわけではないのである。

6-6　onlyの訳

元々大雑把な性格なので、文法の細かい部分をほじくっていると、もう一人の自分が「いい加減にしてくれ」と悲鳴を上げることがある。語学というものは、

Ⅵ　トリビアル文法

分量を決めて毎日確実に少しずつというのになじまないのかもしれない。ノッたときはそれこそ寝食を忘れてやる、嫌なときは一切触らない、というのも一つの習得法でないかと、自分のささやかな経験を振りかえって思う。onlyもその一例。

(1) 副詞のonly：置かれる場所もいろいろ、訳語もいろいろ。
喋る場合は強調部分を強く読むから、自ずと掛かり方は分かる。読む場合は意味の上からしか判断できないので細心の注意が必要。

Jack **only** saw a lion.　アクセント
（ジャックだけが…）
＊onlyを強く読むことでジャックに掛かる。
Jack only **saw** a lion.　アクセント
（…見ただけ）
＊sawを強く読むことでonlyはsawに掛かる
Only Jack (Jack only) solved the problem.　前か後
（ジャックだけが問題を解いた）
He only died a week ago.　動詞の前
（彼はほんの一週間前に死んだ）
＊a week agoに掛かる。「死んだのみです」とdiedに掛けるのは、「死ぬ」以上の
　大事な比較の対象がみえないので駄目。
It only took me five minutes.　動詞の前
（五分だけ掛かった／五分しか掛からなかった）
＊five minutesに掛かる。「五分掛かっただけ」の訳でもこの場合おかしくないが、
　tookに掛かっているわけではない。
He stayed there only for a week.　句
（一週間だけ…）
It is right only because it is customary.　節
（慣習であればこそ…）
＊onlyはbecause以下を強調
I only received the letter just now.　文
（受け取ったばかり）
＊文全体を強調
He is my only son.　形容詞
（一人息子）
He is only a child.　副詞
（ほんの子供）

Only two of us had any experience at yachting.　準否定語
(我々二人しか…)
A man is happy only when he is healthy.　時か、初めてか？
(健康であって初めて…)
＊「…して初めて」の訳語が得られるのは時間差、はっきりした比較がみえる場合。
I don't need a bandage; it's only a scratch.　名詞を制限する副詞
(ほんのかすり傷)
He only shaves once a week.　動詞の前、onceに掛かる
(週一度だけ)
They only serve a light snack in this shop.　動詞の前、a light snackに掛かる
(おつまみぐらいしか売っていない)
We only use our best china cups when we have visitors.　動詞の前、whenに掛かる
(お客があるときだけ)
This door is used only in case of fire.　句の前
(火事のときだけ)
These flowers are lively, only they have no scent.　接続詞
(でも)
He was the only person who could solve the problem.　形容詞
(唯一の)
Only on one point do I agree with you.　準否定語のため語順転倒
(一点しか…ない)
Only when it rains do you feel cool.　時、準否定語のため語順転倒
(雨が降った時だけ)
You think he's swimming. But he is only floating.　だけ
(浮いているだけ)
You raised our expectations only to disappoint them.　結果
(期待に反し、結局失望…)
They sell only furniture.（They sell furniture only.）　制限、文修飾
(家具を売っているだけ)
＊「家具販売以外他のことはしていない」の意味。「家具しか売っていない」は
　They sell furniture alone.

Ⅵ　トリビアル文法

> [コラム4]
>
> **You only live twice.** をどう訳しますか？
>
> 「副詞のonlyは後ろの語を修飾する」という「原則」に従えば、「あなたは二度生きるに過ぎません」となります。でもこれはおかしい。「二度生きる」（生き返る）ことがまず稀有なのだから、「過ぎません」とはいえないからです。
> 副詞のonlyは「原則」とは違って、文のなかに占める場所も掛かり方も変幻自在。論理と文脈で掛かる言葉を決めるしかありません。このonlyはYouに掛かって「あなただけが二度生きます」⇒「生き返るのはあなただけ」⇒「不死身なあなた」と言った意味になります。
> この言葉には「本歌」とでもいえるものがあり、それはYou only live once.「あなたは一度だけ生きます」⇒「所詮人生一度だけ」というシェークスピアの戯曲（『ヘンリー四世』）に出てくる台詞で、ことわざとして普及し「だから頑張ろう」を含意します。この場合onlyはonceに掛かっています。
> You only live twiceはこのもじりですが、じつはこれ昔の007シリーズの題名なのです。香港で中国美女とよろしくやっていたボンドが銃殺され、その死体は海軍の礼式に則り（表向きボンドは海軍中佐）水葬に付されるが、それはカムフラージュでそのあと例の大活躍。ショーン・コネリー主演、ボンドガールに浜美枝、若林映子、日本の調査官に丹波哲郎。ボンドが変装して日本の漁師に紛れ（背が高すぎてバレバレ）たり、花嫁衣装の浜美枝の手をとる袴姿の新郎になったり、姫路城で忍者の一団に襲撃されるなど日本情緒たっぷり（国辱ともいわれたが）の日本ロケでした。
> この作品の邦題は「007は二度死ぬ」。なかなかうまい命名だと思いませんか。

（2）onlyには三つの品詞がある。

［接続詞のonly］
① 「だが、しかし」（butに近い）
　I would have gone, only you objected.
　私は行きたかったのですが、ただあなたが反対したものですから。

②「…がなければ」(exceptに近い)
　I would do it with pleasure, only I'm too busy.
　忙しくさえなければ喜んでしたいのですが。

［形容詞のonly］
「唯一の」
the only son of his parents
両親の一人息子

［副詞のonly］
①名詞を制限する「ほんの、単に、ただ…だけ」
　only a little girl（ほんの小娘）
　Members Only（会員制用）
　I have only a few friends.（数人の友人がいるだけ）
②比較・時間差が予感される場合「…してはじめて」
　Only after an operation will he be able to walk again.
　手術を受けてはじめて、彼は動けるようになる。
③次にくる言葉を強調する「…でこそ、まさに」
　We're only saying this for your own sake.
　君自身のためを思えばこそこう言っているのです。
④文脈により適宜訳語を充てる「だに、ばかり、のみ、もっぱら、やっと」など
　only recently（最近になってやっと）

誤訳例Ⅰ
Perhaps it is <u>only</u> in childhood that books have any deep influence on our lives. In later life we may modify some views we already hold, but we are more likely to find in books <u>merely</u> a confirmation of what is in our minds already.
おそらく子供の頃はじめて、書物が私たちの生き方に何らかの深い影響を及ぼすのであろう。大きくなって、すでに抱いているいくつかの考え方を修正するかもしれないが、それまで心の中にあるものの唯一の確証を書物の中に見出すことが多い。

コメント：某新書の英語ノウハウ本からとったもの。
時間差がある場合（いろいろやって、時間が経過して）「…してはじめて」の訳語が適切なこともあるが、比べる対象が見えないからここは不可（赤子の時と比べるわけであるまい）。このonlyはin childhoodを強調し、「子供のときにこそ」

という意味。merelyを「唯一の（確証）」では形容詞になってしまう。否定的に強調し、「確認するだけ」「ただ確認する」「確認するにすぎない」などの訳がつく副詞。

誤訳例 II
It wasn't that Helga and I were crazy about Nazis. I can't say, on the other hand, that we hated them ... they were people.
<u>Only</u> in retrospect can I think of them as trailing slime behind.
ヘルガや私はナチに心酔しているわけではなかった。われわれが彼らを嫌っていたとは言えないだろう。……彼らは人々だった。
回想してみても、彼らのことはなにかの動いたあとに残るネバネバといったものにしか思えない。

コメント：onlyは準否定語（…しか〜ない）。「回想の中でしか（〜と思えない）」

6-7　to不定詞

（1）不定詞、動名詞、分詞構文の違い

①不定詞
1　名詞的用法「…すること」
　He wanted to read the book.
2　形容詞的用法「…するための」
　a house to let
3　副詞的用法「…するために」
　I got up early to catch the train.

②動名詞：動詞＋名詞の役割「…すること」I like getting up early.

［ポイント53］
動名詞とto不定詞の違い：

単語によっては動名詞にもto不定詞にもなるものがある。
意味に違いが生じる場合に注意が肝要。
例：（i）I don't like to smoke.「タバコは吸いたくない」

I don't like smoking.「タバコは嫌いだ」
(ⅱ) I hate to walk.「今歩きたくない」
I hate walking.「歩くことって大嫌い」
大まかにいえばto不定詞は一時的、個人的。
動名詞は永遠的、一般的。

③分詞
1　分詞形容詞：動詞＋形容詞の役割
  - -ing「…する」「…している」
   a man reading in the room
  - -ed「…される」「…された」
   books read in the room
   注意：「…する」か「…している」か、「…される」か「…された」か、さらに状態か動作かは文脈依拠となる。
2　分詞構文：動詞＋副詞の役割。時、理由、条件、譲歩、付帯状況
   Left to herself, she began to weep.（残されたとき）
   Having much to do, she felt depressed.（あったので）
   Turning left, you find the building.（回れば）
   Admitting what you say, I still think you are in the wrong.（認めたとしても）
   He spent the evening reading a novel.（読みながら）
   注意：分詞構文はもともと意味を曖昧にする要素があり、どの用法か決めにくいことがある。

[わかりにくいもの]
He came running
SVM「走りながら来た」ととれば分詞構文。SVC「走ってきた」ととれば分詞形容詞。
burning fire
「燃え火」と固有名詞的にとるか、「燃えている火」と性質にとるか。
an interesting person
他動詞の現在分詞形の形容詞は「人を…する/させる」。「人（他人）を面白がらせるひと」→「面白いひと」
falling leaves
自動詞の現在分詞形の形容詞は「…する/している」、「落ち葉」（落ちてゆく葉）。
cf. fallen leaves「落ち葉」（散り敷いた葉）過去分詞形は状態を表す。
The record of mankind is the story of men living together and making communities.

「人が共に暮らし社会を作ってゆく物語」と読めば動名詞、「共に暮らし社会を作ってゆく 人々の物語」と読めば分詞形容詞。

(2) 不定詞の用法

①形容詞用法か副詞用法かの見分け方

I have always wondered at the passion many people have to meet the celebrated.
「to meetはpassion を修飾する形容詞的用法の不定詞」との説明が複数の英文指南書にあるが、そうだろうか？
これは副詞用法ととるのがよいと思うが、その理由を以下に述べる。ここの骨組みの箇所だけ抽出すれば、次のようになる。これで考える。
Many people have the passion to meet the celebrated.

理由ⅰ
「会うための情熱」（形容詞用法：目的）「会うという情熱」（形容詞用法：同格）「会うに足る情熱」（形容詞用法：充足）
いずれも日本語にしてみておかしい。形容詞用法として「会うことに示す情熱」「逢いたいという強い気持ち」との訳語を与えている指導書もあるが、どこから「…ことに示す」「…たいという」が導かれるのだろうか。
「会うために情熱を持つ」と読みたい。
cf. He got the driver's license to travel through the U.S.A.
これは「合衆国を横断するために免許をとった」のであって「合衆国を横断するための免許をとった」のではない。

理由ⅱ
Many people have the passion in order to meet the celebrated. と言い換えられる。

理由ⅲ
Many people meet the celebrated. と言えるが、The passion meets the celebrated. とは言えない。to meetの意味上の主語は、文の主語の Many people である。
cf. We could find a taxi to take us to the station.（形容詞用法：駅まで連れて行ってくれる タクシー：A taxi takes us ...）
  We took a taxi to get there in time.（副詞用法：時間通り到着するのに：We get there ...）

理由ⅳ
have a passion to do で「…に情熱を持つ」とのイディオムはあるが、この to 不定詞は副詞用法「…の点で」の意味。
例：And if we had to depend on reason and reproductive technology rather than

sexual passion to produce the next generation, we'd be in trouble.
（そして我々が次の世代を生み出すのに性欲でなく理性と生殖技術に頼らねばならないとするなら、困ったことになるだろう）

理由 v

「…への熱中」なら passion for N の形になるだろう。

cf. He has a passion for fishing （釣りが好きでたまらない）
Culture is the passion for sweetness and light.（教養は甘美と光明を求める情熱である）

理由 vi

passion は抽象的な「情熱」であって、具体性を伴わない。

cf. intention to be a nurse　これは「情熱」が具体化された「意図」で、to 不定詞の示す（be はこの場合変化動詞で「…になる」）方向と共起しやすい「看護婦になろうという意志」
また「受難」という意味があるように、受身・内向を感じさせる。

cf. desire to do「…しようという願望」desireは動きを含意する。

＊どちらととっても意味はあまり変わらないこともあり、あまり詮索しすぎないのがよいかもしれない。

②形容詞用法のいろいろ
- 目的・対象「…するための」
Give me something to drink, please.
- 義務・必然「…すべき」
I have some letters to write.
- 同格「…という」
his decision to go
- 充足「…するに足る」
Tokyo is a good place to live.
＊「同格」は名詞用法とする文法書もある。「充足」は私の恣意的な分類である。

③副詞用法のいろいろ
- 目的・対象「…するために」
He went to the station to meet her.
- 原因・理由「…して」「…するとは」
I am glad to see you.
＊前に感情の言葉がくることが多い
- 結果「（―して）…になる（する）」

I awoke to find myself in a hospital bed.
＊前後の意外性。to不定詞部分は状態動詞が来ることが多い。

④be to do の意味

予定・運命・義務・可能性・命令・意図をあらわす。be to自体でひとつの助動詞の働きをする。I am to leave next week.（来週行くことになっている、行かねばならない、行くつもりだ、など文脈により訳し分ける）
形は同じだが、SVCになる場合がある（to不定詞は名詞的用法）
例：My hobby is to collect old coins.（私の趣味は古銭集めです）

(3) 演習

①To see is to believe.
　Seeing is believing.

「百聞は一見に如かず」だが、不定詞は現在から未来、動名詞は過去から現在を示す傾向がある。その違いを訳せば「見れば分かる」と「見ていて分かる」

②I hate to say it, but I don't like your plan.
　I hate saying good-bye.

共に「言いたくないけど…」だが、不定詞は個人的、動名詞は一般的なニュアンス。「（個人的には）言いたくないが、君のプランはよくないと思う」と「（誰でもそうだが）さよならを言うのは嫌なものです」

③There is always something to be said for remaining ignorant of worst.

somethingは「何がしか（の分量）」、said forは「是認」。直訳「最悪なことを知らないままでいることを是として言われるべき何がしかのものが常に存在する」⇒「知らないままでいることが良いというのも一理ある」

④Advice is to be taken thankfully.
　Nothing was to be seen in the dark.
　If you are to succeed, you must work hard.
　He was never to see his mother again.

「忠告は感謝して聞かれるべきだ」義務
「暗闇で何も見えなかった」可能
「成功するつもりなら、努力しなければ」if節で意図・目的になる
「二度と母には会えないのであった」運命

⑤You must be a fool to believe such a thing.
　「そんなことを信じるなんて馬鹿に違いない」
　副詞用法「…の点で」（foolとする判断の根拠）

⑥I am sorry to have hit you yesterday.
　「昨日はぶってごめんなさい」

⑦I got her to cut my hair.
　I got my hair cut.

共に「髪を刈らせた、刈ってもらった」だが、toが入るといわば間接的になるため、上は説得が含意される。「（彼女をなだめすかして）髪を刈ってもらった」と「髪を刈らせた」。

⑧I helped her to wash the dishes.
　I helped her wash the dishes.

これもtoが入るので、脇から手伝う感じ。「（汚れた食器を運ぶなどして）彼女の皿洗いを手伝った」と「彼女と一緒になって皿を洗った」

cf. I helped her (to) solve the problem.
　　動詞は同じhelpだが、文脈での判断になる。toがなければ「最後まで」、toがあると「途中まで」手伝った、の感じ。
　　＊「感じ」というように、100％適用されるものではない。toがあってもなくても、同じこともある。

⑨It's hard to study English.
　It's hard studying English.

「英語の勉強は大変だ」だが、上の文は、未だやっていない、自分のこととして考えている。下の文は、いまやっている、一般論で考えている。

⑩A scholar's life-work is to add his bucketful of water to the great and growing river of knowledge.

SVCの構文。to addは名詞用法「加えること」
「学者の生涯を貫く仕事は知識という増量する大河に、自分のバケツ一杯の水を加えることなのです」

6-8　結果をあらわすto不定詞

I consult the encyclopaedia to make sure that I have not erred on the matters.
「私はそういった事柄で間違いをしていないのを確かめるために、百科事典を調べる」だが、ここ「目的」でなく、「調べて確かめる」と「結果」に読めないだろうか？

これは普通の場合、読めない。「結果」に読むには、それなりの必然性が必要。以下、その特徴。

- to不定詞の前後が意外性
  動詞は限られたもので、learn、find、see、hear、be toldなど（状態動詞、知覚動詞が主）
    例：He rushed home to find his house in a mess.
        （彼が急いで家に戻ると、家はメチャメチャだった）
        He returned home to learn that his daughter had just become engaged.
        （家に帰ると、娘が婚約したばかりだと分かった）
- to不定詞の前に、onlyやneverがくることがある
    例：After his accident, he was never to get a chance to play in an actual game.
        （事故の後、彼は実戦に出場する機会を二度と得られなかった）
- to不定詞がto beの形になる場合に多い
    例：My grandfather lived to be ninety.
        （祖父は90歳まで生きた）
- 連語でto以下が結果を示すものがある
    例：We persuaded her to go to law school.
        （我々は彼女を説得して、法科大学院に入学させた）
  この連語が曲者で、逐一覚えるしかない。

6-8　結果をあらわすto不定詞

[ポイント54]

結果をあらわすには条件がある。

①過去形であること。
　I persuade him to do so.と現在形では「説得してそうさせる」（結果）のか「そうするよう説得する」（目的）のかはあいまいになる。
②toとの連語になっていること。
　I persuaded him.だけでは「説得」が成就できたかどうか不明。
③目的であるのをはっきりさせるにはin order toを用いる。
　I persuaded him in order to do so.（私は彼にそうするよう説得した）

あいまいになりやすい例を一つ。
I wrote to tell him about the incident.「私は彼にその出来事を知らせるために手紙を書いた」だが、これを「書いて知らせた」としてよいものだろうか？
「書いて知らせた」は二つに取れる。
（ア）相手は知った　（イ）相手が知ったかどうかは分からない
これは「結果」を含意しないto不定詞だから（イ）*。訳としては、（ア）ととられる恐れがなければ、そのままでよい。恐れがあるのならば、訳を変えて「書いて、知らせようとした」とすれば、結果は含意しないですむ。
＊文脈から「知った」ととれれば、結果に訳してもよい

次の諸例は結果を含意するかどうか、考えてみてください。
①Sickness drove him to commit suicide.
②implore a judge to overlook his misdemeanor
③She obliged herself to refrain from drinking.
④He urged us to work hard.
⑤forced a person to sign the contract
⑥His illness compelled him to stay indoors.
⑦I encouraged him to try again.
⑧entice a friend to quit school
⑨discipline oneself to become a commander
⑩I convinced her not to quit her job.

（答え）
①含意する（余儀なく…させる）。「彼は病気を苦にして自殺した」
②含意しない。「軽罪を見逃すよう判事に懇願する」

③含意する（強いて…させる）。「彼女は飲酒を慎まざるを得なかった」
④含意しない。「彼は私たちによく働くように命じた」
⑤含意する（無理やり…させる）。「無理やり契約書に署名させた」
⑥含意する（無理に…させる）。「彼は病気のため家に閉じこもっていなければならなかった」
　＊強さはforce＞compel＞oblige
⑦含意しない。「もう一度やってみろと彼を励ました」
⑧現在形ではどちらか不明（過去形なら含意する「そそのかして…させた」）。前置詞がintoなら含意する（「友達をそそのかして学校を辞めさせる」）
⑨含意しない。「指揮官になるよう訓練する」
⑩含意する（説得して…させる）。「私は仕事を辞めないよう彼女を説得した《そして彼女は納得した》」

6-9　to不定詞の形容詞的用法

Q：to不定詞の形容詞的用法his decision to be a doctorを、「医者になろうという決心」としてもよいのでしょうか。

A：形容詞的用法はふつう「…するための」と訳されますが、総花的にはこの訳語で収まるということです。細かく分けると
①目的・対象「…ための」　この用法が一番多い：
　Give me something to eat.
　（食べるための何か→何か食べ物をください）
　We are looking for an apartment to live in.
　（住むためのアパート→私は住むアパートをさがしている）
②義務・必然「…すべき」　これもよくある：
　The next thing to be considered is his report.
　（考慮されるべきこと→次に考慮すべきことは彼の報告だ）
　There are a lot of good books to read in the world.
　（読むべき良書→世界には読まねばならない良書がたくさんある）
③同格「…という」　無意識にそれらしく訳しているだろうが：
　a plan to go hiking.
　（行くという→ハイキングに出かける計画）
　There is no need to be in a hurry.
　（急ぐという→急ぐ必要はない）

He got the opportunity to direct plays in small theaters.
（演出するという→小さな小屋で芝居を演出する機会を得た）
We have the freedom to choose our own religion.
（選ぶという→我々には自らの宗教を選ぶ自由がある）
His ambition to become the world swimming champion was understandable.
（なるという→世界水泳チャンピオンになろうという彼の野望はもっともなことであった）

④充足「…するに足る（…する価値がある）」 私が勝手につけた用法だが、たまにある：
This is a good place to walk.
（歩くに足る→ここは歩くのにおあつらえの場所だ）
London is the best place to live.
（住むに足る→ロンドンは住むにもってこいの土地だ。live inとしてもよい）

結論：形容詞的用法にもいろいろある。以上四つが頭に入っていると、迷うことなく堂々と読み解けるでしょう。

6-10　asのいろいろ

デュ・モーリアの名作「レベッカ」は、ありふれた若い娘が苦み走った中年の貴族との恋を通し、試練を乗り越え幸せをつかむ話だが、そのミュージカル版台本を読んでいて、分からないところが出てきた。
　貴族のマキシムがアメリカ名流、ヴァン・ホッパー夫人のお付きである「私」（若い娘）に話しかける場面。

MAXIM（to "I"）:
What do you think of Monte Carlo?
"I":
Well, I ... find it sort of artificial ...
MRS. VAN HOPPER:
She's spoiled, Mr. De Winter. Most girls would give their eyes for the chance of seeing Monte.
MAXIM:
Wouldn't that rather defeat the purpose?

VI　トリビアル文法

マキシム（「私」に）：
モンテ・カルロをどう思いますか。
「私」：
そうですね…ちょっと人工的というか…
ヴァン・ホッパー夫人：
生意気なんですよこの娘、ウインターさん。普通の娘ならモンテを見に行けるというだけで、何だってするというのに。
マキシム：
そうしたら目的を達せられないのではありませんか。

「何だってする」ことが「目的を達せられない」とはどういうことだろう？しばし悩んだ。そうか、give one's eyes for ＝ イディオム「…のためなら何でもする」と機械的に置き換えるからいけないのだ。文字通り「…のためなら自分の目を与える」と読めば、マキシムの答え「そんなことをしたら、モンテを見るという当初の目的を達せられなくなります」と繋がる。イディオムと文字通りの意味を交えた皮肉なのである。
as it isやas you knowも「あるがままに」、「ご承知のように」と紋切型に訳していると、足をすくわれることがある。

(1) 品詞

①副詞：同じ程度
　　Jim runs fast, but I run just as fast (as Jim [does (=runs)]).
　　「ジムは速く走るが、私も同じぐらい速く走る」
②接続詞：程度、様態、理由、時、比例、譲歩
　　He is now as tall **as** his father.
　　「彼はもう父親と同じ背の高さだ」
③関係代名詞：相関的、先行詞を指す
　　As appears from this essay, he is well versed in French literature.
　　「この随筆から分かるように、彼はフランス文学に造詣深い」
④前置詞：…として、…であると
　　She is famous as an essayist.
　　「彼女は随筆家として著名だ」

(2) 副詞としてのas

Tom is **as** tall as I am.

指示副詞（動作や状態、感情の程度を示す）「その分だけ」。どの分だけ、と言われれば後の as 以下の分だけ。後の as は接続詞「…と同じ」。
「トムは私と同じ背の高さだ」
Tom is **as** tall as me.
指示副詞。後の as は前置詞とも as I am の縮約形で接続詞ともとれる「…と同じ」。
「トムは私と同じ背の高さだ」

He has **as** many as I have.
指示副詞（後の as 以下はなくても分かるので省略し He has as many. となることもある）。
「彼は私と同じ分だけ持っている」

Take **as** much as you want.
指示副詞。ふつう as much as ～ は「…と同量」で多さを含意するものではないが、ここでは動詞 want により「望んでいるのと同量」⇒「欲しいだけ」と多さを感じさせる。
「好きなだけ取りなさい」

I can do it **as** well（as you）.
指示副詞。
「私も（貴方と）同じようにできる」

Socrates' conversation as reported by Plato.
直前の名詞を制限し「…するような」「…した場合の」の意味になる副詞。
「プラトンが叙したものに見られるソクラテスの会話」

(3) 接続詞としての as

It is not so easy as you think.
連関詞「…ほど―でない」　　＊様態
「君が考えるほどた易くない」

the origin of schools as we know **them**
them=schools　　＊同一
「我々がそういうものと認識している学校の起源」⇒「我々が知っている学校、の起源」

He came up as I was speaking.
「話している時やってきた」　　　＊時

As you are sorry, I'll forgive.
「謝ってるから、許してあげる」　＊理由

Young as he was, he was able.
「若いが、彼は有能だった」　　　＊譲歩

such liquors as beer = liquors such as beer
「ビールのような酒類」　　　　　＊実例（前置詞とも取れる）

(4) 関係代名詞としてのas

Such men as (=Those men who) heard him praised him.
連関詞such 〜 as「…のような―」
＊「ような」との訳は付くが「似ている」でなく、具体例を示す。
「彼の話を聞いた人は一様に彼を褒めた」

This is the same watch as I have lost.
連関詞the same 〜 as「…である―」
「これは自分がなくしたまさにその時計です」
cf. the same watch that ...「同じ型の」

He was late, as is often the case with him.
asの先行詞は前節全体
「彼にはよくあることだが、また遅れた」

It was him as did it.
強調構文（cf. He did it.）。
「それをしたのは彼だ」

(5) 前置詞としてのas　「…として」「…と同じ」

He appeared as Hamlet.
「彼はハムレットとして現れた」（役柄がハムレットだったのだろう）

It is as white **as** snow.→It is white as snow.
「雪のように白い」　　　　後の文は指示副詞の省略。

We lived as a saint.
「聖人の暮らしをした」

We looked upon him as quite old.
連語 look A as B「AをBとみなす」

(6) 分かりにくいもの

City life, as we know it, is at present unnatural and become increasingly so in modern conditions.

接続詞。it は city life。as以下が独立文になっている。「我々がそのようなものとして認識している（都会生活は…）」⇒「我々が知っているような都会生活は、不自然なものとなってきており、現在の状況ではますますそうなってきている」

cf. City life, as we know, is at present unnatural and become increasingly so in modern conditions.
　　関係代名詞。先行詞は as we knowを除く文全体。「ご承知のように、都会生活は不自然なものとなってきており、現在の状況ではますますそうなってきている」

The writer must present life as it is.
asは接続詞「…のように」副詞的にpresentに掛かる。it は life。present A as B の連語（AをBのように示す）
　「作家は人生を、人生が現に存在するように示さねばならない」⇒「あるがままに示さねばならない」

He is not satisfied with life as it is.
asは接続詞「…のような」形容詞的にlifeに掛かる。it は life。「彼は、人生が現に存在するような人生に満足していない」⇒「あるがままの人生に…」

(7) 演習

①That impressed me as a child.

「子供としての私」⇒「子供の頃の私」
「それは子供の私を驚かせた」
別の例：The students in the room rose as one man.
　「一人の人間として」⇒「一斉に」

②He worked as a slave.
　「彼は奴隷として働いた」
　cf. He worked like a slave.
　　「奴隷のように」

③We had completely misjudged the situation, as we later discovered.
　「我々は状況を見誤った、そのことはあとで分かったのだが」

④As Europeans go, the English are not intellectual.
　「ヨーロッパ人にしては、イギリス人は知的でない」または「他のヨーロッパ人と違って、イギリス人は知的でない」

⑤It was difficult enough to keep myself from getting depressed as it was, without having even more solitary time on my hands.
　itは状況。「手に余る孤独の時間がこれ以上なく、現況のままでも、鬱屈せずにいることが大変だった」

⑥I want to marry a girl as nice as Mary.
　「マリーと同じ素敵な娘と結婚したい」⇒「素敵なマリーと結婚したい」
　cf. I want to marry a nice girl like Mary.
　　「マリーに似た素敵な娘と結婚したい」⇒「マリーのような素敵な娘と結婚したい」

⑦Written, as it is, in plain English, the poem is easily understood.
　it は the poemを指す。「その詩が現にそうであるように…」⇒「現に平易な英語で書かれているので、その詩は理解しやすい」

⑧I'd go with you if I were free, but as it is, I can't.
　itは状況を示す。「時間があればご一緒したいのですが、実のところ無理なんです」

⑨If the scandal were true, it would be fatal to him: even as it is, his reputation is on the wane.
itは状況。「状況が現に存在するように…」⇒「その醜聞が事実なら、彼には致命傷だ。今のままでも、名声は欠けてきているのだから」

⑩As I thought, Ostriches do not fly.*12
順接。「私が思っていたように、ダチョウは飛ばない」
cf. Ostriches do not, as I thought, fly.
逆接。「私は飛ぶと思っていたが、ダチョウは飛ばない」
Ostriches do not fly, as I thought.順接または逆接。「私が思っていたように、ダチョウは飛ばない」または「私が思っていたのと違って、ダチョウは飛ばない」
Ostriches do not fly, as you claim.
強い主張の言葉が来て、逆接。「君は飛ぶなどと言うが、ダチョウは飛ばない」

⑪The dog does not run as he did two years ago.
「その犬は二年前のようには走らない」二年前と同じく走らない、といいたいのならas以下にnotが必要。

6-11　of

(0) 前説

「ギリシャ悲劇の哲学者、ギルバート・マレーが…」（福田恆存の評論より）と言われて、「ギリシャ悲劇」と「哲学者」の関係をすぐ理解できる人がどれくらいるだろう。このマレー（Gilbert Murray）は、オックスフォード大学の古典学者でエウリピデスの研究で有名。演劇に心得のある人でなければ、「ギリシャ悲劇に出てくる哲学者」ととってしまうかもしれない。
「斬られの仙太」（三好十郎の戯曲）とあっては、「仙太」が「斬られた」のか「斬られ役」なのか作品を読むまで分かるまい。
これは日本語の「の」が多義、曖昧であるからだ。

ofも「の」と同じく意味の多義・曖昧性を有している。だから場合により、ofを解釈し「の」でない適切な訳語を選ぶことが必要になる。
ofは元々「分離」（offに起因）をあらわし、そこから⇒「根源」「所属」⇒「部分」「関

連」へと広がっていった。この意味の多義性を嫌い、分離・根源には from、関連には about、所属・部分には of、と分けて使うことが多くなっている。

(1) of の五つの意味

①所有・所属「…の」
　the book of hers（彼女の本⇒彼女が所有する本）
　the floor of the kitchen（台所の床⇒台所に付属する床）
　the courage of the hero（英雄の勇気⇒英雄に付随する勇気）

②主格「…が」
　the absence of his father（父親の不在⇒父親がいないこと）the rise of the sun（太陽の上昇⇒陽が昇ること）
　the love of a mother for her child（母親の子に対する愛情⇒母が子を愛すること）

③目的格「…を」
　the education of his son（息子の教育⇒息子を教育すること）
　the discovery of oil by the farmers（農夫による石油の発見⇒農夫が石油を見つけたこと）
　a statement of the facts（事実の陳述⇒事実を申し述べること）

④同格「…という」
　the city of London（ロンドンの市⇒ロンドンという市）
　an angel of a girl（天使な少女⇒天使のような少女）
　＊an angel of が次の名詞に形容詞的に掛かる
　the name of John（ジョンの名前⇒ジョンという名前）

⑤関連「…についての」
　a story of adventure（冒険の物語⇒冒険に関する話）
　I know little of him.（彼をほとんど知らない⇒彼についてはほとんど知らない）
　Boswell's biography of Dr. Johnson（ボスウェルのジョンソン伝⇒ボスウェルが記したジョンソンについての伝記）
　＊類別は私の恣意的なもの。所有、所属、関連はどちらともとれる場合がある。

文例：
He is the President of France.

フランス国の大統領⇒フランス大統領［所属］
I am myself so nervous a lover of accuracy.
精確さをとても気にする性質⇒神経質なほど精確さの愛好者［目的格］
They have a certain power of acting without taking thought.
じっくり考えずに行動するというある種の力⇒四の五の言わず行動する力［同格］
There is talk of an impending "national famine of wood."
差し迫った「国家規模の木材不足」に関する噂がある⇒「国家規模の木材不足」が取りざたされている［関連］

(2) ofのそれ以外の意味

①分離（もしくは方向）
　　free of custom duty（成句的）
　　免税の⇒関税から自由
　　within a mile of the city
　　市から1マイル以内に

②出所（=from）
　　a man of Texas
　　テキサスの男⇒テキサス出身の男

③原因・理由（=from）
　　die of cancer
　　ガンで死ぬ

④材料（形状を留める/構成成分）
　　My new jacket is made of leather
　　革製の上着⇒革でできた上着

⑤内容
　　a package of cheese
　　チーズ一包み（包みの中味）

⑥部分（もしくは分量・種類）
　　three of the boys
　　少年のうち三人

cf. the three of the boys　少年たち三人（少年たち＝三人）

⑦時（古い言いかた）
He died of a Monday.
月曜に死んだ

⑧性質
a matter of importance
重要な事柄⇒重要な性質を有する事柄

(3)　演習

①Tokyo University＝the University of Tokyoだが、日本大学の英文表記は如何に？

「日本大学」はNihon Universityで、the University of Nihonとは言えない。Nihonは「日本を代表する」という意味でなくいわば形容詞的に使われているからである。「東京大学」の正式名称はthe University of Tokyo、東京といえば東大（ではないという人もいるだろうが）とみなされるからである。Tokyo Universityは略称。
「京都大学」はKyoto University。the University of Kyotoとしてもよさそうなものだが、沿革からすると同志社の方が古いので、遠慮したのかもしれない。

②Ueno Zoo pandasとUeno Zoo's pandasとthe pandas of Ueno Zooの違いは？

意味は同じだがUeno Zoo pandasは「商社マン」という言い方と同じように特徴・一体化を示し、Ueno Zoo's pandasは他の動物園との比較が含意され、the pandas of Ueno Zooは中立的（上野動物園がもつ、にいる、パンダ）。

③a person of courageとa person with courageの違いは？

of＋抽象名詞=性質。with だと附随的
cf. a way of living abroad名詞＋of＋動名詞＝同格「海外で暮らすという方法」⇒狭めて充足、目的「暮すに足るだけの」「暮すための」⇒to不定詞の意味に近くなる≒a way to live abroad

④a painting of my fatherとa painting of my father'sの違いは？

a＋名詞＋of＋名詞＝目的格「父の絵」⇒「父を描いた絵」。a＋名詞＋of＋所有格＝

所有格が主格化⇒「父の絵」⇒「父が描いた（または所有する）絵」

⑤a book of logicとa book on logicとa book about logicの違いは？

ofは中立的、onは専門書（的を絞っているため）、aboutは一般書（周辺を含意するため）。

⑥ofの格は何ですか？
　ⅰ）He is envious of my car.
　ⅱ）a mite of a little woman
　ⅲ）He is guilty of murder.
　ⅳ）the plays of Shakespeare
　ⅴ）It is very kind of you to come.
　ⅵ）Americans are hysterically anxious to have the good opinion of others.
　ⅶ）It is well to be thoroughly impressed with a sense of the difficulty of judging about others.
　ⅷ）the love of God

　ⅰ）目的格「私の車をうらやむ」
　ⅱ）同格「か弱い女性」＊a mite of が形容詞的に a little womanに掛かると考えてもよい
　ⅲ）目的格「殺人を犯している」
　ⅳ）所有「シェークスピアの全戯曲」
　ⅴ）関連（性格・分別を示す）「来て下さるなんてご親切さま」
　ⅵ）主格「アメリカ人は他人が良い意見を持つことを非常に切望する」⇒「アメリカ人はとても人から良く思われたがる」
　ⅶ）前のofは関連、後のofは同格と読むのがよいだろう。「他人を判断するという困難さの感覚を充分思い知っているのは結構なことである」→「他人を判断することの難しさを肝に銘じて置くのはよいことである」
　ⅷ）the+名詞＋of＋名詞＝主格の場合が多い。「神の愛」⇒「神が愛すること」だが、場合により「神を愛すること」ともなる

6-12　可算名詞・不可算名詞

アメリカ合衆国第16代大統領リンカーンの有名なゲティズバーグ演説。

Ⅵ　トリビアル文法

ネットで某予備校のモデル授業を見ていたら、講師が
the government of the people by the people for the people
と板書していたのに驚いた。
もちろん原文は
government of the people, by the people, for the people

カンマがないと［｜(人民のための) 人民による｜人民］との掛かり方になってしまう。
何より、不可算名詞governmentは抽象的な「政治」だが、the governmentとtheを加えることによって可算名詞化され「政府」という意味に転じてしまう。

「不可算名詞の可算名詞化」は、抽象的なものが具体化すること。
「…な**物、事、人、状態**」のどれかになると覚えておくと便利です。

1　総称用法

「総称用法」とは、当該の種類の全体を括る「…なるもの」といった意味あい。
これには可算名詞の場合と不可算名詞の場合がある。

(1) 可算名詞

bookだけでは何の意味もない。しいて言えばbookという綴り？ bookという音？
これに帽子（a、the）や靴（-s）がついてはじめて意味がでてくる。
a bookには二つの顔がある。「ひとつの本」と「本というもの（総称）」。
the bookにも二つの顔がある。「その本」と「本というもの（総称)。」
booksには「本というもの（総称)」の意味しかない。
a bookは、あれもそうだこれもそうだと積み上げていって総称になった感じ。
the bookは、抽象的に概念を考え総称になった感じ。
booksは、広く一般的に使われる総称表現。
ではthe booksは？これは「お互いに了解されているあれら（the）複数の本」で、総称ではない。

(2) 不可算名詞

musicは総称で「音楽というもの」
具体的な音楽にはtheをつける。the music「お互いに了解されている例の音楽」。

例文：
①I never travel without books in peace or in war.
「戦時でも平時でも本を持たずに旅をしない」
booksは、可算名詞の総称用法「本というもの」（冊数については言っていない）。
peace、warは、不可算名詞の総称用法「平和なるもの」「戦争なるもの」（いつの戦争、平和とは言っていない）。

②... I merely wish to break the pace long enough to point out the simple truth life unquestionably teaches anyone who lives into old age; ...
（市販書の訳文）「老いの境地まで生きたものであれば、かならず人生からある明快な真実を学ぶ。…」
truthは、総称で「真理」the truthは具体的になり「事実」。
「真実」は両方に適用可能だが、具体的なものを指す場合、大げさな感じを与えかねない。この例文も「単純な事実」といったとこる。
（修正訳）「ただその歩みをしばし留め、教えたいのだ。老境に達した者であれば誰もが知る単純な事実があることを。…」

2　不可算名詞の可算名詞化

…な人・事・物・状態、といった具体的なものに転化する。

fire⇒a fire：火⇒火事
democracy⇒democracies：民主主義⇒民主主義国家
requirement⇒requirements：必要⇒必需品、必要条件
coffee⇒one coffee：コーヒー⇒コーヒー一杯
reason⇒reasons：理性⇒理由
government⇒the government：政治⇒政府
alarm⇒an alarm：恐慌⇒警報

例文：
①To hold otherwise is to hold that wisdom can be got by combining many ignorances.
「多くの無知」ではmanyと可算化されている意味が出ない。
「そうでないというのは、無知な人間を寄せ集めれば智慧が得られるということになってしまう」
②Beyond the red and violet of the spectrum lies a whole range of light waves to which the senses remain insensible.

sense「感覚」が、the sensesと複数になっているのに注意。
「赤と紫のスペクトルの外側に、<u>五感</u>では認識できない広大な光波の世界がある」
③In the last 20 years Korea has been transformed into <u>an advanced industrial power</u>.
「この20年で、韓国は<u>一大先進工業国</u>へと変貌を遂げた」

3　指標なく不可算名詞が具体化する場合

文法書をいくら紐解いてもこの解説はない。認知言語学からすると、きちんと英文を読んだ上でその言葉から具体的なイメージが広がるなら、そう解釈してよいということだ。
日本語でも「今夜は鍋にしようか」と言って、「鍋から連想される食事」を意味するのに似ている。

excess：過激⇒過激な行動
genius：天分⇒天才

例文：
①Excess, it seems to me, may justly be praised if we do not praise it to excess.
　「過激な行動は、過度に褒めるのでなければ、褒められて然るべきものだと思う」
②All genius, whether religious or artistic, is a kind of excess.
　文字通りに読めば「天分」。本来は「天才」と読ませるにはgeniusesとなってほしいところ。あとのexcess「過激」も「過激な人物」と読みたい。
　「あらゆる天才は、それが芸術上であれ宗教上であれ、一種の過激な人物なのである」

4　それ以外

①the+形容詞の名詞化
　the good
　「善人」
　the true
　「真実」

②抽象名詞の固有名詞化
　beauty⇒Beauty
　語頭の大文字が「美の女神、美の化身」と読む指標となる。

③普通名詞の集合名詞化
All the village know(s) it.
村の中身を含意「村人皆がそのことを知っている」。knowにsがつくかつかないかは、構成員を全体で一つとみるか、個別にみるかによる。

④具象名詞の抽象化
He gave up the sword for the plow.
そのまま「刀を犂に替えた」でも意味が通ればよし。分かりにくいと思えば「軍を退き帰農した」などとする。

5　演習

①He has a value in society.
　a value：普遍的な「価値」valueが、目に見えるもの（実績）に可算名詞化。
　society：不可算名詞で「人間社会」
　「彼は社会で認められるものとなる」

②Philosophers are concerned with the true, the good, and the beautiful.
　the+形容詞が抽象名詞に転化。
　「哲学は真・善・美にかかわっている」

③He addressed audiences on his tour.
　audience：集合名詞で「聴衆」だが、-sとなり、いろいろな場所が含意される。
　「彼は旅行先のあちこちで講演した」

④In any event Jelks was a nuisance all evening; and so was Lady Tuton who was constantly called to the phone on newspaper business.

（誤訳例）「とにかく、ジェークスは、一晩中ずっと不機嫌だった。そして、タートン卿夫人も、新聞関係の仕事で、しょっちゅう電話に呼びだされるので、不機嫌そうだった。」
a nuisance：不可算名詞「わずらわしさ」nuisanceが可算名詞化され「わずらわしい人間」。
so V S：Sに力点があり「Sもそうです」
（修正訳）「ともかくジェイクスはその晩ずっと目障りだった。そして、タートン卿夫人もしょっちゅう新聞事業のことで電話に呼び出されるので、私たちをいら

Ⅵ　トリビアル文法

いらさせた」

6-13　aとthe

（0）　前説
前項で紹介の「人民の人民による人民のための政治」の訳を検討する。

①リンカーンの言わんとすること
　　人民は弱いものだ、怠惰なものだ。放っておけばどうしようもなくなる。そこで誰かが人民を治めなければならない。だがそれは神でも、権力者でもなく、まさにその人民の代表によって治められなけれならない。（言語学者ナイダの見解）
②他にも解釈できる
　その一
　　「人民の政治」ではあいまい。そこでカンマを置き、「それすなわち人民による、人民のための政治」
　その二
　　リズムを重視し、ゴロ良く三つの前置詞句を並べた。深く意味を詮索するには及ばない。
③訳語の問題
　その一
　　「人民が人民を人民のために治めること」としたら、人口に膾炙される名言となっただろうか。
　その二
　　上のような訳をつけて意味を明確にするとしたら、peopleの訳語は「人民」でよいのだろうか。アメリカと人民はなじまないような気がするが…。かといって「民衆」「大衆」では軽薄になってしまう。

以上よりして
「人民の人民による人民のための政治」はベストとはいえずとも、**翻訳としては充分受容できる訳文なのです。**

［ポイント55］
　　aとtheの理屈：

> a（-s、裸名詞＊）からtheへの転換は「不定なものに輪郭を与える（identify される）」こと。
> あいまいなものであるa（-s、裸名詞）をtheに換えることにより、はっきりした形を与える、と考えてよい。
> ＊aもtheも-sもtheもつかない名詞のこと

(1) 原則

①aは初出現、theは既知のもの

Long, long ago, there lived a fisherman in a small village. The old fisherman was good-tempered.

a fishermanを言い換えている。元の英文指南書による例文ではthe fishermanとなっていた。だが単純にaをtheに代えるだけの芸のない言い換えは、実際にはあまりないのを周知されたい。ここもoldは私が加えた。

②aには大きな二つの意味がある
　ⅰ）数に重点
　　Rome was not built in a day.
　ⅱ）種類に重点
　　She has a beautiful flower.

もちろんaは「ひとつ」の意味を基本的に持つ。だが「ひとつ」という数に重きを置く場合と、「そういった類のもの」という種類に重きを置く場合があることに注意。

③aがsomeの意味を持つことがある
　She thought for a while.

「彼女はしばらくの間考えた」
中世の英語にはaにsomeの意味があった、その名残り。

④theの使用が自由なことがある
　Mr. Wada is (the) principal of our school.
　in the future　　（米用法）
　in future　　　　（英用法）

This dictionary is (the) best.

官職・地位が補語に来た場合、theが省かれることが多い。
in the futureはtheがあることにより、現在との対比が含意される。従って、直近でなく先の未来を予感させる。theがないと漠然とした未来になり、直近でもおかしくない、とする考え方もある。
- the bestもtheがあれば他の辞書との対比が含意される。theがないと何と比べているのか分からず、「とても」の感じになることもある。

⑤theもaも総称用法がある
A dog is a faithful animal.
The dog is a faithful animal.
Dogs are faithful animals.

aは積み上げ式。あの犬も、この犬も、あっちの犬も…と総合しての総称。
the は抽象的。「犬なるもの」といった感じ。
dogsが一般的、客観的。

⑥自然とひとつに決まるthe
the sky　the sea　the east

どの空、どの海、どの東、と分けられない。

⑦総称か特定のものか判断に迷うthe
The housewife is very busy on weekday mornings.
He went to the theater.

家庭の主婦というもの、その家庭の主婦、の二つにとれる。
その劇場に行った、劇場の中身である芝居（どの芝居とは言っていない）に行った。

⑧aとtheで意味が違う
at a speed of fifty miles an hour
at the speed of fifty miles an hour

ともに時速50マイルだが、上はたまたま出したスピード、下は規則とか目標と

かで決めて出したスピード。

(2) 実践

①the soldiersまたはsome soldiersではだめですか？
　... : but then it was built by soldiers sent from a single city in far-away Italy, ...

- soldiersは、数については不明というか数に力点を置いていない。
- the soldiersにすると、兵士が限定、クローズアップされる。
- some soldiersだと、なんとなくある一定量が意識される。
「だがそれは遥か彼方のイタリアにあった一都市から送り込まれた兵士の手で築かれたものなのだ」

②なんでtheでなくanなのでしょうか（an international society）？
We desire to occupy an honored place in an international society striving for the preservation of peace, and the banishment of tyranny and slavery, oppression and intolerance for all time from the earth.
（日本国憲法）
「われらは、平和を維持し、専制と隷従、圧制と偏狭を地上から永遠に除去しようと努めている国際社会において、名誉ある地位を占めたいと思う」
（直訳）
「我々は平和の確保とこの地上から永遠に圧制と隷属・抑圧と不寛容を撲滅しようと希求する国際社会において名誉ある地位を占めたく願う」

このコンテクストでは不特定のa、またはあるかないかのa、または近未来のaとでもいうべきもので、あいまい。つまりそんな世界は今どこかに存在しているといいが、あるいは未来において存在しうるのか、あるいは存在してほしいが、といった気分。
日本語だと存在しているようにしか読めませんね。striving現在分詞も時制をあいまいにします。努めているのか、努めるものである、か原文はあいまい。憲法改正の是非以前に、基となった英文を正しく読むことから皆始めてほしいと思う。

③there is構文なのに何でaでなくthe philosopherとなっているのでしょう？
And then there is the philosopher, whose infinity is eternity, divinity, or the Almighty Himeself.

これは、思い出させるtheとでもいうべきもの。忘れていたのを「ほらほらいたでしょう哲学者というのが」と言った感じ。で、初出現に準ずるから、aでなくとも許されるのです。

④このtheはどんな意味があるのでしょう？
Emerson says that if the stars were visible only once in a hundred years, the whole world would await the spectacles with breathless interest.

総称用法と一般称用法のあいだの総括用法。ざっくと空を見上げて目に入った星を言っている。
「エマーソンは言っている『もし星が百年に一度しか見えないとしたら、全世界の人々は固唾を呑んでその光景を見守るだろう』」

⑤街灯が6ヤード離れているのは「窓から」か「ビリーから」か？
Suddenly, in a downstairs window that was brilliantly illuminated by a street-lamp not six yards away, Billy caught sight of a printed notice propped up against the glass in one of the upper panes.

ここ該当部分を単純な一文にすると、The window was illuminated by a street-lamp not six yards away.となり、not six yards awayはa street-lampに掛かるので「窓から」が正しい。
「突然、6ヤードと離れていない街灯に照らしだされた一階の窓に、上側のガラスの桟に活字体で書かれた文字が飛び込んできた」

⑥それぞれのa、theの違いは何ですか
1<**The appearance**> presented by 2<**the street**> of London 3<**an hour**> before sunrise, on 4<**a summer's morning**>, is most striking even to 5<**the few**> (5) whose unfortunate pursuits of pleasure , or ....

1　presented以下で限定されるappearance。
2　of以下で限定されるstreetだが、どこの通りとはいっていない。漠然とした、そうした時のロンドンの通り全般。
3　一（いち）という数に重点。
4　どれでもいい夏の一日という種類に重点。
5　whose以下で制限される人々。
「夏の朝、陽の上る一時間前のロンドンの通りが示す様子は、快楽の追求に

不幸にも失敗した少数の人々にとってさえ、きわめて感動的なものである」

⑦それぞれのtheの品詞は何ですか
The later you have lunch, the shorter the working hours in the afternoon are.

関係副詞「…する分だけ」（すればするほど）= by how much
指示副詞「その分だけ」（ますます）=by so much

「昼飯を遅くとればとるほど、午後の仕事時間はそれだけ短くなる」

⑧一週間とholidayの単数が矛盾しませんか
I have known a poorly paid teacher spend several pounds on a week's holiday in London which she had seen a score of times before—

holidayは内容が単数も複数も含意し得るのでこれでよい。とくに連続した休暇に用いられることが多い。また具体性より概念として捉えられ場合は無冠詞（裸名詞になることも可）。
例：be (away) on (a) holiday [=on one's holidays]（休暇をとって［旅行に出ている］)
「ある薄給の教員が、もう何度となく行ったことのあるロンドンでの一週間の休暇を過ごすのに、数ポンド使ったという」

⑨individualsと複数なのに何でa capacityなのですか
It is because nations tend to stupidity and baseness that mankind moves so slowly; it is because individuals have a capacity for better things that it moves at all.

配分単数。個人個人一人一人に、能力を一つずつ分けているからです。
「国家が愚かで卑しければこそ、人類の歩みはかくものろい。だが個々人によいことをする能力があればこそ、かろうじて前へ進んでいるのだ」

⑩どう違いますか
They saw a house in the distance.
They saw a house at a distance.

どの人から見てもtheは視点が一つに定まるので、相当遠い距離が含意される。

aは一人一人それぞれの視点により見え方が違うので近めの距離が含意される。
「遠くに人家が一軒見えた」「少し先に人家が一軒見えた」

⑪数が多いのに何故aなのですか
a great many

中世英語の名残。someを含意。
「沢山の」

⑫tribesと複数なのになぜonlyなのですか
The English were only the tribes of Ephraim and Manasseh.

強調のonly。「まさに」「こそ」「であってはじめて」などと訳す。
「イギリス人こそが、エフライムとマナセの子孫なのだ」

⑬最も、と訳してよいですか
In France, ministers are often criticized with the most unrelenting and uncharitable acerbity by the men and newspapers that helped to raise them.

他との比較が含意されると読めれば「最も」だが、特定の比較対象が含意されない絶対最上級と読めれば「とても」とする。
「フランスでは、閣僚は自分たちを押し上げてくれた当の支持者と新聞に、容赦ない辛辣な批判を受けること度々なのだ」

⑭事故はあったのですか
A man will tell you that he has worked in a mine for forty years unhurt by an accident.

種類に力点のa。「事故なんてものに」の感じ。事故があったかどうかは問わない。
「自分は鉱山で40年働いてきたが、事故にあって傷つくことなんてなかった、と言うことだろう」

⑮itsとhatsが矛盾しませんか
Here is a man who sees all the world through the size of its hats.

一人一人一個の帽子とみて、全体としては複数になる。

「ここに全ての人をその人の被る帽子の大きさで判断する男がいるとしよう」

⑯大手マスコミが下記の記事を配布しましたが、冒頭の冠詞のAは間違いではありませんか

A Tokyo court has denied another bail request by Nissan Motor's Chairman. Carlos Ghosn has been in custody for over 2 months.

これで構いません。釈放不可としたのは「東京地裁○○法廷」であって、「東京地裁」そのものではないからです。

[コラム 5]

Q：本書では、可算名詞と不可算名詞の区別がよくいわれますが、この区別基準は絶対的なものなのでしょうか。

A：むかしは、あまりやかましくいわれませんでした。ひとつの単語でも可算名詞になるときと不可算名詞になるときがあるし、どちらに分類すべきか判断に迷うものがあったからです。碩学の著した英文解説書でも、このへんの無頓着さがみられます。例えば朱牟田夏雄「英文をいかに読むか」(昭和34年初版)で'suggest alarm'『警報をほのめかす』とは『危険を感じさせる』(＝make one think of a danger) の意」とあります。「警報」の意味でのalarmは可算名詞ですから、この場合は不可算名詞「驚き、恐怖」ととるのが正しいはずです（ついでにdangerはaがついて可算名詞化されていますからしつこく読めば「危険な状態」になります）。最近では、ひとつの単語でも意味内容が違えば、(c) 可算名詞にも (u) 不可算名詞にもなって矛盾はない、ということで見解が統一されています。ある単語のある意味が辞書の判断で可算名詞であったり不可算名詞であったりすることはありません。ですからわれわれ翻訳者もこの点に神経を払う必要があります。本来不可算名詞である抽象名詞（または物質名詞）に、冠詞aや複数語尾sがついたら可算名詞化されており「…な人・事・物・状態」と補ってやると理解がすすみます。
辞書によって扱いが違う場合（わりと下位の意味内容につき）がごくたまにありますが、これは分類の仕方によるものです。例えばfeelingは (u)「感覚」(c)「考え」、とおそらくどの辞書でも同じ扱いですが、「感情」の意味ではニューセンチュリーが (uc) としているのに対し、ジーニアスは (u) (c) の区別をつけず「(～s) 感情」としたうえで、その小項目

> として (u) [or a 〜]「感受性」としています。
> 感情は抽象概念なので本来無冠詞ですが、逐一の心のありようの一形式が含意される場合は可算名詞化され複数になります。また心のありようの一つを対象として示す(あとに制限することばがくる)ときはaとともに用いられます(例: a feeling for poetry)。
> これらの説明を省いて便宜的な類別を記すため、細かいところでは辞書により記述が違ってくるのです。
> ニューセンチュリーでは最後の第8義に [a U] として「感受性」が出ています。

6-14 agreeの意味

Q：We agreed that we start early.
「我々は早く出発することに同意した」、「我々は早く出発することに同意している」どちらの訳がよいでしょう。

A：動作的か継続的かは、語の性質・他語との連語性・文脈により判断するしかない
①質問の文は、合意に達したのが過去、出発するのがその時点における未来(＝We agreed to start early.)ですから、「我々は早く出発することにした(皆の意見がまとまり、そう決まった)」とするのがよいでしょう。
　We agreed that we start early.のstartは仮定法(動詞原形、米用法)とも直説法ともとれる。We agreed that we should start early.は仮定法(should、英用法)。仮定法と直接法の違いは感情が入っているか否か。
②状態を示す節であれば「…に合意している」としても構いません。
　例：We agreed that he is wiser than his brother.「彼は弟より賢いと(いう事実を)我々は認めた」＝We agree to the fact that he is wiser than his brother.
③agreeは「腹を決める」が本義であり、そこから (1) 同意する (2) 一致する、の訳語が出てくるのです。
④英語のagreeは契約の意味合いが含まれますから、現在までその状態が引き続くのが順当で、「同意した」＝「同意して(きて)いる」との考えが一般には成り立ちます。この点からすれば、力点の問題を別にすればどちらも可です。
⑤ではWe agree that we start early.ならどうでしょう。agreeと現在形にすると、これからの意志(同意したい、してもよい——状況からして…できる)をあら

わすことになります「私たちは早めに出発したい」。

⑥We have agreed that we start early. 現在完了を使えば「同意している」のがはっきりします。

⑦似たような例をあげれば We got used to the new office.「新しい職場に慣れた」でよさそうですが、この場合の日本語「…た」は都合よくgotとhave gottenの両義を内包しているから目立ちませんが、過去のことなのか現在まで引き続いているのか、英文自体はっきりしません。現在まで引き続くのならWe have gottenとしたいところです。

⑧するとEven though you find virtues in a friend, he was your friend before you found them.「友人に美点を見つけるとしても、美点に気付くまえに友達だった」では、じゃあ今は友人でないのか、との疑問が出てくるかもしれません。これは過去のある時点のことに焦点をあてているだけであって、今については何もいっていません。でも順当に考えれば（これが文脈という奴）、今も友人であろうことは常識的に想像されますね。

⑨Famous men play the part that is expected, and with practice learn to play it very well.
「有名人は期待される役割を演じ、訓練をつんで、上手に演じられるように」なるのかなっているのか？ learn to doは「身につく」という意味なので、行為も状態も含意すると考えられます。「なる」も「なっている」も訳の流れ次第でO.K.です。

He studied French at school, but he never did learn it.「彼はフランス語を学校で勉強したが、全然身につかなかった」ですが、身につかなかったのなら、いまも身についていないのは当然なので、ついていないとしても構いません。これは、どちらの意味をとるかでなく、語感（力点）の問題ということになります。

結論：英語の過去には、瞬間的な過去と現在までつながる過去の両方がある。
　　英語の現在は、近い過去から現在ただ今、近い未来まで抱合することがある。
　　適宜場合によって訳し分けること。

6-15　副詞＋前置詞句

Q：All of us are spectators except for a few who are out on the field.「フィールドに出ている少数を除いた皆が観客である」との訳で、outとonの関係が判りにくいのですが。

A：outでいったん切って考えます「外にいる」。それはon the field「フィールド上」。副詞＋前置詞で「はじめに大状況（または漠然とした位置）をいって、次に小状況（または具体的な場所）を示す」形はじつによくあります。分かりやすい例で、She is out in China.「中国のなかにいるのに、outとはおかしいな」と思ってはだめ。まず彼女は出張かなにかで「国外」にいる（out）、その具体的な場所が「中国」（in China）、といっているのです。この原則を知っておけば、副詞を前置詞と見間違えたり、反対概念（outとin）の単語が並んでもまごついたりすることはありません。

次はいずれもロアルド・ダールの短編から。
Mrs Pearl accepted the envelope and went out into the street.
「パール夫人は封筒を受け取って外の通りに出た」
outは副詞「外へ」 intoは場所を示す前置詞。
（部屋から外へ出る→その場所は通り）

Mrs Pearl laid the last page of the manuscript slowly down on the sofa beside her.
「パール夫人は遺書を最後のページを下にしてゆっくりとソファの自分の傍らに置いた」
downは副詞「下に」 onは接触「…の上に被せて」
（ゆっくり置く→下に→ソファの上に）

Mr Boggis was driving the car slowly, leaning back comfortably in the seat with one elbow resting on the sill of the open window.
「ボギス氏は車をゆっくりころがし、寛いで座席にもたれかかり開けた窓の桟に腕をあずけた。」
backは副詞「後ろに」
（後ろに反り返る→場所は座席）

He picked it up and held it out in front of him.
「彼はそれをつかんで、彼の前に掲げた。」
outは副詞「外に」
（揚げる→目の前に）

これらの副詞は、文にリズムを生みます。意味は持っても重くなく（場合により副詞がなくとも文は成立しそう）、ガツッと大まかな捉え方をしたほうが翻訳はなめらかに運ぶでしょう。

6-16　心情を表わす形容詞

Q：They drove the poor girl out of the village.「彼らはかわいそうにその少女を村から追い出した」で「そのかわいそうな少女を」ではだめですか。

A：話し手の心情をあらわす形容詞に注意
この場合はどちらでも構いません。COBUILDにはpoorの次の説明があります：
3. You use poor to express your sympathy for someone. / I feel sorry for that poor child ...
poorと思っているのは話し手ですから、その見方（少女＝可哀想）が訳文に反映されればよいわけです。通例「心情をあらわす形容詞は副詞化する」という「翻訳の公式」がありますが、こだわらずに飽くまで文の説得性を重視すればよいでしょう。以下、その例。（○×△は訳の適・不適性）

'Your poor father is embarrassed.'（母が息子に言う台詞）
×「哀れなお父さんは当惑してるわ」　○「可哀想にお父さんはきまり悪そうね」

'The silly thing has moved.'（thing＝rabbit）（母が息子に言う台詞）
△「バカなウサギが動いたわ」　○「バカね、あのウサギ動いたわ」

Poor Mother.（息子が亡き母を述懐して）
○「かわいそうなお母さん」　○「お母さん、かわいそうに」

'Besides, I don't want you to keep looking at those silly ivy leaves.'（ルームメイトに）
△「それに私、あなたにあのバカな蔦の葉をじっと見ていてほしくないわ」　○「…あなたがバカみたいに蔦の葉をじっと見ているのが嫌なの」

'It's only one of those silly combs anyway.'
「そんなの只のつまらない櫛じゃない」
これは副詞化できない。相手（夫）を暗に非難する（櫛にくだらなくこだわっていて…）ニュアンスを含むので、この後、相手から叱責される'And what's wrong with combs, may I ask？'（くだらない、とは何だ）。
これに似たのは日本語の慣用でもありますね。「くだらない本ばかり読んでいて…」「くだらないとは何ですか、この本くだらなくないですよ。」「いや、そういう意味じゃなくて」「じゃあどういう意味なんですか」「…（実は本を読んでいる当人の態度がくだらない、のだが、それを言ってはおしまい）」

6-17　表の意味と裏の意味

Q：It was a bloody battle. を「血まみれの戦い」「血なまぐさい戦闘」「ひどい戦さ」どれに訳すのがよいでしょうか。

A：英語の単語には、表の意味と裏の意味がある

別の角度からすれば形態的意味と性格的意味、物理的意味と心情的意味、ともいえるでしょう。上の例であれば、戦闘の激しさをbloodyと形容しているのですが、「血だらけの」という表の意味にとるか「それほど激しい」と裏の意味にとるかは文脈によります。「血まみれの」が表の意味、「ひどい」が裏の意味、「血なまぐさい」は表の意味と裏の意味の中間をとったといえます。

基の意味「血だらけの」から「…のようなもの」ということで比喩的に意味が発展して裏の意味が生まれるのです。fatherなら「父」から「父のようなもの」ということで、肉親性を示して「祖先」、職業性を示して「先駆者」、精神性を示して「天の神」と広がってゆくわけです。

battleが表の意味「戦争」か、裏の意味「戦争のようなもの」かによっても、形容詞bloodyの訳語は変り得ます。政治家の派閥抗争をbattleに例えているのであれば「凄惨な争い」などとなるでしょう。これはコロケーション（語と語の結びつきの親近性）の問題でもあり、This is a bloody test. といったら、テストの程度をbloodyと例えているのですが、テストとの連続性で「血なまぐさい」「凄惨な」とはならず、「ひどいテスト」程度の訳語に落ち着きます。

We'd have every bloody fool in the district doing the same thing.
「このあたりにゃすぐ真似する大バカどもがいっぱいいるよ」
このbloodyはfoolの程度が「激しい」ことを訳語に示せばよいでしょう。

名詞では例えば、He was going to practise all alone up there under the trees in the dead of night. のdead。表の意味では「死」ですが、裏の意味（…のようなもの）では「寒さ・静寂・暗闇の最たる時期」で「丑三つ時にたったひとり木の下で何かやっていた」。

結論：表の意味か裏の意味かをしっかり捉えたうえで、訳語を決める。原文が表の意味でいっているのか、裏の意味でいっているのかわからないときは、訳者の解釈を堂々と出す。どちらでもとれそうに訳そうとするとヴァーグなものになってしまいがち。

6-18　接尾辞

Q：scientific revolutionを「科学的革命」とすると、なぜおかしいのでしょうか

A：－的、は意味をあいまいにする。revolution＞革命
revolution：＝complete changeで「大変革」を意味します。いわゆる「革命」は「大変革」の概念の一部にすぎません。－革命、が固有名詞化されているのなら「（科学）革命」でもかまいませんが、まだ一般語としては定着度がうすいような気がします*。
*専門用語としての「科学革命」はある
つぎにscientific：抽象概念の形容詞化はすぐに「－的」と処理してしまおうとする明治以来の欧文翻訳の悪しき伝統があります。「－的」がブラックボックス化して何となくわかったような気になるのですが、意味が不鮮明になりがちです。-ticは「－化する」「－を引きおこす」の意味の形容詞語尾です。それでここの訳は「科学の大発展」「めまぐるしいほどの科学の発達」「科学の革命的進展」など。これは文脈、常識、訳者の理解により違ってくるところであり、力のない訳者ほど（つまり踏みこんで語釈するのが恐い）「－的」に頼りたくなるのです。そもそも「－的」とは、中国語で「…の」という意味です。それが音と意味の兼ね合いで-ticの訳に用いられたのが、翻訳では麻薬のように使われる「－的」のはじまりといわれます。「－的」の日本語での意味は、
①関連「…に関する」「…にかかわる」「…についての」
　例：教育的観点
②性質「…のような性質を有する」「…らしい」「…に似る」
　例：貴族的雰囲気
③状態「…の状態にある」
　例：合法的犯罪
④所有・同格「…の」「…である」「…として」
　例：紳士的態度
の意味を持ちます。

－的とせずに訳をつけたほうがよい、①から④にほぼ対応する例を挙げます：
①a few moments of agonizing suspense
　苦痛的不安の数刻→不安に苦しむ数刻
②I am not one of those conscientious travellers.
　良心的旅行者→まじめな旅行者
③Their choice is determined by emotional tests.

情緒的尺度→気持のブレ具合
④We call this verbal experience a poem.
言語的体験→ことばでの経験

6-19　ownの意味

Q：He uses his own version of a technique. でhis ownを「彼なりの」としてはいけませんか。

A：ownには4つの意味がある
結構です、というよりそうすべきです。少年・少女期の受験勉強の呪縛で、ownとくると－自身、とやらねば気がすまない向きを見うけます。－自身、は-ownをざっくり捉えればそんな意味になるといういわば概念理解。効率を重んじる受験英語の便法だったと思ってください。翻訳者であれば、概念を意味のレベルにまで解きほぐして示さねばなりません。-ownは　①自主性　②所有　③独自性　④独力、の意味をもちます。
①Every man is his own best critic.　自分のことは自分がいちばんよくわかる
　I am my own master.　私は私流にやる
②He has his own cottage.　彼は自分の山小屋を持っている
　This is my own boat.　これは僕の持っている船だ
③It is his own idea.　それは彼独自の考え方だ
　He uses his own version of a technique.　彼は彼なりのやり方を工夫している
④He cooks his own meat.　彼は自分で食事をこしらえる
　You can't do it on your own.　君はそれをひとりではやれない

ついでに、意味の根っこの部分を知っていると訳語選択の幅が広がる形容詞語尾を二つ
-ful
①…に満ちた：We are hopeful about the future.　我々は未来に希望を抱いている
②…の性質のある：a forgetful person　忘れっぽい人
③…を引き起こす：It is harmful to the health to sit up late at night.　夜ふかしは健康によくない
応用例：
We secure the fruits of peaceful cooperation with all nations.（英文日本国憲法抄）
「我々はあらゆる国々との平和的協同の成果を確保する」→平和なやりかたで

One of the reason that large supermarkets and other chains became so successful was that they ignored the conventional idea.
「大きなスーパーマーケットやその他チェーン店が成功した理由のひとつは、彼らが慣習的な考えを無視したからだった」→現にうまく行っている
My trip to France will be very fruitful and rewarding.
「私のフランス訪問は非常に実り多く価値のあるものになるだろう」→やがて実りをもたらす」

-able
①…できる：The tennis courts are available for the use of members only.　テニスコートは会員にしか利用できない
②…に適した：His conduct was not suitable to the occasion.　彼の行為はその場にふさわしくなかった
③…を持った：justifiable homicide　正当防衛殺人
④…を好む：a peaceable manner　温和な態度

6-20　限定用法・叙述用法

Q：certainは（1）限定用法で「或る」（2）叙述用法で「確かな」と習いましたが、これは絶対でしょうか。

A：例外は大いにある
定評ある文法書『英文法解説』（金子書房）に、限定用法と叙述用法で意味が異なる形容詞、として
It happened in a certain town.（[名は言わないが]ある町で起こった）：限定
He is certain to forget.（彼はきっと忘れるよ）：叙述
の例がでています。
『ロイヤル英文法』（旺文社）では、限定用法と叙述用法で意味の異なる形容詞、として
She has a certain charm.（彼女にはある種の魅力がある）：限定
Spring is certain to follow winter.（冬の後には必ず春が来る）：叙述
が示されています。
習ったとおりだといえそうですが、さにあらず。『英文法詳解』（学習研究社）には
a certain boy（ある少年）　　It is certain.（それは確かだ）
を並べたうえで、「certain, late, rightについては、上掲の限定用法の場合の意味は、

叙述用法にはない。しかし、逆は成りたたなくても、上掲の叙述用法の意味は、限定用法のときにもあるから注意せよ」との但し書きがあります。
a certain fact 確かな事実（本来の限定用法での意味は、或る事実） a certain remedy 特効薬（同、或る薬）　certain以外でも reliable evidence 確実な証拠（信頼できる証拠）　late marriage 遅れた結婚（晩婚）　right answer 正しい答え（右の答え）、など限定用法なのに叙述用法での意味に取りたい時があれば、そうして構いません。
certainではとくに数詞（noを含む）、所有格が前にきた場合、にそうなる。
例1：We have no certain knowledge of any consciousness but our own.
　　（我々は自分の意識以外のいかなる意識もはっきりとはわからない）
例2：It is my certain conviction that no man loses his freedom except through his own weakness.
　　（だれあろうと自分の弱さによらずして自分の自由を失うことはないというのが私の確たる信念である）
こういった例外は多読をして、身体で理解するのが一番です

6-21　補語となる副詞と形容詞

Q：The flower is beautiful.
　　Winter is over.
　　同じ文の形なのに何故beautifulが形容詞でoverが副詞なのですか。

A：文法は理屈づけ。当然矛盾もでてくる
他の語を限定・修飾する機能は同じで、紛らわしいこともあるが、大きな違いは
①形容詞は補語となるが、副詞はならない
　The work is hard.　（仕事はきつい：形容詞）
　He works hard.　（熱心に働く：副詞）
②形容詞は名詞を修飾するが、副詞はしない
　He is an early riser.　（彼は早起きだ：形容詞）
　He delivers milk early in the morning.　（朝早く牛乳を配達する：副詞）
　これが原則です。ただ原則には例外がある。①では
　The storm is over.　（嵐は去った）
　Is Tom down yet?　（トムはまだ下にいるか）
　The tide is out.　（潮は引いた）
　over, down, out いずれも副詞だが、SVCの形で補語になっている。従来の5文

型の説明では苦しいところだが、例外として「副詞が形容詞的に働いている」「形容詞とちがって、S＝Vにならない」と考えるしかない。
このように補語として使われる副詞は数少なくざっと覚えた方が良い。
　　away, down, in, off, on, up, along, out, over, throughなど
③副詞が名詞を修飾する場合もあるが、これも数は限られている。
　　alone, also, else, even, exactly, just, not, too などだが、形容詞が「名詞を限定する」作用に対し、名詞に掛かる副詞は「名詞の様態・程度、とくに強調を示す」「日本語にすると明らかに形容詞ではないのがわかる」
　　the only child.（ひとりっこ）：子供を限定：形容詞
　　only a child（ほんの子供）：副詞だがchildに掛かる。子供の様態・程度を示し、強調している。「子供にすぎない」とも訳せる。
　　＊onlyをaに掛かるとし、only aで一体のいわば「冠詞句」とする考え方もある。just the coffeeも、just theで一体と考えると、なるほどわかりやすい。
　　＊Winter is overのoverは「副詞の形容詞的用法」と、ざっくり見なすこともできるだろう。

6-22　wonder if

Q：wonder ifは なんで「…かしらと思う」なのですか。

A：そういえばそうだな、と思って辞書を引くと、I wondered if he was awake.（彼は目覚めているのかしら）（ジーニアス）始めいくつもの例文と「…かしら」の訳が出ています。このことばが不安定なのは（1）女性ことばっぽい（2）話者の気持がつかみにくい、からです。ifとwonderを分解して考えてみましょう。
if：選択を示す節を導いて「…かどうか」。可能性が半々のときに用いられます。
wonder：
自動詞で「驚く、疑う」
例：I wondered at his rude joke.（彼のひどい冗談にあきれた）
他動詞でⅰ）「…に驚く、不思議に思う」（that節）
例：I wonder that you have broken your leg.（君が骨を折ったとは驚きだ）
　　ⅱ）「（…かどうか）自問する」（ask oneself）（wh節、if節）
例：I wonder what an airship looks like.（飛行船はどんな形をしているのだろうか）が基の意味。
つまりwonder ifは「…であるのかないのか、あれこれ思い巡らせる」わけです。そしてif節の内容が　①事実　②判断　③比喩　④仮定のどれかによって、本来

50パーセントであるifの可能性が上下にぶれるのです（以下、文例と解説をグローバル英和より引く）。

①ifに対して中立的
　I wonder if it will rain tomorrow.（明日雨が降るだろうか）

②if節中の肯定・否定が意味上逆転する
　But I wonder if it's right.（それがいいかどうかは怪しい）

③if節中の肯定・否定が逆転しない
　For a moment I wondered if I had died.（一瞬私は死んだのでないかという気がした）

④依頼の婉曲表現
　I wonder if you could come to see me tomorrow.（明日おいで願えませんでしょうか）

これらのどれにも該当する大雑把な訳が「…かしら」なのです。意味概念をとらえる便宜上の訳語と理解し、「…かしら」にとらわれずその場に合った訳語を選ぶべきです。

例1：I wondered whether his body lay tangled in the wreckage of his aircraft on the side of some bleak mountain.（彼の遺体は機体の残骸ともども、どこかの寒々しい山腹に晒されている《のかしら》→《のではなかろうか》／《こともあろうか》と思った）

例2：We sat up our little hill and watched, wondering what they were going to do.（私たちは丘で座り、彼らは何をやろうと《するのかしら》→《するのだろうか》と思いながら眺めていた）

＊終助詞「…かしら」は意味範囲が広く、wonderの語感に似ているので、つい使いたくなるが、日本語としては不自然な表現になりがち。多少の誤差は恐れず訳語を決める。

6-23　未来表現

Q：I am going to America. と I will go to America. は違うのでしょうか。

A：一人称での未来のあらわしかたは英語では四つあり、意味もそれぞれ異なる
①現在形：永遠の真理。決まりきったこと。
　例：I write novels.（私は現在から未来永劫、小説を書いてゆく→「私は小説家です」）
②will：（急に）思いついたこと。

例：I'll stay here for three days.（「（急に）ここに三日いることにする」）
③be going to：予定していること。
　　例：I'm going to visit Kyoto next Monday.（今度の月曜、京都に行きます）
④現在進行形：（はっきり）決まっていること。
　　例：I'm having guests next Sunday.（次の日曜にはお客を呼ぶことになっている）

クエスチョンの答えは、同じ未来でも前者が「行こうと予定している」後者が「急に行こうかなと思い立つ」の違いです。
一人称以外だとさらに複雑になりますが、実例を小説の一節（夫婦のさや当てを描く。ロアルド・ダール「THE WAY TO HEAVEN」）から見てみましょう。

'We 1<leave> at eleven in the morning,' she answered. 'It's definite.'
'You mean if the fog clears.'
'2<It's clearing'> now. There's a wind coming up.'
'You look tired,' he said. 'You must have had an anxious day.'
'It wasn't very comfortable. I think 3<I'll go straight to bed>.'
'I've ordered a car for the morning,' he said. 'Nine o'clock.'
'Oh, thank you, dear. And I certainly hope 4<you're not going to bother to come> all the way out again to see me off.'
'No,' he said slowly. 5<'I don't think I will>. But there's no reason why you shouldn't drop me at the club on your way.'
She looked at him, and at that moment he seemed to 6<be standing> a long way off from her, beyond some borderline. He was suddenly so small and far away that she couldn't be sure what 7<he was doing>, or what 8<he was thinking>, or even what he was.

1　現在形。公的に確定している事実、永遠の真理「（飛行機が）発つことに決まっている」次のIt's definiteは駄目押し
2　現在進行形の用法のうち、［状態の変化］を示す「晴れようとしている」
3　一人称のwillは、計画性なく思いついた、心に浮かんだ、ことを示す「直ぐ寝ることにするわ」
　＊bedが無冠詞なので、そこで具体的に行われる行為、即ち寝ることを指す
4　be going toは計画性あることがら、決まりきっていることがらを示す。「わざわざ来るなんてことは当然しないに決まっている」
5　「…するとは思わない／しないと思う」willで、「その気になる」ことを表している

Ⅵ　トリビアル文法

6　この進行形は、状態の継続を示す「立っている」
7　現在の一時的な動作を示す「彼が今している」
8　状態動詞の進行形は、話者の感情を示す「(何を) 一体考えているのか」
　　このくだりだけで、夫婦の鞘当が読み取れますね。

6-24　be 〜ing

Q：be 〜ingは「〜しつつある」以外にも、こまかい意味がありそうですが…

A：これがたくさんあるのですね。23の復習もかねて例を出します。
Ⅰ　現在の状態
　①A huge rock is sliding toward the river. （現在の状態）
　②He seemed to be standing a long way off from her. （状態の継続）
　③She is knocking at the door. （現在の一時的動作）
Ⅱ　状態の変化
　④It's clearing now. There's a wind coming up. （変化の過程）
　⑤The train is stopping. （到達点間近）
Ⅲ　近未来
　⑥I am having guests next Sunday. （予定していること）
Ⅳ　話者の感情
　⑦She couldn't be sure what he was thinking. （暗に非難・苛立ち）
　⑧I am hoping you will join us. （丁寧な表現・心苦しさ）
　⑨I'm telling the truth. （強調「ほんとだってば」）
Ⅴ　受身の意味
　⑩The bridge is building. （受身の意味）
どの意味合いなのか判断に苦しむ時がある。修飾語や文脈で判断する
例：I'm reading Hamlet now.
　　＊今読んでいる最中なのか、このところ読んでいるのかは不明。

一人称で未来を示す確実さの程度：
　　現在形 ≧ be going ≧ be going to ≧ will ≧ 'll

6-25　その他

(1) once：「一度」か「かつて」か
一度：文末が多い。進行形不可。
I met Aunt Emma once, a very long time ago.
I've only met her once.
The Good once defined, the rest of ethics follows; ...
＊これは受動態のためonceが真ん中にきている

かつて：動詞の前、文頭が多い。現在完了不可。
I once lived in a large old mansion called Irlam Hall, about twenty miles from Manchester, which had the reputation of being haunted.
「私はかつてマンチェスターから20マイル離れたところにある、アイラムホールという大きな館に住んでいた。そこには幽霊が出没するとの噂があった」
I once lived in Tokyo.

(2) first：「はじめて」「はじめに」「最初に」「第一に」どれをとるか
はじめて（はじめに）：通例文中で
I shall never forget the day we first met.
私たちが初めて会った日のことを決して忘れません。
Clearly, the situation is more complicated than we first thought.
明らかに、状況は我々が始め思ったよりも込み入っている。

最初に（第一に）：通例文頭・文尾で
Responsibility comes first.
責任が第一である。
First she looked at me, and then smiled.
彼女はまず私を見つめ、それから微笑した。

(3) 文修飾か語修飾か
文修飾副詞の性質：

①文頭、本動詞の前（beの場合はそのあと）。
Happily he did not die.
幸いにして彼は死ななかった。文修飾
cf. He did not die happily.　語修飾

＊be動詞だと不明確
He is naturally wild.
彼は生来乱暴だ/ 彼は当然ながら乱暴だ。
＊be動詞でなくとも、どちらともとれることがある。
例：He clearly explained the answer to us.
　　「彼は我々にはっきりとその答えを説明した」（語修飾）
　　「彼が我々にその答えを説明したのは明らかだった」（文修飾）
　　彼の主観的判断（語修飾）ととるか、話者が感じた客観的様態（文修飾）ととるかによる。

②話者の感情・見解・判断にかかわる文修飾となる語
感情　　fortunately, happily, luckily, unfortunately
見解　　foolishly, wisely, naturally, rightly, safely
判断　　apparently, certainly, clearly, perhaps, probably, surely
例：This island is rightly called an earthly paradise.
　　この島が地上の楽園と呼ばれるのももっともである

③時・頻度に関する副詞は文修飾
He always go to bed at ten.
He has just returned.
I can hardly understand it.

④It is 形容詞に置き換えられることが多い
He naturally wanted to know the reason.
彼は当然のことながら、その理由を知りたがった。
=It was natural that he should want to know the reason.
彼が知りたがるのも当然だった。

(4) 前の語に掛かるか、後の節に掛かるか（only, justly, preciselyなど）
まず後の節に掛けてみる（強調的に訳す）。それでおかしければ前の語に掛ける（本来の意味に訳す）。

I didn't go precisely because I thought he might be there.　まさに（定石通り後に掛かる）
「彼がいると思ったからこそ行かなかった」
I won't know precisely what the job involves until I actually start.　正確に（意味の

上から前に掛かる）
「実際に始めるまでどんな仕事かはっきりわからない」
It is nothing but an attempt on my part to explain to you precisely what Landy is going to do to me, and why I have agreed that he should do it, and what are his theories and his hopes.
＊what以下（後）に掛かるとも、know（前）に掛かるともとれる。
　「ランディが私に一体何をするつもりなのか、なぜ私はそれに同意したのか、彼の仮説と見込みは何かをはっきり君に説明しようという気持ちが僕にはあるだけだ」

（5）形容詞＋名詞＋名詞
形容詞は最後の名詞に掛かる

a local drama festival
⇒a local［⦃drama⦄ festival］
地元の演劇祭　×地元演劇のお祭り
It showed a dog's head completely severed from the body, but with <u>the normal blood supply</u> being maintained through the arteries and veins by means of an artificial heart.
正常な血流　×正常血液の供給

（6）ratherの意味
究極の選択。あえて言えば。意外なことに。

It is rather hot today.
（わりと/かなり）
Despite herself, she found his attention rather enjoyable.
（却って）
"Would you rather be dead altogether?"
（何しろ）
＊rather A than Bは「BでなくA」
It rained rather than snowed.
（雪でなく雨だった）
'It's my husband, you know.' There was no anger in her voice. She spoke quietly, as though merely reminding him of a simple fact.
'That's **rather** a tricky point,' Landy said, wetting his lips.
「あたしの良人ですのよ」その声に怒りはこもっていなかった。まるで、ひたす

ら彼に単純な事実を思い出させようとするかのように、静かにいうのだ。
「そこが、どちらかといえば、まぎらわしいところですね」とランディはいって、唇をしめした。（この訳はよくない）
＊選択ではなく、言い淀んでいるのだ。「何というか」「まあ」「どういえばいいのかな」といった感じ。

(7) 現在分詞形の形容詞

他動詞の現在分詞形の形容詞は「人を…させる」
自動詞の現在分詞形の形容詞は「…する、している」
an interesting person：一般の人（他人）を面白がらせる人物⇒面白い人
falling leaves：落ちてゆく葉⇒落ち葉
　　cf. fallen leaves（落ちてしまった葉⇒落ち葉）
One's loving grandmother has turned into this terrifying beast.
自分を可愛がってくれるお婆さんが恐ろしい獣に代わってしまっていた。
＊oneは当の本人。loveは「人（この場合one）を愛する」。terrifyは「人を恐ろしがらせる」
（人からみれば「恐ろしい」）

Episode 8　審議『英語教育大綱』

場面：文部科学省会議室
人物：鳥居みどり。学識経験者数名と文部省職員。

文部省職員：
ではそろそろ意見も出尽くしたようですから、座長の鳥居先生、取りまとめをお願い致します。

鳥居：
「彼もまた時代の子であることをまぬがれ得なかった」という文学の常套句がありますが、私たち英語教育者も現代の潮流から逃れることはできません。
それは世にかまびすしい「グローバル化」の波です。グローバルとは何か、本当にグローバル化が必要なのか、この論議は別の機会に譲るとしまして——今社会が、企業が、家庭が、個人が英語教育に求めているのは「英語をきちんとしゃべれること」「外国人と会話できること」です。
「英語をしゃべれる」「英会話ができる」に込められるイメージは人により異なりますが、ここでは大学生などを対象に考えます。
本来「会話」を意味するconversationはcon-共に、verse-回転する、ですから、丁々発止と意見をやり合うことです。生半可な努力で到達し得るものではありません。高等教育において、いや高等教育である以上、conversationができる人材を養成することは望ましい限りです。しかし、日常的に日本語環境に身を置く学生たちが、仮に彼らが如何に優秀であったにせよ、わずか4年間の、しかも週数時間の英語授業でこの能力を獲得できるはずがありません。
そうなると、考えられる選択肢はふたつ。
第一の方法は、初等教育から徹底的に英語を教えること、英語環境を作ってやること。場合によっては全時間を英語で授業することもあり得るでしょう。そうすれば、中等教育・高等教育の段階を踏んで、世間が思い描いている「英語ペラペラ」になれるでしょう。
第二の方法は、従来の訳読教育を押し進めて、徹底的な精読・文法読解に徹する。その上で必要な人だけが英会話の集中訓練をする。そうすれば、外国人と堂々渡り合える論理力・教養力をそなえた国際人が誕生するでしょう。
でもそれぞれに副作用もあります。
第一の方法では、日本語の力がそれに反比例して衰えてゆくこと。思考は言語に

コメディ『英文読解教室』 Episode 8

支配されますから、ものの考え方自体が英語的になる、つまり日本の考え方・文化を捨てることにもつながりかねません。
第二の方法では、一部のエリートを生みかねないこと。何もしゃちほこばった理屈を知りたいわけでも高度な哲学を話したいわけでもない、いわば学生大衆の英語へのアプローチを断ち切ることにもなりかねません。
どちらを採るかで、大げさに言えばこの国の未来が左右されます。

審議委員会としては、
大学進学率が50％に達しており、もはや高等教育はエリートのものでないこと、
グローバル化の波を受け、誰であれ英語とのかかわりが避けられないこと、
よりして次の提言を致すこととなりました。

Ⅰ 大学においては従来の入試を見直し、実用的な英語力を測るTOPIC、TOFEL等の一定以上の成績を受験資格及び卒業要件とする。
Ⅱ 小・中・高等学校における英語教育を抜本的に改革・強化、その一環として授業時間の少なくとも半分は英語で行う。
Ⅲ 従来からの訳読教育は効果のない点を鑑み、これを行わない。
Ⅳ 以上の施策を通じ、真の国際人を養成する。

さて、ここまでは審議委員会座長としてお話ししました。
取りまとめ役として、いろいろ意見をいただきましたが、提言に盛り込めなかったものもあります。少数意見ではあっても貴重だと座長である私、鳥居が判断したことを、補足として議事録に乗せて頂きたく、すこしの時間を賜りたいと存じます。

外国、とくにアジア諸国に出かけて英語が話せないと、本当に大学を出たのかと訝られると言う話をよく聞きます。だから日本の英語教育はだめなのだと、続くのですが、これは短絡というものです。自国語で高等教育を受けられない国では、英語で授業を受けざるを得ず、必然的に英語がうまくなるという仕組み。自国の言葉で高等教育を受けることのできる日本人は幸せそのものと言えるのではないでしょうか。明治初期にいち早く西洋式の教育を受けた夏目漱石は、植民地でもない日本の高等教育が外国語でなされることに疑問を感じていました。「日本のNationalityは誰が見ても大切である。英語の知識位と交換の出来る筈のものではない」と。それが明治40年になると、大学での授業は大方日本語で講ぜられるよ

うになっていました。そんな短期間に、自国語での高等教育が可能になったのは、ただただ日本語の咀嚼力の強さによるものです。

江戸時代、オランダ・バタビア総督からの書簡に書かれていたliberty相当語の最初の訳語は「わがまま」であり、それを読んだ将軍をいたく立腹させたといいます。明治初年に洋学者、中村正直は「自由」との訳語を創案しました。福沢諭吉は試行錯誤の末、speechを「演説」、societyを「社会」と訳し定着させました。抽象概念、技術用語の多くはこうして明治の先人たちが工夫・開発し、漢語の本場、中国に逆輸出されたものも多いのです。

こうして欧米語、主として英語ですが、と対峙してきた日本語。私たちが日本人である以上、大切にせねばなりません。

グローバル化は必然、英語と密接に付き合って行くことは必須ですが、どうか皆さん、日本語をおろそかにしないことも御留意いただきたく一言申し上げました。

Ⅶ　翻訳の要諦

7-1　訳し方の技術

7-1-1　曖昧文の読み解き

　戦前の教育制度を調べている。
　旧制高校での英語を第一外国語とする文甲で、英語の授業が週12時間（50分授業）。これが3年間で36時間。大学に入って専門の外書がすらすら読めるはずだ。高等師範学校の英語などは週13時間から15時間、4年間で55時間。東京外国語学校では週23時間、3年間で69時間。これだけ集中してやればこそ英語ができるようになったのだろう。
　いまの高等教育で英語がものにならないと言われるのは、圧倒的に授業時間が少ないからだ。さらに「コミュニカティブ」と称して、ペラペラしゃべる英語に力点を置いて、結局「読むことも話すことも」できなくしているのではないか。外国人である我々が英語をものにする第一の要件は、文法が分かること、精確に読めることである。そのうえで書き、話し、聞くことへ移ればよい。理解を曖昧にしたままいくら英語に励んだところで、対話力どころか会話力もつきはしない。

1　原文自体が曖昧なもの*12
自分の頭が悪いと卑下するには及びません。
英語自体が曖昧なことも結構あるのです。

(1) 掛かり方があいまいな場合
①John hit the man with a stick.　（副詞句か形容詞句か）
　「棒をもった男」（a manに掛かる）か「棒でもって打つ」（hitに掛かる）か文脈に依拠
　　cf. John saw the man with a stick.　（常識で考える）
　　　「棒でもって見る」ことはふつう考えられないから「棒をもった男」ととる
②I don't like fat men and women.　（形容詞が修飾するもの）
　「<太った男たち>と<太った女たち>」とも「<太った男たち>と<女たち>」とも
③My favorite girl's name is Margaret.　（形容詞が修飾するもの）
　「<私の好きな少女>の名前」とも「私の好きな<少女の名前>」とも
④All the women built a house.　（配分単数かどうか）

「皆<で一軒>」とも「皆<がそれぞれ一軒>」とも
cf. A house was built by all the women.
　「皆<で一軒>」としか読めない
⑤The chicken is ready to eat. （目的語は何か）
「鶏は<(獲物を) 食べる>準備が整っている」（eatは目的語を内包する自動詞）とも「鶏は食べられる準備が整っている⇒食べごろだ」（見かけ上の主語のthe chickenがeatの目的語、隠れた行為主は人間）とも
cf. The steak is ready to eat. （常識で考える）
　「ステーキが（何かを）食べる」ことは考えられないから「ステーキは食べごろ」ととる
⑥When did you arrange to meet him on Sunday night? （whenは何に掛かるか）
「いつ<日曜の夜に会うことを>段取りしたのか」（whenはarrangeに繋がる）
「<日曜の夜のいつ>会うよう段取りしたのか」（whenはon Sunday nightに繋がる）
⑦The first of September, Mr. Johnson met Jeanne in Paris. （形容詞句か副詞句か）
「パリで（ジャンヌに）会った」とも「パリにいる（ジャンヌに）」とも

(2) 多義で判断に迷う場合
①状況による選択
　The curry was hot and the tea was hot. （熱い、辛い）
　節の前後でhotの意味が変わってもよい。「カレーは熱い、お茶も熱い」「カレーは熱い、お茶は辛い」「カレーは辛い、お茶は熱い」「カレーは辛い、お茶も辛い」
　cf. The curry was hot and so was the tea. （soで限定される）
　　「カレーは辛く、お茶も辛い」「カレーは熱く、お茶も熱い」
　so S V (Sはそうです) so V S (Sもそうです) の形では、soは前の形容詞と同じものを指さねばならない。
　Mother is cooking. （自動詞、他動詞、比喩的）
　「母は料理中」（自動詞）
　「母は料理されている」（主語が目的語）
　「母はうだっている」（自動詞、比喩的な意味）
　Mary is my sister, and so is Suzan. （日英語の誤差）
　マリーもスーザンも自分の姉妹だが、年齢の上下は不明。
③自動詞と他動詞
　They are flying planes. （飛ばす、飛ぶ）
　「飛んでいる飛行機」（自動詞の現在分詞）「飛行機を飛ばしている」（他動詞）
④過去分詞と形容詞

The robber was unmasked. （形容詞化しているかどうか）
「仮面をはがされた」（受動態）「素顔だった」（形容詞化）

⑤前置詞

A mouse scuttled behind the curtain. （英語には助詞がない）
「ネズミ、カーテンの後ろ、ちょこちょこ走った」が直訳。
日本語にするときは不自然なので解釈をいれて「後ろで」「後ろを」「後ろに」などとする。
この助詞相当の役割は英文では副詞が行う。
例：A mouse scuttled through behind the curtain. （後ろを抜けて）
　　cf. The ball rolled underneath the table. （英語には助詞がない）
　　　「ボール、ころがった、テーブルの下」
これも同じで、訳は適宜助詞を加えるが、そのため自ずと解釈の幅が狭まる

2　読み手の理解が曖昧なもの
文法を知っていれば解決がつく

①文修飾と語修飾

He stopped the car suddenly. （文末：動詞を修飾）
「突然止めた」
Suddenly he stopped the car. （文頭：文を修飾）
「突然なことに」

②多義

... the elders with whom I was bred ... （所属を示すwith）
「私が子供だったとき、その周りにいた大人たち」
She had been with a publishing company for two years.
「二年間出版社で働いていた」

③主語

Who is the next President? （whoはSまたはC）
「誰が次の大統領になるか」「次の大統領は誰になるか」
Who can the next President be? （whoはC）
「次の大統領は誰になるか」
Who can be the next President? （whoはS）
「誰が次の大統領になるか」

④形容詞の位置

a sleeping baby　（永遠的、分類的）
「眠り（病の/癖の）赤ん坊」

cf. a baby sleeping（in the bed）　（一時的、個別的）
　「たまたま眠っている赤ん坊」
⑤文型
　John baked a cake for Mary.　（Ｓ Ｖ O2 for O1、forは目的・対象）
　「マリーのためにケーキを焼いた」マリーは受け取ったどうか分からない
　John baked Mary a cake.　（Ｓ Ｖ O1 O2）
　「マリーのためにケーキを焼いた」マリーは受け取った
⑥自動詞と他動詞
　He climbed the mountain.　（直接的）
　「山登りをした」（頂上まで登った）
　He climbed up the mountain.　（climb upで他動詞化）
　「山を登っていった」（どこまでかは分からない）

3　演習

①下から取ったのか下に入れたのか？
　He tried to get a pencil under the desk.

　このgetは「動かす、移動させる」の意味。underはその方向「鉛筆を机の下に入れようとした」
　cf. from underなら「机の下から取り出そうとした」

②to不定詞はどこに掛かるか？
　I changed my mind to go to Italy.

　曖昧。「イタリアに行く決心」とも「イタリアに行くために決心を変えた」とも

③忘れてるのか、思い出したのか？
　Oh, I forgot!

　「忘れてた」（今思い出した）
　cf. Oh, I forget.なら「忘れてる」（思い出せない）

④未来か意志か？
　I will be flying to Kumamoto at 2 p.m.

「二時には熊本に向けて飛んでいることでしょう」
未来進行形は意志と無関係な自然の成り行きを示す（丁寧・確実・無意志）。
「飛んでいるつもりです」ならI will fly to Kumamoto at 2 p.m.とする。
但し、When he goes, I'll be going with you.「彼が行くときは、僕も一緒に行く」などは、その条件下で自分も行くことになる（成り行き）だが、必ずしも意志（その気になる）が入らないとも言えない。

⑤ドアとwalkの関係は？
He walked out the door.

「ドアを抜けて」（部分、面。を通り抜けて）
cf. He walked out of the house.「家から出て行った」（立体的なもの。内から外へ）

⑥どれくらい離れているのか？
He lived outside London.

sideはワキだから「ロンドンの近く」

⑦theyは現代の建築家。
They know that they are practicing an art and therefore are concerned with the pursuit of beauty.

読み方そのⅠ：「芸術を実践しているがゆえに美の追求にかかわっている」
　They know [that they are (practicing an art) and (therefore are concerned with the pursuit of beauty)].
読み方そのⅡ：「芸術を実践していることを知っている、ゆえに美の追求に関心がある」
They [know {that they are practicing an art}] and [therefore are concerned with the pursuit of beauty].
説得性から判断する

⑧goatは誤植か？
An acute shortage of mutton has hit the city. The shortage is due to the nonavailability of goats from India.
「町では山羊肉が極度に不足した。これはインドから山羊が来なくなったためである」

muttonは「羊肉」だからgoatsはboatsの誤植だろうと早合点してはいけない。山羊の肉のことをインド東部、バングラディッシュではmuttonと言うのである

7-1-2 品詞を見分ける

クジラの公式として有名なno more A than B（AでないのはBでないのと同じ）など、英語の発想を日本語で理解する便法として、何故そうなるのかは抜きにして丸暗記した覚えが皆さんおありだろう。公式が全てあてはまるのなら、それでもいいだろう。

だが公式だけでは済まない、じっくり論理的に点検しなければならないものもある。ここではその一つ、いくつかの顔（両面具有とでもいうべき二重品詞）をもつ単語の読み解き方を学ぶ。

1　as：接続詞か副詞か関係代名詞か

(1)　文例
①I saw him as he was coming out of the house.（接続詞）
　「彼が出てくる時、私は彼を見た」
②He swims fast, but I can swim just as fast.（副詞）
　「同じくらい」と訳すが、意味は「その分だけ」。どの分かと問われれば、省略されているas he swimsと同じ分。
　「彼は泳ぎが速いが、私も同じぐらいに泳げる」
③Such men as are rich（関係代名詞）
　the men who are richと同じ。such 〜 as ―は、結びつきの強い連関詞
　「金持ちである人」
④This is the same watch as I have lost.（関係代名詞）「自分がなくした時計」
　これも連関詞。asは目的格の関係代名詞。
　「これは私が失くした時計です」
⑤He was late, as is often the case with him.（関係代名詞）
　asは主格の関係代名詞。先行詞は前節（He was late）全体
　「彼はいつもそうなのだが、また遅れた」

(2)　見分け方
- as以下が独立文になるか
- asは何に掛かるか
- 連関詞になっているか

- 先行詞があるか

2 that：接続詞か関係代名詞か関係副詞か

(1) 文例
①I know (that) you are my friend.（接続詞）
　IがS、knowがV、that以下がO。目的語になる節をまとめ「…ということ」と訳せる
　「君が僕の友人であると僕は認識している」
②It was Tom that I met yesterday.（関係代名詞）
　強調構文。強調されるのはthatの前、ここではTom。I met Tom yesterday.といえる。thatは目的格の関係代名詞
　「私が昨日会ったのはトムでした」
　cf. It was yesterday that I met Tom.
　　これも強調構文。yesterdayが強調される。The day on which I met Tom was yesterday.の略形と読める（it=the day、that=on which　この場合、thatは関係副詞）。
③It is that I have my own business to attend to.（接続詞）
　The fact is that ...の略形（it=the fact）。thatは補語となる節をまとめ「…ということ」と訳せる。
　「私にはやらねばならない仕事があります」
④He's the man that lives next door to us.（関係代名詞）
　The man lives next door to us.と読める。主格の関係代名詞
　「彼はうちの隣に住む人です」
⑤That was the day (that) she left (on).（関係詞）
　onがあれば関係代名詞、onがなければ関係副詞。She left on the day.と読む
　「彼が去ったのはその日でした」

(2) 見分け方
- that以下が独立文になるか
- it, was, thatを消して文が成立するか
- 「…ということ」と訳せるか
- in (on, at) which等の代用と読めるか
- 先行詞があるか

3　than：接続詞か関係代名詞か

(1) 文例

①She looks lovelier than ever.（接続詞）
　everに文が凝縮されている。(than) she has looked lovely.
　「彼女は以前よりも可愛く見える」

②We have more apples than we could eat [than could be eaten] in a day.（接続詞とも関係代名詞とも）
　これは重要。実はappleはthanの前後で別のもの、それが一語に収まっている（二重名詞とでもいうか）。
　We have more apples. We could eat apples.（食べられる林檎、それ以上の林檎）
　後の部分をWe could eat（apples）と読めば、thanは目的格の関係代名詞。
　(Apples) could be eaten と読めば（appleが抜けていると考える）、接続詞。
　「我々には自分たちで食べられる以上のリンゴがある」

(2) 見分け方

- 比べるものがはっきりしているか
- than以下を独立文に復元できるか
- 比較される対象が前後で引き裂かれていないか

4　where：関係副詞か接続詞か

(1) 文例

①This is the room where Mozart practiced the piano.（関係副詞）
　「ここはモーツァルトがピアノを練習した部屋です」
　This is the room. Mozart practiced the piano in the room.

②Home is where the heart is.（先行詞の含まれる関係副詞）
　「家庭こそ心の居場所」
　Home is the place in which the heart is.
　Home is the place. The heart is in the place.

③Put back the book where you found it.（接続詞）
　「その本をもとあった場所に戻しておきなさい」
　Put back the book in the place in which you found it.
　Put back the book. You found it in the place.
　＊in the place in which自体をイディオム的接続詞と考える

(2) 見分け方
- in whichに置き換えられるか
- the place in whichに置き換えられるか
- in the place in whichに置き換えられるか

5　how：疑問副詞か関係副詞か

(1) 文例
①How will I recognize your house?（疑問副詞）
　「どのようにしてあなたの家が分かりますか」
②This is how he smiled at me.（関係副詞）
　これは彼が私に微笑んだ事の次第です
　⇒こういうふうに彼は私を見てにっこりしたのです

(2) 見分け方
- 「どんな」という意味が強いか
- the way in which「…のことの次第」と置き換えられるか

6　why：疑問副詞か関係副詞か

(1) 文例
①Why are you standing?（疑問副詞）
　「なぜあなたは立っているのですか」
②Why Ann left was because she was unhappy.（関係副詞）
　先行詞が省略されている＝the reason why⇒the reason for whichの略形。
　Ann left for the reason.と読める
　「アンが去った理由は、不幸だったからです」
③Tell me why you did it.（関係副詞とも疑問副詞とも）
　「何故あなたがそれをしたのか教えてください」
　「あなたがそれをした理由を教えてください」

(2) 見分け方
- the reason why, the reason for whichで置き換えられるか

7　演習

①... : the same question of course exists for modern biography, as Wilhelm Dilthey was the first to explain.

取り方その一：asは目的格の関係代名詞。先行詞は前節全体
Wilhelm Dilthey was the first to explain that the same question of course exist for modern biography.と読む
⇒ウィルヘルム・デュルタイが最初にこの問題が現代の伝記文学にもあることを指摘した。
取り方その二：as は接続詞、explainは目的語を内包する自動詞。
Wilhelm Dilthey explained first about the matter.
⇒この問題はもちろん現代の伝記文学にも存在する。ウィルヘルム・デュルタイが最初にこの問題を解釈したのであるが。

②Where several explanations are advanced, the rule is followed that the one which is more simple is also more nearly correct.

Where=In the place in which …
「いくつかの説明がなされる場合には、より簡単な方がより正解に近いという規則に従う」

③The sense of security often subsists after such a change in the conditions as might have been expected to suggest alarm.

such A as Bの連関詞。asは関係代名詞で、先行詞はa change in the conditions。
「本来であれば恐慌状態を来たしかねないほどの状況の変化があったあとでも、この安心感は存続する」

④The aim of science is to foresee, and not, as has been understood, to understand.
「科学の目的は予見することであって、一般に考えられているように、理解することではない」

後半部をしつこく書けば、
(a) The aim of science is not to understand, as has been understood by us.
「我々に理解されているのとは違って」asは（疑似）関係代名詞。先行詞は、asの前の文からnotを除いた部分
(b) The aim of science is not to understand, as we have understood. （⇒we have understood that the aim of science is to understand.）

「我々が理解しているのとは違って」asは接続詞
＊品詞が二つに取れる。

⑤History must be the story of how things have come to be what they are.
疑問副詞とも関係副詞ともとれる。
「歴史は、どのように物事は今の形になったのかの物語であらねばならない」
「歴史は物事が今の形になった事の次第の物語であらねばならない」

7-1-3 もやもやを整理する

訳はきちんとつけられるが、何か喉に詰まったような感じ。そんな原文にときどき出会う。
文法的理解が曖昧だからだろう。そんな気になる例をいくつか拾って、自分で理屈づけてみた。

①theの有無による意味の違いは
　There were six of us to dinner that night at Mike Schofield's house in London: Mike and his wife and daughter, and my wife and I, and a man called Richard Pratt.
　「我々6人」と読むのか「我々のうち6人」と読むのか？

　回答：the six of usなら「我々6人」、six of usなら「我々のうち6人」が原則。例：This meat won't suffice for the six of us.（これだけの肉では我々6人には間に合わない）
　だがここは、初出現を示すthere is（are, was, were）構文の後のため、必然的にthe six of usの意味になる。there is構文の後は、原則として（ほらほら、と思い出させるものなどの他は）theは来ない。

②時制、どちらが先か
　I had been to dinner at Mike's twice before when Richard Platt was there, ...
　「私は（何度か出かけたうちの）二度、マイク家の晩餐会で、居合わせたリチャード・プラットと会ったことがあるが、…」と読むのか、「私はマイク邸に二度食事に呼ばれたが、その時（二度とも）リチャード・プラットもそこにいた」と読むのか。

　回答：二文に分解すると良く分かる。

I had been to dinner at Mike's twice before.
Richard Platt was there at the time.
ということで、正しいのは後者。

③過去完了の主文よりsince以下のほうが時間的に前なのに何故過去形なのか
He had been working for that company for ten years <u>since he was twenty-four</u>, and then decided to become a singer.

> 回答：説明その１：過去のある時点までを見る目（過去完了形）、現在から見た24歳という過去の時点（過去形）。この二つの視点が一文になっている。
> 説明その２：since he was twenty-fourは時や条件を示す副詞節中で時制が簡略化される、と言う規則による。
> 説明その３：since以下の従節は時制の影響を受けない。at the age of 24という時点として見ている。

④過去形の強調の過去完了と読みたいが
When <u>the eating was finished and the coffee had been served</u>, Mr Botibol, who had been unusually grave and thoughtful since the rolling started, suddenly stood up and carried his cup of coffee around to Mrs Renshaw's vacant place, next to the purser.
「食事がおわり、コーヒーが出ると、船が揺れだしてからというもの、いつになくむっつりと黙りこくって考えこんでいたボティボル氏が急に立ちあがって、コーヒーを手に持つと事務長のとなりの、レンショウ夫人が坐っていた椅子にまわってきた」

上記のようにすんなりと訳せるが、従属節で過去形と過去完了形が並列し、主節が過去形…何か気になる。

> 回答：過去完了を過去のかわりに用いて、意外・不安などの感情を表すことや、ある行為がすぐに終了してしまったことを強調することがある。
> 例：Before he could shoot I <u>knocked</u> the gun out of his hand, and the next instant <u>had kicked it</u> into the sea.（彼が撃つよりも早く私は彼の手から銃をたたき落として、次の瞬間にそれを海にけ落としてしまった）
> ＊コーヒーは食事が終わる前から供されていたともとれる。

⑤可算名詞と不可算名詞の並列は自然か
So he was seeking now to become a man of culture, to cultivate a literary and aesthetic taste, to collect paintings, music, books, and all the rest of it.
（u）musicは音楽？楽譜？

> 回答：musicは不可算名詞なので、文法的にいえば「音楽」か「楽譜」だが、「音楽」では他と並列しない。「楽譜」でもちょっと不自然。不可算名詞の可算名詞的意味で「レコード」ととりたい。すなわちcollect music：a collection of one's favorite albumsのこと。

⑥「彼女の側のテーブル」か「テーブル上の彼女の側」か
She put the spectacles down on the table beside her.

> 回答：前者the table（beside her）とも後者 put on the table→beside herとも読める。
> だが、前置詞句が二つ続く場合の規則はないが、視点が狭まってゆくことの方が多い。ここも、テーブルの上→彼女の側、ととるのを優先。

「首の襟の内側に滴る」のか「襟の内側の首に滴る」のか
Small globules of sweat were oozing out all over his face and forehead, trickling down his neck inside his collar.

> 回答：これはどちらでも意味は変わらないが、「首の下へ滴る」→「襟の内側に」ととるのが順当。

cf. The cat run under the bed.　位置不明（「ベッドの下を」「ベッドの下で」「ベッドの下に」かは文脈依拠）

「舌の下でワインを転がす」のか「舌の下にワインを転がす」のか
He held the breath, blew it out through his nose, and finally began to roll the wine around under the tongue, and chewed it, actually chewed it with his teeth as though it were bread.

> 回答：動きをあらわす動詞＋場所の前置詞句は、動きは前置詞句方向になる。ここもそう。
> 転がす、あたりに（副詞around）→舌の下に。

⑦文修飾か語修飾か
But whether that gift be present in greater or in lesser degree, the character and ideas of a statesman are <u>best</u> studied through his own words.

回答：best<well　平叙文ならWe study the character well.となるところ。語修飾でstudiedに掛かる。文修飾で「学ぶのが一番」ととるには、助動詞can, could, may, mightなどが必要。

⑧前置詞の前後を形容詞化、副詞化して読んでいい根拠は
It is a protest against virtues that sail among <u>the shallows of caution and timidity</u> and never venture among <u>the perils of the high seas</u>.
「用心深くびくびくと浅瀬を動き回り、けっして危険な外海に船出しないいわゆる美徳に対する異議申し立てといえる」

回答：the shallows of caution and timidityでは、of+抽象名詞で「性質」を示している。「用心と臆病の性質を有する浅瀬」だが、この形容詞句は転移修辞の一種で（例：poor boy：可哀そうに少年は）、浅瀬を漕ぎまわる人の様子が「用心と臆病」ととる。
the perils of the high seasでは、「外海がもつ危険」だが、日本語の読みやすさを優先させて「危険な外海」とする。あるいは前のthe perils ofをthe high seasに掛かる形容詞句と考える。

From the clapping has been evolved the whole art of instrumental music, down to <u>the entrancing complexities of the modern symphony</u>.
「拍手から器楽芸術の全体が発達して人を恍惚とさせるほどの複雑さを持った現代の交響楽が生まれた」

回答：「現代交響曲のもつ人を恍惚とさせる複雑さ」が直訳。強調の力点が変わるが、これも日本語としての読みやすさを優先させたもの。上記と同じ。

⑨語順転倒は必ず文末強調か
Down came the rain.

回答：書き言葉では、文頭が「主題、既知情報」文末が「焦点、新情報」が原則だが、絶対ではない。話し言葉では、先に言いたいこと（新情報）が

来ることが往往ある。

⑩視点が狭まる場合と広がる場合の規則はあるのか
One fine spring morning, a great many years ago, five or six young men met together in a large hall.
「遠い昔のある晴れた春の朝、5，6人の若者が大きなホールに集まった」

回答：（A=One fine spring morning　B=a great many years agoとして）これは話者の気分の問題でどちらにもなりうる。文例ではA＞BだがAとBは一体感が強い「遠い昔のある晴れた春の朝に」。B, AにするとB/Aの感じになる「随分昔のことになるが、ある晴れた朝に…」。
一般的にはA＞BもA＜Bも両方可。どんな場合にどちらにするかの規則はない。

7-1-4 前置詞句の連続の解釈

Q：The moon was coming up out of a clear starry sky over the houses opposite the station entrance. で対象物間の位置関係がわかりません。

A：次の四つが絡み合っているのでむずかしい。is (was) coming upの状態、come up outかout of a clear skyかの読み方、out ofの意味、skyとhousesどちらがcome upと結びつくか。
①現在進行形は（ⅰ）現に進行・継続中の動作　（ⅱ）動作の反復　（ⅲ）近接未来、を示す。このcoming upは（ⅰ）だが「出ようとしていた（…しつつある）」でなくて、「出てきていた」。I am going to school.（学校に向う途上）の用い方ではなく、「既に出ていて、その状態が継続している（…しているところ）」
例：She is playing the piano now.（ピアノを弾いている）。
また意味として、come upは（ⅰ）「浮びあがる」（奥から前へ出る）（ⅱ）「昇る」（下から上へ出る）のうち、ここでは（ⅰ）ととった方がよい。
cf. rise up（立ち昇る）
②ここ、読み方によって次の三つの解釈が生じそうだ。
Ⅰ「月は駅の出入り口の向かいの家々の上の清明な星空から上がってきた」
Ⅱ「月は清明な星空で駅の出入り口の家々の上に上っていた」
Ⅲ「月は駅の出入り口の向かいの家々の上の清明な星空に上がっていた」

ではどう読めばよいのか——

out of「中から外へ」がcome upと合わさり、芝居の書割のような空を背景に月が中空に『ぽっかり』出ていたのを、巧みに表現している。
over「…越しに」、だが「覆って」という感じ
Ⅰでまずいのはcome upとrise upの混同、out ofの認識不足。
Ⅱはcoming up out／of a clear sky／over the housesと切り、ofを「…に関して」ととっている。しかし、ことばの掛かり方は、より大きなものと結びつく(houseよりskyのほうが大きい)、全体を結ぶものが中間に入るのは不自然、come up outとのいいかたは非標準であり採れない。
Ⅲの理解が正しく、「月は駅の出入り口の向かいの家々にかぶさっている清明な星空から前にぐいと浮き出ているのであった」がほんとうの直訳。
＊わかりにくい時は気分で読まずに、一語一語ずつ分解して意味を吟味する。ことばの格を比べる。コロケーションに気を配って訳語を決定する。どちらでもとれそうな場合、「ことばはより大きなものと結びつく」の原則を適応すること。

7-1-5 転移修辞の訳し方

Q：It was a smiling photograph, the kind that one likes to send to one's mother. を、「息子が自分の母親に送りたがるような、微笑を浮かべた写真であった」ではいけませんか。

A：私がいつもよくいうのは、他動詞の現在分詞形の形容詞は「人を…させる」、自動詞の現在分詞形の形容詞は「…している」。
一番わかりやすい例で、an interesting person：「面白い人」でよいのですが、何故そうなるかというとinterestは他動詞で「他人に興味をおこさせる」(人)→「他人に関心をもたせる」(人)だからです。日本語で「彼、なかなか面白い人だね」というのと同じニュアンスです。これに対してa sleeping beauty：「眠れる美女」ではsleepが自動詞で「眠っている」の意味になります。
同じように
a pleasing lady（他動詞：○人を喜ばせる→「感じの良い婦人」　×「楽しい婦人」）
falling leaves（自動詞：○落ちる→「落ちてゆく葉っぱ」）
これを質問にあてはめればsmilingは他動詞では成立しない（smile a smileのような同族目的語しかとれない）から、自動詞。原則をあてはめれば「微笑んでいる（写真）」で、「写真が微笑んでいる」ことになりそうだが、それでよいのだろうか。
実はこれは例外的な使い方で、his dying words（彼の臨終のことば）といった場合、動詞dieの主体はwordsではなくheであるように、このsmileの主体はphotograph

に写っている当人、つまり息子ということになる。それで「微笑を浮かべた写真」でよいのです。

似た例：It occupied his waking thought.（目のさめている間はそのことが彼の頭を離れなかった）

主体者の心情・状況を示すこのような例外はごくたまにありますが、まずは私が示した原則で考えてみてください。ここを押さえておけば、次のようなわかりにくい表現も正しくとれるはずです。プロでも間違いがよくみられるところ、しっかり覚えて差をつけましょう。

There was a slow smiling air about her, and everything she did.
（彼女の周りに、語り手がsmileを感じる→微笑ましい雰囲気）

For the chastening truth is that we all play the role of those people next door to somebody.
（人に懲罰を与える→《自分も含めた人の側からすれば》思い知らされる真実）

例：From this chastening experience he learned some useful lessons.
　　（これに懲りて彼は重要な教訓を学んだ）

If it were not for the convincing evidence of this wound of mine, I should be surprised.
　　（○相手を説得できる証拠→歴然たる証拠　×納得できる証拠）

7-1-6 英語には助詞がない

Q：The ball rolled underneath the table. で、ボールとテーブルの位置関係がよく見えないのですが。

A：英語には助詞がないので、日本語よりあいまいになることがある。
underneath：下で、下に、下を、の三つが考えられます。
「ボールはテーブルの下でころがっていた」
「ボールはテーブルの下にころがった」
「ボールはテーブルの下をころがっていった」
なぜいくつもの訳が生まれるのでしょうか。次の例で検証しましょう。
A cat scuttled behind the drapes.
直訳すると「一匹のネコ、カーテンのうしろ、ちょろちょろ走った」です。
下手な外国人の日本語みたいですが、原文で言っているのはこれだけです。
助詞が英語にないということは、それで表わされる概念がないということで、「一匹のネコが」なのか「一匹のネコは」なのか文をみただけではわかりません。同じく「カーテンのうしろで」（場所）なのか「カーテンのうしろを」（通過）なの

か「カーテンのうしろに」（到達）なのか、は不明です。英語にも結構不親切なところがあるのです。かといって助詞を入れないと自然な日本語にならないので、訳文では「適当に」助詞を加えるわけです。そこで、上の例だと6通りの組み合わせができ、いずれも正しいことになります。
「ネコが（は）一匹、カーテンのうしろでちょろちょろしていた」（場所）
「ネコが（は）一匹、カーテンのうしろをちょろちょろ通った」（通過）
「ネコが（は）一匹、カーテンのうしろにちょろちょろ走った」（到達）

ほかにも前置詞句で掛かり方があいまいなことが往々にしてあります。
例：He shot at a bird on the rock.
　　「彼はその岩の上の鳥を撃った」
　　「彼はその岩の上で鳥を撃った」
　　＊副詞句ととるか形容詞句ととるかにより、掛かり方が違う

7-1-7　省略部分の復元

Q：Does it not contradict the English indifference to the art? Not really, because it is found in people who have no aesthetic feelings whatever.「それ（花を愛でること）はイギリス人の芸術に対する無関心と矛盾しまいか。じつは、そうではない。それは美意識などとは無縁の庶民にもみられるからだ。」で正しいでしょうか。

A：not reallyは（ⅰ）「あまり…でない」（ⅱ）「実は…でない」との意味をもちますが、何となくあやふやで訳語をつけにくいのは、完全な文になっていないからです。文を復元してみましょう。
Does it not contradict the English indifference to the art?
(a) It does not <u>really</u> contradict the English indifference to the art, ...
　　「実際に矛盾するというわけではない」
(b) It does not contradict the English indifference to the art <u>really</u>, ...
　　「実際に矛盾しない」
の二つにとれます。どちらかにするかは文脈依拠になります。
意味が不鮮明、何か訳しにくいと思ったら、省略が行われているのではないかと疑って、正確な文を復元してみることです。以下、例をいくつか。

We have no certain knowledge of any consciousness but our own.
(our own ＝ our own consciousness)

「我々は、自分自身の意識以外はどんな意識もはっきりとはわからない」

Because the behaviour of others is similar to our own, we surmise that they are like us; it is a shock to discover that they are not.
(our own ＝ our own behaviour／they are not ＝ they are not like us)
「他人の行動が自分の行動に似ているからといって、我々は相手が自分に似ているものと思うが、そうではないとわかるとがっかりする」

To be in company, even with the best, is soon wearisome and dissipating.
(the best ＝ the best company)
「仲間といるのは、どんな気の合った仲間とでも、じきに飽き飽きしてくる」

Machines have altered our way of life, but not our instincts.
(but not our instincts ＝ but machines have not altered our instincts)
「機械は我々の生活方法を変えたが、我々の資質を変えはしなかった」
＊このように、復元さるべき要素は、当該箇所のすぐそばに必ずある。勝手に要素を作ったり、遠くのものを強引に持ってきたりしないこと。

7-1-8 訳語の選択

Q：My mother was standing very still and stiff, staring across the street at the little man. で、still and stiff の訳、「動かずに身を固くして」とするとぎこちない感じです。どこまで崩せばよいでしょうか。

A：英語には似た意味や似た（または同じ長さの）音の言葉を重ね、効果を狙う傾向があります。日本の熟語でもよくあるでしょう、陰陰滅滅、誠心誠意、自由自在…など。
この場合、一語一語の違いを厳密に訳し分けようとしても、無理だし無駄です。いわんとするおおよその意味とリズム、いわば気分を写せばよいのです。上の例はリズムと字面（語頭のsを5つも重ねてある）の釣り合いが採れているので、あとは前後の文脈と自分の文体からどれにするか決めればよいでしょう。例えば次のように。
訳Ⅰ：ママは体をじっと固くして、通りの向こうの老人を見つめていました。
訳Ⅱ：お母さんは通りの向こうのおじいさんに目を向けたまま黙って立っていました。

他の例もいくつか検討します。

①I once saw my own headmistress begin to stammer and simper like an idiot.
　訳A：わたしの行っている学校の女の校長先生も、このママのすさまじい一撃で、しどろもどろになり、ばかみたいにへらへら笑わせられたのを、まえに見たことがあるんです。
　訳B：お母さんにキッと見下ろされた校長先生がばかみたいに笑みを浮かべ口ごもるのを見たことがあります。
　　評）Bのほうがリズムがいい。また、stammer and simperは対語なのでlike an idiotは両方に掛かるとみるのが自然。

②No counsel would I ever take but that of my own brain and heart.
　訳：わたしが頼りとしたのはただただ自分の理性と良心でした。
　　評）これは対照する二語を並べてリズムをとっているのが伝わるのなら、あとは訳者まかせ。「頭脳と心臓」では比喩がわかりにくく、まずい。「頭と心」「知と情の働き」（brainは心の知の部分、heartは情の部分をつかさどる）。一語にまとめれば「こころの在りよう」など。

③He kept reaching down and patting the air and stroking this bloody dog that wasn't there.
　訳A：手をのばしていもしない犬の頭をなでたりしてね。
　訳B：手を伸ばして、空中を叩いて、いもしない犬をなでていたんだ。
　　評）簡潔さなら前者（のばしての後に読点がないのは気になるが）、強調的なら後者。訳者の文体と読者の好みの問題か。

④Omar and Saleh stood bowing and scraping.
　訳：オマルとサレフは頭をさげ、体をぽりぽり掻きながら聞いていた。
　　評）おっと、これは誤訳。bow and scrapeはイディオムで「ペコペコする」。やさしいことばほど辞書を引きましょう。

7-1-9 辞書の定義にこだわらない

Q：possiblyとprobablyではどちらが可能性が高いのでしょうか。

A：これは人の感じ方にもより、辞書によっても異同がありますが、可能性の度合はおおよそ次のようなものです。

certainly, necessarily（90%以上）＞probably＞likely, maybe＞perhaps, possibly（50%以下）

とジーニアスにあり、無難なところではないでしょうか。
でも、実際には文の流れで可能性が振幅することがあるのにご注意ください。

Why novels and plays are so often untrue to life is because their authors, <u>perhaps of necessity</u>, make their characters all of a piece.
「何故小説や脚本が人生を真に写していないことが多いかというと、それはその作者たちが、事によるとやむを得ずにかと思うが、その作中人物を終始一貫した性格のように描くからである。」
某氏の訳文（原文はS・モーム）ですが、二つの誤りがあります。
まずof necessityの訳語「やむを得ず」は「必要にかられ」という意味を移したのでしょうが、それはout of necessity。of necessityは「必然的に」。
次にperhapsは、ジーニアスの公式に従えば「事によると」でよさそうですが、後に強い言葉がくるとそれを和らげる機能として働くので、「おそらく」ぐらいが日本語訳として安定します（けっこう皆さんも、無意識にperhapsを「おそらく」と訳したことがあるのではないでしょうか）。訳者はof necessityをとり違えたために、perhapsが語調の緩和に働くことを読めなかったのでしょう。ここは「おそらく必然的に」→「当然のことだろうが」と読むべきところです。

ほかの例：No one is happy unless he is reasonably well satisfied with himself, so that the quest for tranquility must <u>of necessity</u> begin with self-examination.
（心の平静は当然ながら自分自身の検討から始めなければならない）

文の形によって本来の重さが変わるものに、possiblyがあります。
もともと可能性が低い時に使われる副詞ですが、否定語とともに用いられると、「まず」「とても」「本当に」など全面的な打ち消しに作用します。
Can you <u>possibly</u> come tomorrow?
（ひょっとして明日来れますか）
That couldn't <u>possibly</u> be true.
（まず本当でない）
＊ついでに頻度の順番を、ジーニアスより引いておきます。
always（100%）＞ usually, generally（80%）＞ often, frequently, not always（60%）＞ sometimes（50%）＞ occasionally（20%）＞ seldom, rarely（10%）＞ never（0%）

7-1-10 イディオムって何だ

Q：It stayed quite still, with its head on one side and <u>its nose in the air</u>. の訳「ネコは小首を傾げ鼻を突き出しじっとしていた。」ですが、with one's nose in the airで「傲慢な（誇らしげな）態度で」と辞書にあります。「小首を傾げた傲慢な態度でじっとしていた。」としてはいけませんか。

A：確かにイディオムもありますが、ここは前のheadと対応してnoseと出しているので、イディオムでなく普通の理解でよいところです。
　イディオムは絶対ではありません。そもそもイディオムとは、頻出するわかりにくい句の表現（一般的には、連語で一つの意味を形成する句のことと考えられていますが、正確には一語一義の意味を繋ぎ合わせても、整合性のある意味にならないもののこと）に対し、大体こういう意味で使われることが多いということで訳語を示したものです。当然、文脈によって意味がずれることもあり、イディオムでなく元の逐一の語義から訳を組み立てたほうがよい場合もあるのです。
　例えばbetween ourselves（us）はイディオムとして「ここだけの話ですが」との訳語が示されますが（例：This matter is between ourselves. これはここだけの話しだ）、普通に「私たちの間で（に）」との訳になることもあります。

例：There is a gulf between us.
（私たちのあいだには乗り越えられない溝がある）

The people there could probably do with some money.はどうでしょう。
do：「(could, canと共に)人、物、事があればありがたい。が欲しい。が必要である。例：I could do with some milk.（牛乳が飲みたい）」とありますが、do：なんとかやってゆく、with：…でもって、とも分解でき、どうとるかは文脈とコロケーションから判断します。
ここでは「そこの人たちは幾ばくかの金があるとありがたいと思っている。」はダメ。…がありがたい、ととれるのは主語がありがたがっているのがはっきり分かる文でなければなりません。この場合、文末に…と思っている、との訳文を付け足したように、思っている主体とdo withが直接的に結びつきませんから不可。「そこの人々はたぶん幾ばくかのお金でそこそこ暮らしを立てているのだろう」（couldは仮定法：必要とあらば、の感じ）ととるのがよいでしょう。

7-1-11 過去形を現在形に訳す

Q：過去形の続く文章で、適宜現在形を交えて訳してはいけませんか。

A：文末に変化をもたせ、余韻を響かせるのは日本文の伝統。
次のような事実関係があります。
- 我々が現在当然のものと理解している言文一致の文体は、明治以前にはなかった。
- 言文一致体は西洋小説の移入・翻訳・模倣からはじまった。
- 小説翻訳文では、明治30年頃から口語文体が目立って多くなる。
- 翻訳家たちは、現在形に対しては、「テ居ル」などをつけ加える、というのが『和蘭字彙』以来大体の原則だった。
- 過去形に対しては「し」とか「た」という助動詞を、動詞のあとにつけ加える、という形で解決した。
- その途上でさまざまな試行錯誤があった。例えば若松賤子（「少公子」の訳者）の訳文「…かった」：「老侯はこふいひながら、心の中に少しおかしく感じられましたが、セドリックには少しもおかしいことでは有りませんかった、…」「中々悦びを述べ尽すこともできませんかった」など
- 過去形の中に現在形を交える文体上の工夫は、漱石などから見られる。
「この書生の手のひらのうちでしばらくよい心持ちにすわっておったが、しばらくすると非常な速力で運転し始めた。書生が動くのか自分だけが動くのかわからないがむやみに目が回る。胸が悪くなる。到底助からないと思っていると、どさりと音がして目から火が出た。」（この場合、「た」と「た」の二つの前後の文のおかげで、動詞文は、語り手の具体的経験の中に位置づけられるわけである、と柳父章《「自然とネイチャー」など翻訳論の著書多数》はいう。）

そこで結論。
- 元々日本文は文末の変化に富む（「つ」「ぬ」「たり」「り」「き」「す」…）。英文の述語動詞が過去形だからと言って、近代口語文形成の上で出来てきた日本語の人工的な過去形（「た」）をそのまま充てる必要はない。
- 文末の変化は日本語の魅力のひとつなのだから、意味内容が等価で伝わるかぎり、語尾に変化をもたせる工夫をするのは悪いことではない。

参考までに、過去の処理法、対照的な２例を示します。

'For God's sake, get out,' said a voice from the next room. 'Come on, Stag, you've had over an hour.' Stuffy was sitting on the edge of the bed with no clothes on,

drinking slowly and waiting his turn.
（ⅰ）過去を過去で訳す量産型翻訳文＊の例
　　＊これが悪いといっているわけではない。筋を追う分には早く読めるし、訳者の立場からいえば翻訳生産性は高い。
　「早いこと出てくれよ」と、隣室から声がかかった。「なあ、スタッグ、あんたは一時間以上入っているんだぜ」スタッフィは裸になってベッドの縁に腰かけ、ウィスキーをちびちびやりながら順番を待っていた。
（ⅱ）だが、別の人物、スタッフィに視点が移るのを強調したいなら、現在形を使いたい。
　頼むからいいかげん出てくれよ、早くさあ、もう１時間は経つんだぜ、と向こうの部屋から声がした。スタッフィが裸のままベッドの端に腰かけ、自分の番を待ってちびちび酒を飲んでいる。

7-1-12 原文の構造が見える訳文

Q：原文の構造が見える訳文はよくないのでしょうか。

A：場合による。
heの訳語としての「彼」は明治20年代に、sheの訳語としての「彼女」は明治30年代に定着したようです。whichなど関係代名詞の訳語としての「…するところの」は漢文訓読法を基礎にして、欧文を読み下す便宜として使われ出したものです。明治文学は「翻訳文学」といってよいほどヨーロッパ諸文学ならびに諸語の影響を受けています。いや、欧州の思想・着想・表現法を日本語に移しかえることこそ、明治時代の文士の仕事だったと言ってよいかもしれません（その金字塔が、二葉亭四迷による、ツェルゲーネフ『あひゞき』の翻訳）。ですからもともと、現代日本語文にはヨーロッパ語の名残がみられて当然なわけです。

現代日本語文は森鷗外が基礎を作り、夏目漱石が確立し、芥川龍之介が完成させたともいわれますが、その諸家の作品にも往々にして欧文訓読調の箇所がみえます。例えば、森鷗外「簡単で平凡な詞と矛盾しているやうな表情を再び此女子の目の中に見出した。」（『青年』）。夏目漱石「吾輩はいつでも彼等の中間に己れを容るべき余地を見出して、どうにかかうにか割り込むのであるが…」（『吾輩は猫である』）。芥川龍之介「先生は奥さんに熱心な聴き手を見出したことを満足に思った。」（『手巾』：子供を亡くした母親がその悲しみを見せずハンケチを握り締めて微笑んでいるところに奥ゆかしい日本美を認識したと思っていた先生―アメリカ人の妻をもつ、日欧文化融合論者、新渡戸稲造がモデル―が、ふと手にしたスト

リンドベリの『劇作術』に、感情を押し殺すことと相俟って劇的効果を生む小道具としてのハンケチの使用が示されている箇所をみつけ、苦虫を噛み潰すという話)。最近の作家では中村真一郎「しかし彼の視力の減退は、年よりも若若しい女の肌に、往年の妻妾のひとりを見出すことができなかった。」(『艶なる宴』)。いずれもfindが見え隠れしますね。

「それがどうも口にこそ出さないが、何か自分たち一同に哀願したいものをいだいていて、しかもその何ものかということが、先生自身にも遺憾ながら判然と見きわめがつかないらしい。」(芥川龍之介『毛利先生』)。これなぞもろ翻訳調で直したくなりませんか。芥川は東京帝大英文科を優秀な成績で卒業し、物書きになるまで(26歳のとき大阪毎日新聞に入社)二年間、横須賀の海軍機関学校の英語教官を務めていたので、英文の発想が身体に沁みついていたのでしょう。

これら一流の文筆家の直訳体は、その作家の文体として充分許されるものですが、私たちがこれと同じ感じで訳文を作ったらおそらく、臭い、翻訳っぽいと不評なことでしょう。翻訳者は辛いのです。この人の訳文が好き、この人の訳でなければとの定評を得るまでは、基本的に欧文直訳調は控えた方がよいと思います。とはいえこれも程度問題で、「彼は空しく虚空をまさぐった」などの文は、以前は決まって、「虚空をまさぐったが無駄だった」と、結果として訳すよう指導されたものですが、現在ではそのまま訳しても違和感がなくなっているように感じます。要は対象読者が納得するかどうかにかかっています。

7-1-13 形容詞+名詞

Q:形容詞+名詞で訳がつけにくいことがあります。

A:形容詞と名詞の関係をきちんと理解する。
Ⅰ 分詞形容詞と動名詞を区別する
- His early working years in urban London were not happy ones.
 (大都市ロンドンでの労働にいそしんだ若い日々はしあわせなものでなかった)
- How much is the working population in Japan?
 (日本の労働人口はどのくらいか)

似たような形にみえるが、上はHe works(動詞)/years for working(名詞)と分解できるからworkingは動名詞(彼が働いているのであって、年が働いているのでない)。下はworkingがpopulationに掛かり(労働に従事している人口)、自動詞の現在分詞形の形容詞的用法(分詞形容詞)。

Ⅱ 分詞形容詞が形容詞そのものとなり、意味がひろがることがある(workingを例に)

（1）労働に従事する
a working mother（子育てしながら働く女性）
a working partner（合資会社の労務出資社員）
（2）実用的な
a working knowledge（役立つ知識）
（3）実行にかかわる
a working committee（運営委員会）
a working plan（作業計画）

Ⅲ 名詞が形容詞的に名詞を修飾する
- Authorities do agree on what is the <u>key properties</u> of an addictive substance are.
＊同格（properties as key）。形象的意味を内容的意味に変えてみる。
鍵の性質→鍵である性質≒鍵のように重要な性質≒根本的な性質
（嗜癖性物質のもっとも基本的な性質が何かという点については、専門家は同じ見解をとる）

Ⅳ 形容詞が名詞を限定する場合
- In those days it was <u>heroic extremes</u> that I admired.
＊左右（形容詞と名詞）がほぼ同格（英雄≒極端）なので、ことばの収まりがよいように入れかえる。英雄的極端さ→英雄の持つ極端性→極端な英雄主義
（当時私が称賛したのは極端な英雄主義であった）

Ⅴ 形容詞が名詞の主格として働く
- People must maintain its <u>sovereign control</u> over its government.
＊支配するのが主権者（control by sovereign）。主権者的支配→主権者としての支配
（国民には主権者として政府を制御している必要がある）

Ⅵ 心情をあらわす場合
- The <u>poor dog</u> was limping.
（かわいそうに犬は足を引きずっていた）
- an <u>indignant response</u>
（怒りを含んだ応答）

7-1-14 自動詞と他動詞

Q：なぜ自動詞と他動詞の区別をやかましくいうのですか。

A：別の単語と思えるほど、意味が違ってくることがある。

Ⅰ　定義「目的語をとるのが他動詞、とらないのが自動詞」
　例：I love you.（S＋V＋Oで、Vは他動詞）
　例：He will go.（S＋Vで、Vは自動詞）
　そして、自動詞＋前置詞＝他動詞化することが多い。
　例：He will go to Tokyo.
　　（だがⅡ②のstop atなどのように、意味が前置詞の前でいったん切れ、他動詞化しないものもある）。
　目的語は単語に限らず、句や節でもなりうる。
　例：He wanted to go.
　＊toは前置詞だからwantは自動詞と思いそうだが、to goは名詞句（to不定詞の名詞的用法：行くこと）。
Ⅱ　自動詞、他動詞の具体的な違い
①現在分詞形の形容詞になった場合、迷わず訳せる
　a vastly amusing drama「とても楽しめるドラマ」と訳せますが、何でそうなるのでしょう。このamusingは他動詞amuseの現在分詞形の形容詞（人を…させる）なので、自分も含めた一般の人にはとって「楽しい」。それで「楽しめる」の訳語が得られるのです。自動詞の現在分詞形の形容詞は、…している（fading flowers：色あせる花。）
②意味の完結性の有無
　自動詞：stop（…で止まる）　他動詞：stop（…を止める）
　例：The spider stops at web weaving.
　　（蜘蛛は巣を編むところで終わってしまう）
　SVOの形ならstopは他動詞（O：目的語をとる）で「…を止める、中止させる」だが、本文はSVの形（Vのあとに言葉を続けるために前置詞atを介在させている）なのでstopは自動詞。「巣を編んでしまった時点で終わってしまう（そのあと引き継ぐことがない）」と理解されます。The spider stops web weaving. なら、stopは他動詞で「巣造りを止めてしまう」となります。
　cf. The train stops at Ueno.
　　（自動詞＋前置詞＝他動詞化）
③意味の違い
　call on（…を訪問する）　call（…を呼ぶ）
　例：Susie called on her parents at noon.
　　（スージーは正午に両親を訪問した）
　例：Susie called her parents at noon.
　　（スージーは正午に両親に電話した）
④目的語を内包する自動詞がある

drink（自動詞：酒を飲む。他動詞：…を飲む）
例：He always drinks.（いつも酒を飲んでばかり）
例：He always drinks Coca-Cola.（コカコーラばかり飲んでいる）
read（自動詞：本を読む。他動詞：…を読む）
例：They are reading.（読書中）
例：They are reading some documents.（書類を読んでいる）
⑤日本語に訳した場合、「…を」とならない他動詞に注意
accompany（…について行く）　survive（…より長く生きる）
例：a manuscript accompanying the letter
（○手紙についている原稿。×手紙を伴った原稿）
例：She survived her husband.
（○夫より長生きした。×夫を長生きさせた）

7-1-15 コロケーション

Q：「コロケーションが悪い」といわれます。どういうことでしょうか。

A：「コロケーション」は語と語の結びつき方のこと。原文と日本語の誤差から、翻訳は無理な表現を生みがち。翻訳だからしょうがないではなく、翻訳だからこそ正しい日本語を書くという気持ちでいないと、訳文が甘くなります。実例をもとに考えてみましょう。
（既訳書より）
「ワインが届き、クレメンツはワインについて話をしてみようと試みた。」
「みよう」と「試みる」は同義語重複ではないか、と思って原文を見ると…
（原文）When the wine came along Clements tried to have a talk about that.
コメント：「話そうとした」で済みますね。
　念のため文法の復習を。try ～ing　試しにやってみる（～ingは過去から現在を意識）。　try to ～　やってみようとする（to ～ は現在から未来を意識。やろうとして出来たかどうかはわからない）

「あの弁護士に飲まされすぎた、と彼は自分につぶやいた。」
別に「他人につぶやく」という言い方があるのだろうか…
（原文）That solicitor gave me too much wine, he told himself.
コメント：「つぶやく」はmurmur。ここは「自分に言い聞かせた」。「思った」でいいのではないか。翻訳の許される誤差を勘案しても、「自分に」ははずしたほうがよいだろう。

Ⅶ　翻訳の要諦

「しかしなんといっても終結部の万雷の拍手が一番喚起的だった。」
「喚起」は、何かを呼び起こすことだが、この訳文では何を呼び起こすのか不明だが…
（原文）But the thunderous applause and the cheering which came at the end of the symphony was <u>the most splendid thing</u> of all.
コメント：なるほど、自分の感情のあふれる部分が喚起されるわけですね。それを目的語で入れるか、「この上なく素晴らしい」と素直に訳してはどうでしょうか。

（翻訳志望者の訳から）
「すっかり気分のよくなっているクレメンツはいっこう気に介さなかった。」
（原文）But Clements was in a gay mood now and he <u>took no notice</u>.
　これは言葉の誤用「気に介す」→「意に介す」

「食事の終わる頃、ボトルの四分の三は客人が飲んだのではないかとクレメンツは踏んでいた。」
（原文）By the time they had finished eating, Clements <u>estimated</u> privately that his guest had consumed at least three-quarters of the bottle.
　「踏む」は確かに「推測する」の意味があるが、何か魂胆あっての推測。ここは「判断する」の意味。なかなか難しいが「…こいつ一人で四分の三も飲んじゃったぜと、クレメンツは思った。」「…クレメンツにしてみれば四分の三は客の飲んだ分だ」「…四分の三は相手が飲んだのに気がついた」など、意をとって訳す。

「店員はまえに身をのり出して、ぴょいと眉を持ち上げた。」
（原文）The salesman <u>leaned forward</u> and raised his eyebrows.
　上体をかがめることだが、「身を乗りだす」では大げさ。「前のめりになり」。または、はっと驚いて、ちゃんと話を聞こうとした心の動きをあらわす言い方に変え、「向き直り」「姿勢を正し」などでどうでしょう。

「ボティボルはさっそく自分のこれまでの経緯を語りはじめた。」
（原文）... , he began at once to tell her <u>his story</u>.
　「事件の経緯」とはいうが「自分の経緯」とはいわない。「これまでのこと」「事の次第」とするか、「自分」をとる
　コロケーションは訳す人の常識的な語感によるところ大です。その語感は日常的に言葉の感覚を研ぎ澄ますところでしか生まれません。自信がない場合は、こまめに「日本語」の辞書をひくことです。

Episode 9　復活『国語読解教室』

場面：昔の教室
人物：いずれも30年後の、あすか（大学教授）、SATOMI（舞台女優）、今日子（雑誌記者）、美佐（カナダ在住の主婦）、あすかの学生数名。

あすか：
こうしてみんなで会うのは30年ぶりね。
SATOMI：
そう、私の初主演舞台の時、大学教授のあすか、花形雑誌記者の今日子は来てくれたけど、美佐だけだめだったわね。
美佐：
旦那とカナダに住んでますから、簡単には戻ってこれないのよ。今日子はよく空いていたね、週刊誌って忙しいんでしょ。
今日子：
丁度今日は校了日。それに英語教育の取材もしたかったし。
あすか：
本当は大西先生も呼びたかった、あの鬼の大西教授「オニキョー」、徹底した精読で授業厳しかった。テレビ討論のあと倒れて、亡くなってしまったのは悲しいわね。
美佐：
でもとても役に立っています、先生の教授法。私、カナダに来てしばらくして、国際結婚した日本人女性と知り合いになったの。愛し合っているのに、夫と何かギクシャクする、「ユーはいつもwhyばかりいう」って怒るんですって。「当たり前よwhyときたら、becauseと答えなきゃならないでしょ。数学の解答じゃあるまいし、そんな四角四面の間柄じゃないだろうって、彼はきっと言いたいのよ」ってアドヴァイスしてあげた。次に会ったとき「ありがとう。言葉って愛情があるだけでは十分でないのね」って感謝されたわ。あの頃大学教育の現場で流行ったコミュニカティヴ・イングリッシュや旧来の英文解釈の授業では到底分からなかった。オニキョーに徹底的にしごかれたおかげよ。
あすか：
そうね。でもあの時代から、英語は英語で学べというのが大きな流れ。文部省の答申も小学校から全授業の半分は英語で、直読直解で訳読は行わない、となって

コメディ『英文読解教室』 Episode 9

しまって、そうした細かいニュアンスとか機微を学ぶことができなくなっているのが現状です。今の学生は英語も日本語も中途半端になって、出来の悪い帰国子女みたい。
今日子：
そこよ、私が取材したいのは。30年前に舵を切った英語直接教授方針の功罪。傍観者としてでなく、日本語を憂える一市民としても、昔の皆と「大西メソッド」の復活をレポートしたいわ。
美佐、SATOMI：
私たちも参加させて。
あすか：
私もそう思ってね、実はひとつ準備したの。課外授業として学生に、日本語の訓練をする。皆さんはそれぞれの立場から、協力してくださいな。SATOMIは美しい日本語による朗読を。美佐は日欧の言葉、いえ文化ギャップを生活者の立場から話して。今日子はこの授業のドキュメントを雑誌に連載してください。
美佐、SATOMI、今日子：
オッケー！
（授業のベル）
あすか：
では始めましょうか。題して、復活、オニキョー・メソッド『国語読解教室』。
（学生に）
では皆さんの日本語力・論理力・教養力を鍛えるために、英語を交え、夏目漱石の『草枕』を精読してゆきます。本校OGで舞台女優として活躍されているSATOMIさんに、冒頭部分を朗読していただきましょう。
SATOMI：
山路を登りながらこう考えた。智に働けば角が立つ。情に棹させば流される。意地を通せば窮屈だ。とかくにこの世は住みにくい。住みにくさが嵩じると、安いところへ引き越したくなる。どこへ越しても住みにくいと悟った時、詩が生れて、画が出来る。
あすか：
樋川さん、「智に働く」ってどういう意味ですか。
学生樋川：
「智」はmindのことですか？「働く」はwork？「に」が曖昧です。「知恵を目指して動く」ということかな。It's difficult!
あすか：

「智」はmindより意味が狭まったintellectと理解するのがいいでしょう。「働く」は「動く」という意味もありますが、ここでは「精神が活動する」ということ。「に」は―そう英語の前置詞も意味が広くて取りにくいでしょ、日本語の助詞も同じです。この「に」は広くは場所、象徴的に状態、さらに狭めて「…の点で」といったところかしら。「角が立つ」（読まずに板書）これは林さん。
学生林：
「かく」？「つの」？「かど」？どう読んでもよいのでしょうか？「かく」はan angle、「つの」はa horn、「かど」ならan edgeかa cornerかな。「立つ」はstandですから「つの」のことかな。「つのが立つ」ていうのは・・・何か諺みたいですが。
あすか：
「角（かど）が立つ」と読みます。でも、諺と類推したのはお手柄。「ものごとが荒立つ」という意味です。全体では「物事を杓子定規に考えすぎると、要らぬ軋轢を起こす」という意味合い。
学生中原：
先生、「杓子定規」って何ですか？
あすか：
うーん、strictとかinflexibleかな。
学生林：
「軋轢」も・・・。英語で解説してくれた方が分かりやすいんですけど。
あすか：
この程度の日本語が？困ったわね・・・。あえて英語でいえばApproach everything rationally, and you become harsh.になりますか。
学生林：
harsh、荒々しい人？
あすか：
このharshは「人に不快感を与える」の意味ですよ。英語も頼りないわね。では、次の「情に棹させば流される」についても細かく検討してゆくことに・・・
（あすかの台詞の途中から次の漱石の言葉。最初は聞き取れぬほど、だんだん大きくなり、あすかの言葉にかぶさり、それを消してゆく）

処が「日本」と云ふ頭を持って、独立した国家といふ点から考えると、かかる英語一辺倒の教育は一種の屈辱で、恰度、英国の属国印度と云ったような感じが起る。日本の*Nationality*は誰が見ても大切である。英語の知識位と交換の出来る筈のものではない。

コメディ『英文読解教室』 Episode 9

（漱石の言葉が大きくなるにつれて、舞台次第に溶暗。言葉の最後のあたりでは暗闇になる。そしてしばしの間—観客には舞台終了かと思わせる）

7-2 業界知識

7-2-1 よい翻訳とは

Q:「よい翻訳」と一口にいわれますが、具体的にはどのようなものを指すのでしょうか。

A:これは重要なので、何回も書きます。まず「翻訳は商品である」ことを理解してください。書店で手にした本を、買って帰ろうという気にさせねばなりません。商品であるからには、欠陥がないことと使い勝手がよいことが求められます。翻訳にあてはめれば、(1) 正確であることと (2) 読みやすいこととなります。読みにくさ、は「文体の問題」などといって逃れることも出来ますが、結局は本が売れず訳者に仕事がこなくなるでしょう。不正確、つまり誤訳・悪訳・誤記・訳抜などについては、申し開きができず訳者生命が断たれかねません。

『不実な美女か貞淑な醜女か』という通訳者の書いた本がありましたが、翻訳でも正確さと読みやすさを両立させるのは至難のわざ。そのバランスをとるのが原作との「等価性」です。等価性とは、誰かがある英国の作品を翻訳で読んだとき、その人とほぼ同じ境遇・知的水準にある英国人が原作を読んだときと同じような理解・感動・印象を得られるべきだということです。

以上は翻訳業界で固まりつつあるコンセンサスですが、翻訳初心者でもすぐ実行できる「よい翻訳」を生むための秘訣をひとつ――自分の訳文を声に出して読んでみましょう。つかえる箇所やイントネーションがおかしくなる部分は要チェック。誤訳・悪訳・未消化である場合が多いのです。

それと読みやすくするための留意点を7つ挙げます。
(1) 一文を短くする
(2) 掛け方をはっきりさせる
(3) 読点は多用しない
(4) リズムある文章にする
(5) 不用意に接続詞・接続助詞を用いない
(6) 語義は正確に使う
(7) 同じ言葉はつづけない

日本語の文章作法とかわりませんね。そう、翻訳は畢竟日本語の問題なのです。

7-2-2 読み易くするための留意点

Q：前回の「読みやすくするための留意点7つ」を詳しく説明してください。

A：(1) 一文を短くする
　　ベストセラー『日本語練習帳』（大野晋、岩波新書）に、難解と言われる丸山真男（政治学者、故人）の文章を読み解く方法が出ていました。「接続助詞がをはずし、いったん文章を切る。」センテンスが短くなり、文の構造が把握しやすくなる道理です。
(2) 掛り方をはっきりさせる
　　名作「眠れる森の美女」。眠っているのは森か美女か、迷う。最近では誤解をさけるため「眠りの森の美女」とタイトルすることが多くなっています。昔の週刊新潮のタイトルのように、やたらに形容詞を重ねわざとわかりにくくする場合もありますが…（クレーム対処の留意であろう）。
(3) 読点は多用しない
　　てんを打つと読者はそこに意味を読み取ろうとするからです。
　　てんを打つと、読者はそこに意味を読み取ろうとするからです。
　　上の文の焦点は「てん」自体、下の文の焦点はてんを「打つ」こと、となる。
(4) リズムある文章にする
　　気づいていないでしょうが、誰でも頭のなかで音読しているのです。リズムのある文章は速く読めるし楽しく読めます。
(5) 不用意に接続詞・接続助詞を用いない
　　英語の意識の流れと日本語のそれとは、微妙に異なります。andを日本語では逆接に訳さねばならぬこともあるし、「そして」と入れるとうるさいときもあります。
(6) 語義は正確に使う
　　例えばkeen。「鋭い」ばかりではありません。定評あるコウビルド英語辞典で引くと、28もの意味が出ています。（日本語で意をとれば）切望して、熱中して、凝って、熱心な、激しい…。易しい言葉ほど辞書を引きましょう。
(7) 同じ言葉はつづけない
　　ここでも「つづけて用いない」と書こうとしたのですが、少し上に「…を用いない」とあるので替えました。同じ言葉がつづくと文が安っぽく感じられます。

7-2-3 翻訳に必要な力

Q：良い翻訳をするために必要な力は何でしょうか。

A：基本的に、語学力、表現力、調査力の三つが必要です。
(1) 語学力の中身は、文法力と論理力。
難解な語法は定評ある文法書を身近に置くことで概ね解決します。真の文法力は「当然知っているべき文法規則」を覚えていること。：と；の違い、，の用法をはっきり言えますか。三つ以上言葉が並んだ時のandを巡る掛り関係を正しく理解出来ていますか。
解釈がどちらとも取れる場合、前後関係・全体の流れ・一般常識と文法上の正しさを睨み合わせるのが論理力。この力をつけることで、誤解釈が生まれにくくなります。
(2) 表現力の意味は、日本語力とセンス。
日本語を深く理解し、正しく文章化できることは、当然必要です。「東京に行く」と「東京へ行く」を前者は場所、後者は方向と理解していれば、正しい情報を読み手に伝えることができます。
さらに説得力ある文章にするには、字面・音感・軽重・気分といった、文から伝わるニュアンス面を大切にしなければなりません。その人の生き方自体が表れてきます。
(3) 調査力の要諦は、調べる能力と調べたものについての判断力。
必要とされる辞書・事典・資料にどのようにたどり着くか、が第一です。なにを探せばよいか、どこへ行けばよいか、だれに訊けばよいか。
集めた情報は分析し、的確な判断が下されなければなりません。例えばGothicという一語でも美術のゴシック様式を指すのか、「ゴート的」という本来の意味から転じた野蛮な・勇敢なとの意味合いで使われているのか。ジャンル・時代背景・主題などを勘案し、推論する力が大切です。
更に、重要なものがもう一つ。これらの力を互いに触発させ、一つに纏めてゆくエネルギーこそ、作家と同様、翻訳家にも欠かすべからざる力、想像力です。

7-2-4 編集者は新人翻訳者のどこを見るか

Q：編集者は新人翻訳者のどこを主に見るのでしょうか。

A：確かに翻訳志望者は多く、新人の訳文をいちいち丁寧にチェックしてはおれ

ません。短時間で訳文の良否を見抜く秘訣として、「編集者のための翻訳セミナー」でこっそりお教えしたのは次のような方法です。
(1) 書き出しの三行を読む
　書き出しは原著者の思いがこもっており、抽象的な表現が多い。それをどう咀嚼し、先を読もうという気にさせるか。
(2) 易しい言葉の訳語をみる
　易しい言葉ほど意味が深い。どこまで原著を読み込んでいるかがわかる。
(3) 訳文の長さをみる
　よい訳文ほど短い傾向がある。文体を凝縮させ、文章を輝かせていればこそ。
(4) 専門語・記述の処理をみる
　きちんと調べていれば、訳文も明晰になるはずだ。
　ついでに、下手な人の特徴を―
　漢語が多い／一文が長い／、が多いか極端に少ない／掛り方が遠い／読んでいてつっかえる／文末に同じ言葉がでてくる／つなぎの言葉が長い、多い／意味がはっきりしない
　さらに、悪い人の特徴を―
　訳抜けがある／文法的に正しくない／第一義をいつも訳語に充てる／逐語訳すぎる／勝手な解釈をする
以上に気をつけて訳文を練ってください。

7-2-5 男ことば、女ことば

Q：男言葉、女言葉の使い分けを教えて下さい。

A：尾崎紅葉の「金色夜叉」で夜会に集った貴紳淑女が見事な宝石を見て驚くシーンがありました。「おやまあダイアモンド」「そうさダイアモンド」「見給えダイアモンド」「ダイアモンドね」「ダイアモンド」…等々十幾つか台詞がつづくのですが、どれも男性か女性か、どれくらいの年配かがわかる口調になっています。文豪の名人芸としてよく引かれる例ですが、明治という時代ゆえ、出自・地位・年齢・性別により言葉づかいがはっきり違っていたからこそ書き分けられたともいえるでしょう。
　現代では男女の言葉の差はきわめて少なくなっています。またえらいヒトがことさら尊大な言い回し（…かね、君がだね、けしからん）をしたり、熟年が爺臭い言葉づかい（ワシは、…じょよ、…でな）をすることもなくなりつつあります。（ついでに言えば、年齢が持つイメージも変わってきました。

サザエさんの父親の波平は推定年齢53歳、ずいぶん老けてみえますね。昭和36年に書かれた笹沢佐保の「銀座心中」では心中の片割れの47歳は「この初老の男が」と描かれています。平成9年には川島なおみとの仲を揶揄した記事（雑誌「噂の真相」）では、当時63歳の流行作家渡辺淳一が「初老」と記されています）。約30年で初老の概念は15歳上がったわけです。

「だ、わ、よ、ね、だぞ」等の強調語尾は気をつけていないとどんどん増えます。その場その場では重要な言葉だと翻訳している最中は思いがちだからです。オンナを強調したい、オトコを張らせたいときだけ、使うようにしてください。でないととてもうるさく感じます。男がしゃべっているのか、女がしゃべっているのか、強調語尾がなくともおのずと分かるのがよい文章だともいえます。ちなみに私が翻訳した戯曲『現代フランス演劇傑作選』（演劇出版社）の初稿と決定稿のサンプルをお見せしましょう。特に語尾がどう変わっているかに御注目ください。

（初稿）
　アンジェール：何？あら！まあ、新聞記者だわ。（ダンスをやめる）ごめんなさいね。既に好奇心で大成功を収めている舞踏会の情報を、記者にあげなければなりません。冷たいものを飲みにでも行って下さいな…（下手のビュッフェを指し示す。以下略）

（決定稿）
　アンジェール：あら！新聞記者さん。（ダンスをやめる）ごめんなさい。ユニークさで大成功を収めているこの舞踏会のお知らせをマスコミに流さなくては。冷たいものでもお飲みになってってくださいな。（下手のビュッフェを指し示す。以下略）

7-2-6 翻訳に資格は必要か

Q：翻訳には資格が必要ですか。

A：必要ありません、といってしまうと身も蓋もありませんが、そうなのです。英検1級、国連A級、通訳ガイド資格と三つ続けば、ほーう出来そう、との感じはありますから、編集者や採点者、コーディネータが丁寧に訳文を見てくれるか、会って話しだけは聞いてくれるかも知れません。でもそれだけです。逆に大きな誤訳・悪訳でもあろうものなら、資格試験の役立たずの例として吹聴されることになりかねません。TOFIC、TOEFULも同じこと、わたしなぞ区別さえいまだ分からず、この綴りも間違っていたらごめんなさい。

では（社）日本翻訳協会や（社）日本翻訳連盟が主催する翻訳検定はどうかというと、両団体のご努力には敬意を表するとしても、これも権威はありません。ましてや民間の翻訳学校のライセンスなどは書かないほうがよいでしょう（業界常識を知らないと思われかねません）。

資格はあくまで自分の目標の一里塚あるいは目安とすべきものでしょう。あれば当然自信をもって、なくても後ろめたがらず、翻訳に挑戦してください。翻訳はカンニングができるのです、しゃべれなくてもよいのです、分野により得手不得手はあるものなのです、時間も多少はとれます。一回こっきりの、しかも制限されたルールのなかでやらざるを得ない試験にはなじみません。正確な語学力の基礎のうえに、己の感性をはばたかせるものです。現場のもの、実践で鍛えられるのが一番だと申しあげます。

7-2-7 英語学と学校英語

Q：翻訳の基礎を固めようと思って英語学の講座を受け始めたのですが、いままで習ってきた文法常識とあまりに違って戸惑っています。どうしたらよいでしょう。

A：わかります。私たちが習ってきた学校文法や受験文法は英語の規則を簡便に理解させるためのいわば方便。言語学の立場からは正しくないとされることが多々あります。例えばYou can only succeed by working hard.（一生懸命働いてはじめて成功できるのです）などは、onlyの使われかたとしてよく引かれる例ですが、言語学者からはこんな不自然な英語はない（文語と口語がごちゃごちゃ）とかonlyはbyの前（修飾する語の直前）にくるべきだといわれます。たしかにIt was only after he entered the room that he realized how chilled he was.（その部屋に入ってはじめて体が冷えきっているのがわかった―ランダムハウス英和より）といった信用できる文をひっぱってくればよいのでしょうが、onlyの使われかたという一点からみるとこれでは長くて面倒ですね。その文を覚えて英作文に応用しようという意図があるのでなければ、不自然な文章でも用法が手軽にわかればよいのだと割りきってはいかがでしょうか（本当は、文法的な説明をきわめて正確にしようとするならば、一文だけでは足りずコンテクスト全体を引かねばならなくなります）。

関係詞のwhatがきたらthe thing whichと読みかえよ、などというのも英語学からすればとんでもない暴論でしょう（なにを指すかわからないthingが突然でてくることはありえない）が、そんなふうに読むと文構造がわかりやす

くなるというこれも方便。わたしたちの先祖・先輩たちは英文を読み解くのにさまざまの工夫を編みだしました。漢文の読み下し文を生み出した苦労と同じです。正確に読むことは勿論大切ですが、なんのための文法か（我々にとっては翻訳するためのそれです）を考え、あまり神経質にならずに文法規則は理解してゆくのがよいのではないでしょうか。

そもそも言語学は唯一正解を求めるはずのものですが、学派・流派により解釈が異なっているところがあるのもおかしなことです。あまり突き詰めると訳文が書けなくなることだってありえます。言語学の勉強はそれ、翻訳の文法はこれと割りきったら、自分のふところが深くなって楽しくなるかも知れません。

7-2-8 どこまで訳すか

Q：どこまで訳していいか迷うことがあります。なにか指針がありますか。

A：翻訳といえども文筆活動である以上、よい翻訳には訳者の解釈・文体が当然あらわれてくるものです。「ヘーゲルが日本人だったらこう書くという気持ちで訳している」と、ヘーゲル訳で定評ある長谷川宏は言っています（『ヘーゲルを読む』河出書房新社）。「このくだりはちょっと疲れているな。ここでは、息をひとつついでいるな」（同書ほかでの発言要旨）との自信も、氏がヘーゲルを読み切っているからでしょう。

「どこまで訳していいか」と翻訳志望者がいう場合、自分がよく理解できている部分について訊いていることが多いようです。そしてその踏み込んだ表現または解釈はだいたい正しいのですが、ほかの個所（つまりあまりよく理解できていない個所）とのアンバランスが目立っていることがあります。一方では思い切った解釈をし、もう一方では直訳のような表現にとどまる、というのでは文体があるといえません。かえってせっかく踏み込んで訳した部分が浮いてしまうことになります。全部しっかり理解できていてはじめて、踏み込んだ解釈・表現は輝くのです。そうでないなら、先ずきちんと読める文にレベルをそろえることのほうが大事でしょう（自分が最低理解しているところに、訳文のこなれ具合の目安を置く）。例を挙げます。

「私は平時でも戦時でも本なしに旅行することは決してない。だが何日も何ヶ月も本を利用することなく過ぎてゆく。すぐに、いや明日、いやその気になった時と、自分に言ってみる。そのうちに時は去り行ってしまうが、<u>私はそれだからといって困ることはない</u>。」（原文に即した訳）

Ⅶ 翻訳の要諦

「平時でも戦時でも、旅にはいつも本をもってゆく。そのくせ何日も何ヶ月も読まずに過ぎる。もうすぐ、いや明日、いやその気になったら、と心にいきかせる。そのまま日は去り月はゆくが、<u>何がどうなるわけでない。</u>」（こなれた訳）

後の文のほうが明らかに踏み込んで訳しているわけですが、下線部分（原文 none the worse：読もうと思って読まないことに対して「それだからといって、いっこうに困ることはない」）だけきっちり読み解けたからと、前の文章に入れ替えたら、違和感がありませんか。文章のトーンがそこだけ変わってしまうからです。自分の理解のレベルを上げることがまず肝要、といえるでしょう。

7-2-9 読む力を伸ばすには

Q：会社の実務で随分英文に触れているつもりなのですが、一連の課題をみてショック（読めないし訳せない）です。どうしたらよいでしょうか。

A：実務英語といっても千差万別ですが、ご質問者は自社業務のルーチン化した英語を扱っておられるのでしようか。
　たしかに私たち日本人は、大衆的な内外タイムスもクオリティペーパーといわれる朝日新聞も、同じように読みこなせますね。アメリカでは通俗誌を読めてもワシントンポストを読めるとは限りません。フランスでもフランスソワール（夕刊紙）は読めてもル・モンドを読める人はそう多くはありません。言葉の構造の差です。英語・仏語とも高級になるに従って、(1) 指示語・代名詞が多くなる　(2) 文構造が複雑になる　(3) 語義を正確に掴む必要がでてくる、ということでしょう。そういう文章を読みこなすのはたとえネイティヴ・スピーカーにとっても簡単なわけではありません。じっくり掛かり方を確かめ、何をさすのか理解し、語義を特定化してゆくわけです。この知的営みができるひとをインテリと呼ぶわけです。
　ましてや母国語でもない日本人が、パターン化されたのでない外国文、つまりひとに気持ちを正しく伝えようとする文章（書籍に多い）や論理性と厳密性を旨とする文章（クオリティ・ペーパーなど）を一読で理解できるはずがない、と思ったほうがよいでしょう（ネイティヴだとて事情は同じなのだが、自分の言語に対するコンプレックスがないため分かったような気になっているだけのこと）。
　ちょっと手の込んだ文章はまず主語・述語を見つけ、関係詞の掛かり方、挿

入句の見分け、カンマの意味、前置詞の働き、など文構造を腑分けした上で、語義の選択（いくつもある意味のなかでどれを採るか）と指示語・代名詞が指すものの特定化をするのがよいでしょう。こうして自分のなかでのあいまいな理解の部分をゼロにしたうえで、日本語にする作業にかかるのです。

最初はもどかしいでしょうが、だんだん慣れてくると英文を読み解く楽しさがわかり、よい訳文への道も開けてくると思います。

7-2-10 翻訳で食べてゆけるか

Q：翻訳で食べてゆくのは大変だとよくいわれますが、実例をあげて説明してくれますか。

A：この本はいわば業務用、プロ仕様みたいなものですから、はっきり書かせてもらいますが、どうか皆さまの夢がしぼみませんように…。

翻訳歴40年（ただし半分は経営に注力し、休んでいる。指導書5冊、訳書5冊、戯曲30作、映像100本、産業翻訳10000枚、校閲30000枚。下手ではないがとびきり上手いわけでもない。業界のあちこちに顔はきく。体力なし。現在翻訳会社の会長）のわたしがフリーになったと仮定します。

受注）仕事はえりごのみしなければいくらでもとれるだろう（でも本当は仕事をとるのが新人の場合とても大変です）。

速度）遅筆で単語力もなく、調べるのが好きなので早くない。平均して一時間400字詰原稿用紙1枚がいいところ。

単価）ものにもよるがわたしの実力ではならして1枚1500～2000円ぐらい。

労働）1日8時間仕事するが、土曜・日曜は校正と休養のためあけておく。

以上の条件で計算すると、1500円×8時間×20日＝240000円

ひとり身でローンもなければ食べて行けないこともない（来世あればきっとそうします。だってなにものにも代えがたい自由がある）が、現実にはちょっときつい。

そこでわたしだったら、足りない分を補うのに——

大学・翻訳学校の講師をやる：一コマ（90分、13000円ぐらい）×2回×4週＝104000円（でもこれは一年通してあるわけではないから、実際は半分）

翻訳ノウハウ本を書く：最近は本が売れない。1500円×3500部×10%（印税）＝525000円（1冊）

雑文を書く：平均単価1枚4000円×10枚＝40000円

総計月375750円。これがおそらくわたしぐらいのキャリア（実力はともかく）

があって、翻訳を主体に稼げる額のひとつの例です。もちろん個人差も対象翻訳物による差もありますから、あくまで目安として理解ください。

7-2-11 翻訳の勉強

Q：大学入学したてですが、将来翻訳家になりたいと思っています。学校で習う英語と翻訳の英語は違うのでしょうか。違うのならどんな勉強法をとればよいのですか。

A：最近の翻訳関連雑誌で受験英語の問題点をとりあげていました。「世界には新聞など（ジャーナリズムで使われる）『親切な英語』と旧来の（受験に出題されるような）『不親切な英語』の二種類」（カッコ内は筆者の補足）あって「米国を中心として、読みやすいジャーナリズム英語をビジネス界などでも使用する動きが広がっています」とのこと。

事実その通りなのですが、『不親切な英語』が必ずしも悪いというわけではありません。「不親切」だが「良い」英語というのもあり、それがたまたま受験に使われると「受験英語」と呼ばれるだけです。「不親切で、良い」英語はおおむね抽象的な思考が、凝縮された文体で、語法的に揺るがせにせず書かれており、当然難解なわけです。モームやラッセルの文章が読みにくいからといって、易しく書いたら思想自体も変わってしまうでしょう。福田恆存の文章は不親切な日本語ですが、知的な読者をひきつける魅力があります。高級な思想を易しく置きかえるのは無理です。『不親切な英語』の存在理由は、（1）高級な思想を読み解く知力の練磨　（2）精密な文章構造が文法での腑分けに耐える、ところにあります。

字幕翻訳者として名高かった故・清水俊二は「英語に必要なことは全部旧制府立一中（戦前の秀才校、今の高校相当）で教わった」と述べています。学校でならう英語は教養主義的で難解でとっつきにくいものなのでしょうが、そこに翻訳学習のエッセンスが詰め込まれているはずです。きっちりしたものが読めれば、くずれたものも読めます。一流の寿司店で修行すれば、大衆寿司はいつでも握れますが、その逆は出来ないのと同じです。翻訳英文法などという指導メソッドもありますが、明らかに文法ではなく技法の伝授です。要していえば、きっちり読み解く力があれば、翻訳はできる。あとは和文和訳の問題である、といえます。テクニックはいつでも学べますし、易しい英語はいつでも読めます。いまはむしろ「分かりにくい英文」にすすんで挑戦されることをお勧めします。

7-2-12 翻訳者として独立したい

Q：現在会社づとめをしながら翻訳をしています。訳書が3冊になったので、思いきって翻訳一本に賭けてみようと思うのですが、可能性をお知らせください。

A：おやめなさい、というと元も子もありませんが非常に危険です。翻訳書籍の市場は確かに広がっていますが、一冊あたりの単価・印税率・冊数は減っており、労働単価はむしろ下がっています。昔は年に3冊、十年我慢して30冊やれば、増刷印税が当てにでき何とか食ってゆける、といわれたものですが、現在では3冊ではどうみても必要年間収入の半分いかないし、増刷もあまり期待できません。なら5冊やればよいといわれるかもしれませんが、それだけ仕事を受注するのもこなすのも大変です（下訳者をうまく使って工房的に仕事している翻訳者は別として、ベテラン翻訳者でも訳書は年にすると3冊程度です。大先達新庄哲夫でさえ40年間で110冊、大ベテラン矢野浩三郎が35年で90冊という）。

現役の稼ぎどころにしても、何かしら出版翻訳以外の仕事をもっています。ビジネス書の実力者だった故・Y氏は証券関連のレポートをレギュラーで手がけており、翻訳書で二度のミリオンンセラーの快挙を成し遂げたI氏は大学非常勤講師をしばらくつづけていました。生活書で10万部規模のヒットを連発するA氏は近年まで趣味と実益を兼ねレコードの通信販売を副業でやっていました。大ベテランの小鷹信光が勤め先の出版社をやめたのは、翻訳の収入が本業を越えてからのこと。SF翻訳で知られるO氏も同様でした。そのO氏は翻訳以外に評論・海外事情紹介などの文筆でも稼いでいます。

それでもサラリーマン時代の実質収入に比肩するには自由業ではその3倍の所得が必要だと、元キネマ旬報の編集長だった映画評論家の白井佳夫が述懐しています。いや翻訳だけでなく、自由業そのものが生活に大変厳しい職業なのであり、若くして文芸評論の大家であった故・江藤淳にしても、東工大の助教授の職を得たとき「これでつまらぬ仕事は断って、文芸評論に専心できる」旨語っていたのが印象的です。

中年の淡い恋を描いた名作で当てたM氏は、じつはその作品にありつくとき、担当者に出版翻訳廃業の報告にいったところだったといわれますし、定評あるフランス語翻訳のS氏は大学教員に転じてようやく生活が安定したといいます。やはりフランス語で分厚い作品ばかりに取組むC氏の貧乏生活は業界の語り草です。若手トップの実力といわれ大手各社から多数の訳書を出しているD氏にしたところで、年収は400万円そこそこ。それで保険料・交通費・

資料や書籍代は自分でまかなわなければならないのです。

何故に翻訳により世界文化の恩恵をこうむる日本がこれほど翻訳者に冷たいのかの分析は別の機会に譲るとして、現実に翻訳、それも出版翻訳だけで食べて行くのは至難のわざです(20人いるかいないかでしょう)。わたしの知っている新人翻訳者では（30代）家と食事は親持ちという女性、週4日塾で英語を教えて生活のベースをつくっている女性（このひとは7冊目にして運良く10万部のベストセラーにめぐまれた。ひとの懐を探れば、ざっと1000万円の印税）。奥さんが働いていて自身はささやかながら年金（40過ぎるとある種の公務員には年金がはいるそうな！）を小遣いとして使える男性。などどこか翻訳だけでは不足する金銭部分を補う方法を持っています。

ベストセラーで気を吐く翻訳書も目立ちますが、あれは宝くじに当ったようなもの。はじめから一攫千金を狙っても無駄です。結論として翻訳だけに頼らず、ほかにも収入が見こめるような備えをして、長期戦でのぞむことをお勧めします。

7-2-13 翻訳契約を交わすか

Q：出版社から直接翻訳を依頼されました。条件等を書類で交わしたいのですが、切り出してよいものでしょうか。

A：難しい問題です。当然契約書・覚書などがあったほうが、翻訳者としては安心ですが、出版界の商習慣として口約束がほとんどです。望ましいことではありませんが、いままでそうだったから、契約条項がフォーマット化しにくい、面倒、買い手市場であるなど、さまざまの要因によるものと考えられます。それと出版業界は一応「紳士・淑女」の業界なので、お互いの信頼関係を重視することも挙げられます。信用できない人とは仕事しない、何かあったら話し合いで解決できる、という業界人の自負のあらわれとみることもできるでしょう。これは出版界が適正規模であるときはよかったのですが、近年の出版量増大にともなう編集担当者の過剰負担、未熟な編集者の横行などにより、編集者と執筆者（当然翻訳者も含む）の蜜月時代は終わろうとしているというのが、現場にいる人間としての実感です。

急かれて翻訳を上げたのに2年間もたな晒しのまま、翻訳料の未払いがたまっている、納得のいかないクレームで値引きを強いられた、はては訳者名をクレジットされるはずだったのが下訳に使われてしまった。こういった話をよく聞くようになりました。

防衛上、契約書類がほしい気持ちは分かりますし、本来そうあるべきです。とはいえベテランでもないかぎり、契約書を求めても無駄だと思います。担当編集者がそのつもりでも、前例がなければ上司の決裁がおりないからです（出版をビジネスと割り切っている新興の出版社などでは自社で契約書を用意しているところもあるようです）。良心的な編集者であれば、自分のできる範囲で仕事条件のメモか覚書ぐらいは書いてくれるかもしれません（メールであれば気軽ですね）。契約の履行が心配なら、そういう社とはしかつきあわないか（大手はまずない）、編集者を選ぶ（選べれば）、しかないでしょう。これから業界全体で考えてゆかねばならない問題です。

7-2-14 下訳の心得

Q：下訳を仰せつかり、「原文に忠実に訳す」よういわれました。どのようにすればよいでしょう。

A：上訳者の心理としては「和文和訳」できる訳文を求めているものと思われます。「この下訳者は文章力はないが、文法力はある」と踏んだのかもしれません。そこであなたにできることは次のどちらか。①英文の文構造を生かし、語義は基本となるものを選び、前置詞の解釈は控える態度で、正しい意味での直訳に徹する　②英文をきっちり読み解いた上で、等価の日本語に硬めに移す。

いけないのは、そしてよく起こりがちなのは、あまり自信のないところでは①の方針で訳すくせに、自信ある箇所になると②（場合により、さらに自分好みに歌い上げる）というように、文体のばらつきが出ることです。そうなると、上訳者としてはスタイルを統一しなければならないだけでなく、どこまで正確なのだろうかと疑心暗鬼になって、原文といちいち照合することとなり、「最初から自分でやったほうがはやい」などと嘆かれたりするのです。アメリカ出版業界の創生期を描いたThe Business of Booksを例にとってみましょう。

WHEN RANDOM HOUSE bought the venerable publisher Alfred A. Knopf in 1960, the story was reported on the front page of the *NEW YORK TIMES*. Its appearance caused the attorney general's office to call Bennett Cerf, the head of Random House.

（①に則った訳―原文が透けて見えるので、上訳者は安心して直せる反面、

手間が掛かる）

ランダムハウスが1960年に由緒ある出版社のアルフレッド・A・クノッフを買収した時、その話はニューヨークタイムズの第一面に報道された。それが明るみにでたことにより、司法長官事務所はランダムハウスの長であるベネット・サーフを呼ぶことになった。

＊［文構造］When S＋V, S＋V. A cause B to C（AがBがCすることを引き起こす→AのためBがCとなる）。

［語義］story：（広めに）話　the attorney general's office：（定訳が不確かなためそのまま）司法長官事務所　head：（役職名が不確かなため広めに）長　call：（広めに）呼ぶ。［前置詞］on：（場所を示すのがわかればよい）…に

（②に則った訳—流れよく、上訳者は直しの労が少なくて済む反面、解釈が妥当か不安も）

ランダムハウスが1960年に由緒ある出版社のアルフレッド・A・クノッフを買収した時、ニューヨークタイムズの第一面にその記事が出た。このため法務当局はランダムハウスのトップであるベネット・サーフを召還した。

＊第一文：受身を能動にした。storyは意味を狭めた。reportは「報告する」→「報道する」をさらに意味を狭め「出る」とした
＊第二文：因果関係を簡素化した。The attorney general's officeを通例使われる表記にした。chefを日本語としてぎこちなくない訳にした。callの意味を踏みこんだ

7-2-15 説得性ある訳語

Q：意味はわかっても、訳語の選択に悩むことがあります。

A：(1) 意味自体が多義である　(2) 広くとるか狭くとるかで訳語が変わる、のふたつの場合があると思います。
(1) は文の論理、内容から選択します（以下の解説では↔で示す）　(2) は訳文が明晰になるようできるだけ狭めます（以下の解説では→で示す）。前節（7-2-14）と同じ英文で考えて見ましょう。

WHEN RANDOM HOUSE bought the venerable publisher Alfred A. Knopf in 1960, the story was reported on the front page of the *NEW YORK TIMES*. Its appearance caused the attorney general's office to call Bennett Cerf, the head of Random House. On learning that the total value of the merged houses was under $15 million and that their combined share of the market did not reach even 1 percent of total sales, the official expressed surprise that the story should have been given such prominence. Just the other week a similar story made the front page of the Times and other papers around the world. AOL's purchase of Time Warner was given full headline treatment, and no one doubted that the $ 165 billion deal was a major turning point in the history of corporate control of communications.

1<WHEN> 2<RANDOM HOUSE> bought the 3<venerable> publisher 4<Alfred A. Knopf> in 1960, / 5<the story> was 6<reported> on 7<the front> page of the 8<*NEW YORK TIMES*>/. 9<Its> 10<appearance> 11<caused> 12<the attorney general>'s 13<office> 11<to> 14<call> Bennett Cerf 15<,> the head of Random House. 16<On> 17<learning> |(18<that> the total value of the merged 19<houses> was under $15 million) and (18<that> their 20<combined> share of the market did not reach even 1 percent of total sales)|, / the 21<official expressed> 22<surprise>that the story 23<should> 24<have been given> such 25<prominence>. 26<Just> 27<the other week> 28<a> 29<similar story made> the front page of 30<the Times> and 31<other papers> 32<around> the world. 33<AOL> 34<'s> 35<purchase> 36<of> 37<Time Warner> was given 38<full> 39<headline> 40<treatment>, 41<and> no one 42<doubted> (43<that the> 44<$165 billion> 45<deal> was 28<a> 46<major> 47<turning point> in the history 48<of> corporate 49<control> 50<of> 51<communications>.

1 　WHEN RANDOM HOUSEと書き出しの大文字は、読者の注意を喚起するため
2 　アメリカの著名出版社。現在はドイツ系ベルテルスマンの傘下
3 　「敬意を払う」↔「由緒ある」
4 　「アルフレッド・クノッフ社」
5 　「架空また実際の話」→「記事、ニュース」
6 　「報告する」→「報道する」
7 　「前面の」→「第一（面）」
8 　雑誌・本・戯曲・映画のタイトルを示す斜体「ニューヨークタイムズ」
9 　＝the story
10 　「出現」→「報道されたこと」
11 　A cause B to C「Aが、BがCすることを引き起こす」→「AのためBがCとなる」
12 　司法長官

13 「事務所」→意味の拡大「役所」
14 「電話をかける」↔「召還する」
15 言換えのカンマ
16 「…の上で」→根拠「…して」
17 「学ぶ」→「教わって知る」
18 that A and that Bの形
19 「家」↔「会社」
20 「結合する」→「併せる」
21 official「官公吏」→「担当官」 express「表現する」→「述べる」
22 「驚き」→品詞を転換する「驚いたと」
23 主文のexpressed surprise（感情表現）に合わせ、shouldが強意で使われている
24 現在完了受動態
25 「目立つこと、卓越」→「特別の扱い」
26 強調
27 「二三週間前」 cf. the other day（先日）
28 ＝one of the 〜 と考える
29 「構成する」→「…を飾る」
30 イギリスの著名な日刊紙＝ロンドン・タイムズ
31 「他の新聞」（それ以外にもまだある）
32 「…を取り巻いて」→「…中の」
33 America OnLineアメリカの代表的プロバイダ
34 主格の's「…が」
35 「購入」→「買収」
36 目的格のof「…を」
37 アメリカの代表的メディアグループ（AOLと連携）
38 「いっぱいの」→「最大の」
39 「見出し」あとの名詞を形容詞的に修飾→「見出しとしての」
40 「待遇、扱い」→「取り扱い」
41 逆接「がしかし」
42 「…でないと思う」
43 買収に投じられた金額を規定する
44 「1650億」
45 「商取引」→具体的な「額」
46 「主要な」↔「重要な」
47 「変わり目、転換点」

48　同格のof「…という」で、turning pointに掛かる
49　「法人としての支配」
50　目的格のof「…を」
51　可算名詞、複数で「報道機関」

コメディ『英文読解教室』　Epilogue

Epilogue　本番『明日を信じて』

人物：全員
場面：教室

（闇としばしの間、のあと突然次の台詞と同時に照明全開）
オニキョー：
はい、オッケーです！
いやー、皆よかった、役者やな。
これで明日の文科省審議会のどてっぱらに穴開けられるかも。何しろ、参考人言うたかて、英語直接教授法に反対する意見は僕だけや。国会で会派の人数に応じて代表質問の人数と時間が割り当てられるのと同じやからな。あとの五人はみんな賛成意見者や。おまけに審議委員かて、英語の専門家は三割もおらん。違う分野の学識経験者ばかり集めて、どうするつもりや、文科省は。最初から結論は決まっとるんやで。でもな、正論を言って、世に警鐘を鳴らすのが僕の役割や、孤軍奮闘、絶叫型で声を張り上げよう思うたんやけど、きっと暖簾に腕押しや。そう考えなおし、思いついたのがこのお芝居。少数意見なので、何か変わったことをしないと理解してもらえないからに、これ必死の挽回策や。
あすかクン、SATOMIクン、今日子クン、美佐クン、みんな立派やね。真に迫っとるで。老け役も堂に入ったもんや。
せやけど、何や。「テレビ討論の後、亡くなってしまった」とは！勝手に台詞付け加えるな。
あすか：
でも何か入れないと、大西先生がどうなったか、見てる人たちが疑問を抱くでしょ。
オニキョー：
なら、「先生はあれから、世の中を嘆いて、地元に引っ込んで私塾を開いたのよね、江戸時代の広瀬淡窓とか緒方洪庵みたいに、有為の青年が全国から集まったって聞くわ」ぐらいにしとき。そう昔からな、東洋の本当の教養人は、官界や表舞台に出なかったもんや。広瀬淡窓の漢詩「君は川水を汲め、我は薪を拾わん」、教育の真髄は塾にありや。漱石かて陶淵明にシンパシー感じとるやろ「菊を採る東籬の下、悠然として南山を見る。山気日夕佳なり、飛鳥相与に還る、此の中真意あり、弁ぜんと欲し已に言を忘る」。僕もそうしたもんにあこがれとるんや。

コメディ『英文読解教室』 Epilogue

あすか：
では、殺さずに隠遁したことにしましょう。
SATOMI：
でも先生だって、台本にない台詞言ったじゃないですか。「みどりちゃん、今でも好っきゃで」なんて。
オニキョー：
ばれたか。でもあれを入れることで、深刻な場面の緊張がほぐれるんや、そのままでえやないですか、鳥居先生？
鳥居：
あら、私は大西先生が、本気で仰ってくださったものと思いましたよ。褒められるのは、うれしいわ。私も学生時代、源氏物語を徹底した精読で恩師に習いました。大西先生の英語教育法「大西メソッド」に共鳴してますから、何なりと御用命ください。
加藤：
僕ら職員も大西シンパです（メインキャスター、アシスタントキャスター、学識者、文部省職員、学生林、中原、樋川、うなずく）ですから、何でも協力させていただきます。
先生と相談し、頑なに主張するよりも芝居仕立てがいいだろうと、僕が台本書かせていただきました。でも時間、確か50分以内でしたよね。今のだと3分ばかりオーバーしてしまいます。
オニキョー：
それはあとで加藤君とふたりで相談しよ。
鳥居：
あら、先生、私の台詞カットしないでくださいね。とくに二人のしみじみした会話のところは。
今日子：
あたしたちの見せ場、30年後、もですよ。カットするなら、最初の方、先生に怒られている所にして。加藤さん、よろしくお願いします。
加藤：
まあなんとか致しましょう。
鳥居：
それじゃ、明日の文科省英語審議会でのプレゼンテーションの成功を祈って、乾杯しましょうよ。（皆、うなずく）大西先生、ご発声を。
オニキョー：

コメディ『英文読解教室』　Epilogue

よいと思ったことはとことんやる、それが私の生き方です。今回の英語教育大綱、精一杯自分の考えを発信するために、皆さんの多大なご協力をいただきました。人事尽くして天命を待つ、明日は明日の風が吹く、明日に道を聞けば夕べに死すとも可なり―これはちょっとちがうか―ともかく、できる仕掛けは全部致しました。細工は隆々、お後は御覧じろ、といったところですか。
それでは私たちのプレゼンテーションの成功と、日本の英語教育と日本語教育の発展、さらに欲ばりに皆さんの健康と、この国、世界の安全と平和を祈って、乾杯！
一同：
乾杯！
（オニキョーが話しているうち、音楽が低く始まり、だんだん大きくなる。M「大脱走のテーマ」）

（皆、なごやかに談笑するうちに、幕）

あとがき

　そんじょそこらの英語専門家には書けないものを——と意気込んではみたが、40年も同じことをやってきて、私の実力ではこれが精一杯。それでも道場稽古でなく真剣勝負である「現場英語」の一端は伝えられたと思う。あとはこれに刺激をうけた読者が、自分なりの方法で「翻訳の思考過程を応用した英文精読法」を発展させていって下されば、筆者の喜び、これに勝るものはない。

参考図書（お世話になったものうち特に印象を受けた書籍類）

① 文法書
『英文法詳解』杉山忠一、学習研究社 *11
『ロイヤル英文法』綿貫陽ほか、旺文社 *5
『アルファ英文法』宮川幸久、研究社 *1 *2 *3 *9
『英文法解説』江川泰一郎、金子書房
『現代上級英文法』堀口俊一監修、朋友出版

② 辞書
『ジーニアス英和辞典』小西友七ほか、大修館書店
『小学館ランダムハウス英和大辞典』同編集委員会、小学館
『新グローバル英和辞典』木原研三監修、三省堂
『新英和活用大辞典』勝俣銓吉郎編、研究社
『リーダーズ英和辞典』松田徳一郎監修、研究社
『新英和中辞典』竹林滋ほか編、研究社
『広辞苑 第5版』新村出編、岩波書店
『ブリタニカ国際大百科事典』ブリタニカ・ジャパン
『平凡社世界大百科事典』平凡社
『明鏡国語辞典』北原保雄、大修館書店
『明解国語辞典』三省堂
COBILD ENGLISH DICTIONARY
LONGMAN CONTEMPORARY ENGLISH
OXFORD ENGLISH DICTIONARY
DICTIONAIRE DU FRANCAIS CONTEMPORAIN（Larousse）

③ **解説書**：熟読して執筆に多大な影響を受けているもの
『英文解釈教室・改訂版』伊藤和夫、研究社　＊現在は新装版となっている
『誤訳の構造』中原道喜、聖文新社
『英語正読マニュアル』村上陽介、研究社

④ **解説書**：考え方・説明など大いに納得したもの
『日本人の英語』マーク・ピーターセン、岩波書店
『続・日本人の英語』マーク・ピーターセン、岩波書店
『実践・日本人の英語』マーク・ピーターセン、岩波書店
『英文法がわからない』中川信雄、研究社 *12
『英文法がつうじない』中川信雄、研究社
『英文法、その微妙な違いがわからない』中川信雄、研究社
『英文法が使いたい』中川信雄、プレイス
『言語学の専門家が教える新しい英文法』畠山雄二、ベレ出版
『大学で教える英文法』畠山雄二編、くろしお出版
『納得のゆく英文解釈』安井稔、開拓社
『ここがおかしい日本人の英文法』T・D・ミントン、研究社
『朝日英語スタイルブック』デビット・セイン、朝日出版社
『英語の句読法辞典』稲森洋輔、インターワーク出版 *7
『句読法、記号・符号 活用辞典』小学館辞書編集部、小学館
『英語冠詞講義』石田秀雄、大修館書店 *10
『パンクなパンダのパンクチュエーション』今井邦彦訳、大修館書店
『andとasの底力』佐藤ヒロシ、プレイス *4 *8
『英文法用語がわかる本』田上芳彦、研究社
EATS, SHOOTS AND LEAVES（Lynne Truss）*6

⑤ **原文**：文例の収集に多く拠っているもの
『翻訳力錬成テキストブック』柴田耕太郎、日外アソシエーツ
THE COLLECTED SHORT STORIES of Roald Dahl（PENGUIN Fiction）
ノンフィクション25題　（私家版）

おことわり

- 第一部は『翻訳力錬成テキストブック』旧版所収のコラム「アンドとカンマと記号」を拡大発展させたものである。第二部の7-2業界知識は、ほぼ旧版を踏

襲したものである。

- 辞書・文法書・解説書からの英文はそのまま使わせて頂いている。訳はおおむね新たに作っている。文法書類で定義に類するものはそのまま借用している。解説に類するものは、それを基とし著者の考えを盛り込んでいる。そのため典拠は明記していない。多分量・多部分・多頻度であるものは該当箇所（またはその一部）の右肩に*と番号をつけてあるので、必要に応じ参考図書と睨み合わせていただきたい。
- 本書は、決定版『翻訳力錬成テキストブック』の姉妹編である。補完的な関係を有しているので、同書にも目を通されことをお勧めします。

協　力

執筆にあたり、お世話になった方々

語法監修：府川謹也（独協大学名誉教授）

原稿整理：尾崎和子（英文校正者）
原稿素読：菊地祥子（ビジネスパーソン）
　　　　　平澤真未（映像翻訳者）
　　　　　松尾裕一（ビジネスパーソン）
進行管理：前川まりこ（ID）
編集担当：尾崎稔（日外アソシエーツ）
専門指導：深尾隆三（工学博士）
　　　　　森山文那生（金融翻訳者）
　　　　　氏名省略（法律専門家）
訳文提供：アイディ「英文教室」受講生の皆さん

著者略歴

柴田耕太郎（しばた・こうたろう）
　早大仏文専修卒。
　大手出版社、大手劇団、㈱DHC取締役、㈱アイディ代表取締役を経て、現在翻訳教育家。
　産業・出版・映像・舞台各分野で実績ある翻訳者。
　翻訳ベンチャー・アイディを自社ビルを持つ中堅企業に育てた経営者。
　出版翻訳者を40人以上、上訳デビューさせた教育者。

これまでの仕事（煩雑なので三つずつ）

著書：『翻訳家になる方法』（青弓社）
　　　『英文翻訳テクニック』（ちくま新書）
　　　『翻訳力錬成テキストブック』（日外アソシエーツ）
訳書：『ブレヒト』（現代書館）
　　　『ジャズ・ヴォーカルの発声』（東亜音楽社）
　　　『モリエール傑作戯曲選集Ⅰ、Ⅱ』（鳥影社）
戯曲：「じゃかましい女」劇団昴上演
　　　「オクラホマ」宝塚歌劇団上演
　　　「私もカトリーヌ・ドヌーブ」ギー・フォワッシー・シアター上演
吹替：「君に愛の月影を」TBS放映
　　　「ナンバー」TBS放映
　　　「冒険三人」テレビ東京放映
論文：「出版翻訳の訳者選定」日本出版学会
　　　「翻訳料の研究」日本出版学会
　　　「翻訳教育の可能性」獨協大学交流文化学科紀要
教育：アイディ「英文教室」主宰
　　　獨協大学非常勤講師
　　　東京女子大学非常勤講師
講演：日本翻訳連盟
　　　出版研究センター
　　　映画英語教育学会
役職：ICカード出版協会会長
　　　日本電子出版協会理事
　　　日本出版学会翻訳出版部会長
開発：「電字林」日本初のパソコン英語辞書
　　　「ザ・テクニカルライター」日本唯一のマニュアル情報誌
　　　「ゲスト・インフォメーション」一流ホテル客室内情報誌

翻訳力錬成プロブック
──商品となる訳文の作り方

2019年7月25日　第1刷発行

著　　者／柴田耕太郎
発　行　者／大高利夫
発　　行／日外アソシエーツ株式会社
　　　　　〒140-0013 東京都品川区南大井6-16-16 鈴中ビル大森アネックス
　　　　　電話(03)3763-5241(代表)　FAX(03)3764-0845
　　　　　URL http://www.nichigai.co.jp/
発　売　元／株式会社紀伊國屋書店
　　　　　〒163-8636 東京都新宿区新宿3-17-7
　　　　　電話(03)3354-0131(代表)
　　　　　ホールセール部(営業)電話(03)6910-0519

　　　　　組版処理／有限会社デジタル工房
　　　　　印刷・製本／株式会社平河工業社

　　　　　©SHIBATA Kohtaro 2019
　　　　　不許複製・禁無断転載　《中性紙H-三菱書籍用紙イエロー使用》
　　　　　〈落丁・乱丁本はお取り替えいたします〉
　　　　　ISBN978-4-8169-2787-4　　Printed in Japan, 2019

決定版 翻訳力錬成テキストブック
—英文を一点の曇りなく読み解く

柴田耕太郎 著　A5・650頁　定価（本体9,800円＋税）　2017.6刊

原文を一語一語精緻に読んで正確に理解し、明晰な訳文に置き換える"翻訳の正道"。著者の方法論が縦横に展開される100課題。古今の名文を一語一語分析・解説し、訳例・添削例を示す。関連事項についての「研究」も付し、上級者が抱く疑問に応える。

ビジネス技術 実用英和大辞典

海野文男＋海野和子 編　A5・1,330頁　定価（本体4,800円＋税）　2002.11刊

ビジネス技術 実用和英大辞典

海野文男＋海野和子 編　A5・1,210頁　定価（本体5,200円＋税）　2002.12刊

ネイティブによる自然な英語から取材した生きた用例を参考に、自在に英文を組み立てられる「英語表現集」。普通の辞書には載っていない表現を豊富に収録。取扱説明書、仕様書、案内書、報告書、プロポーザル、契約書、論文などの文書作成に、また、英字新聞・雑誌を読む時、海外のWebサイトを検索・閲覧する際に必携の辞書。

英和翻訳の原理・技法

中村保男 著　竹下和男 企画・制作

A5・280頁　定価（本体3,800円＋税）　2003.3刊

英語学習の盲点から翻訳の奥義まで、著者の半世紀にわたる経験から得られた翻訳理論・実践技法を伝授。豊富な文例・訳例により、「勘」と「こつ」を詳細に解説する貴重な一冊。

翻訳とは何か—職業としての翻訳

山岡洋一 著　四六判・290頁　定価（本体1,600円＋税）　2001.8刊

翻訳のありかた、歴史上の翻訳者の生涯から、翻訳技術、翻訳市場、現代の翻訳教育産業や翻訳学習者の問題点まで、総合的に「職業としての翻訳」を論じ、翻訳文化論を展開する。真の翻訳者とは何か、翻訳とは何か、を伝える翻訳学習者必読のロングセラー。

データベースカンパニー
日外アソシエーツ

〒140-0013　東京都品川区南大井6-16-16
TEL.(03)3763-5241　FAX.(03)3764-0845　http://www.nichigai.co.jp/